CONSTITUCIONALISMO, TRIBUTAÇÃO E DIREITOS HUMANOS

Fernando Facury Scaff
Organizador

Constitucionalismo, tributação e direitos humanos

Alexandra Beurlen de França
Caio de Azevedo Trindade
Fernando Gomes de Andrade
Jean Carlos Dias
Lise Vieira da Costa Tupiassu
Luiz Fernando Bandeira
Marconi Costa Albuquerque

TEMAS RENOVAR
Rio de Janeiro • São Paulo • Recife
2007

Todos os direitos reservados à
LIVRARIA E EDITORA RENOVAR LTDA.
MATRIZ: Rua da Assembléia, 10/2.421 - Centro - RJ
CEP: 20011-901 - Tel.: (21) 2531-2205 - Fax: (21) 2531-2135
FILIAL RJ: Tels.: (21) 2589-1863 / 2580-8596 - Fax: (21) 2589-1962
FILIAL SP: Tel.: (11) 3104-9951 - Fax: (11) 3105-0359
FILIAL PE: Tel.: (81) 3223-4988 - Fax: (81) 3223-1176

LIVRARIA CENTRO (RJ): Tels.: (21) 2531-1316 / 2531-1338 - Fax: (21) 2531-1873
LIVRARIA IPANEMA (RJ): Tel: (21) 2287-4080 - Fax: (21) 2287-4888

www.editorarenovar.com.br   renovar@editorarenovar.com.br
                             SAC: 0800-221863
© 2007 by Livraria Editora Renovar Ltda.

Conselho Editorial:

Arnaldo Lopes Süssekind — Presidente
Carlos Alberto Menezes Direito
Caio Tácito (*in memoriam*)
Luiz Emygdio F. da Rosa Jr.
Celso de Albuquerque Mello (*in memoriam*)
Ricardo Lobo Torres
Ricardo Pereira Lira

Revisão Tipográfica: Maria de Fátima Cavalcanti

Capa: Júlio Cesar Gomes

Editoração Eletrônica: TopTextos Edições Gráficas Ltda.

Nº 0799

CIP-Brasil. Catalogação-na-fonte
Sindicato Nacional dos Editores de Livros, RJ.

S316	Constitucionalismo, tributação e direitos humanos / Fernando Facury Scaff (org.). — Rio de Janeiro: Renovar, 2007. 336p. ; 21cm. Inclui bibliografia. ISBN 85-7147-602-0 1. Direito constitucional — Brasil. I. Título. CDD 346.81015

Proibida a reprodução (Lei 9.610/98)
Impresso no Brasil
Printed in Brazil

Sumário

Nota sobre os autores V
Apresentação VII

Descrevendo o Sistema

Fernando Facury Scaff
Como a Sociedade Financia o Estado Para a Implementação dos Direitos Humanos no Brasil 1

1ª Dimensão de Direitos Humanos e Tributação

Marconi Costa Albuquerque
Direitos Fundamentais e Tributação – A Norma de Abertura do § 2º do Art. 5º da CF/88 37

Caio de Azevedo Trindade
A Imunidade Tributária como Instrumento de Garantia e Efetivação dos Direitos Humanos 81

2ª Dimensão de Direitos Humanos e Tributação

Luiz Fernando Bandeira
Mecanismos para garantir a Isonomia entre Licitantes sujeitos a alíquotas distintas de ICMS e ISS 125

3ª Dimensão de Direitos Humanos e Tributação

Jean Carlos Dias
O Direito Humano ao Desenvolvimento e o Princípio Tributário da Capacidade Contributiva................. 159

Alexandra Beurlen
O Estado Brasileiro e seu Dever de Realizar o Direito Social à Alimentação.. 189

Lise Vieira da Costa Tupiassu
A realização do direito ao meio ambiente saudável pela política tributária – considerações sobre o ICMS Ecológico... 223

Em busca da Efetivação Judicial dos Direitos Humanos através da Tributação

Fernando Gomes de Andrade
Controle Judicial na Ação e Omissão dos demais Poderes Concernentes à Efetividade dos Direitos Fundamentais Sociais Prestacionais contidos na CF/88. Análise Crítica da Atuação do STJ e STF............................... 273

Notas Sobre os Autores

Fernando Facury Scaff: Advogado. Doutor em Direito pela Universidade de São Paulo. Professor da Universidade Federal do Pará — Graduação, Mestrado e Doutorado. Professor Colaborador da Universidade Federal de Pernambuco — Mestrado e Doutorado. Email: fernandoscaff@uol.com.br

Marconi Costa Albuquerque: Mestre em Direito pela Universidade Federal de Pernambuco. Professor do Curso de Direito da Universidade Católica de Pernambuco. Advogado. Email: marconi_alb@yahoo.com.br

Caio de Azevedo Trindade: Mestre em Direito pela Universidade Federal do Pará. Especialista em Direito Civil e Direito Processual Civil pela Fundação Getúlio Vargas. Advogado. Procurador do Estado do Pará. Email: caiotrindade@directbr.com.br

Luiz Fernando Bandeira: Consultor Legislativo do Senado Federal, advogado e professor universitário. Mestre em Direito Público pela Universidade Federal de Pernambuco e Doutorando pela Universidad de Salamanca — Espanha. Email: lfband@uol.com.br

Jean Carlos Dias: Advogado.Doutor e Mestreem Direito pela Universidade Federal do Pará. Professor e Coordenador da pós-graduação em Direito do Centro Universitário do Pará — CESUPA, Professor convidado nos curso de pós-graduação da Universidade Federal da Bahia, Professor da Escola Superior da Magistratura edo Centro de Estudos e Aperfeiçoamento Funcional do Ministério Público do Estado do Pará. Email: jeand@interconect.com.br

Alexandra Beurlen: Membro do Ministério Público do Estado de Alagoas, Especialista em Direito Processual pela UFAL, Mestre em Direito pela Universidade Federal de Pernambuco. Email: alexandrabeurlen@hotmail.com

Lise Vieira da Costa Tupiassu: Advogada. Mestre em Direito Econômico e Financeiro pela Universidade Federal do Pará. Mestre em Direito Tributário pela Université Paris 1 — Panthéon Sorbonne. Doutoranda em Direito Público e professora assistente na Université Toulouse 1 — Sciences Sociales. E-mail: ltupiassu@gmail.com

Fernando Gomes de Andrade: Mestre em Direito Público pela UFPE e Doutorando em Ciências Jurídico-Políticas pela Universidade de Lisboa. Professor de Direito Constitucional da Faculdade Osman Lins e da Faculdade dos Guararapes. Email: afexclusivo@uol.com.br

Apresentação

Fernando Facury Scaff

O tema dos Direitos Humanos e Tributação é algo que vem sendo tratado na Doutrina brasileira por Ricardo Lobo Torres de forma seminal, seguido de outros autores, como Alberto Nogueira. O foco desses trabalhos tem sido o casamento entre o direito tributário e os direitos fundamentais, centradamente os de primeira dimensão, que via de regra se traduzem em uma abstenção de agir por parte do Estado. Daí a análise das Imunidades e, em parte, da Isonomia.
O livro que ora apresento ao público explora outros caminhos do tema que ainda não foram trilhados por aqueles mestres. Busca uma abordagem que intercale o tema dos Direitos Humanos, em suas várias dimensões, com a necessidade arrecadatória do Estado para o cumprimento dos deveres que a Constituição lhe impõe. Assim, o trabalho não se cinge aos direitos fundamentais, mas também aos de 2ª e 3ª dimensões no âmbito dos direitos humanos. Daí seu título: *Constitucionalismo, Tributação e Direitos Humanos*.
De certa forma, trata-se de uma ousadia teórica, pois o casamento entre estas dimensões dos direitos humanos acaba por colocar no centro do debate a *obrigação de agir* por parte do Estado,

em busca da redução dos desequilíbrios socioeconômicos que caracterizam uma sociedade como a brasileira e que dificultam o seu desenvolvimento. O Direito, como produto cultural que é, não pode ter sua compreensão afastada da ambiência em que o texto normativo foi criado e onde os intérpretes vão implementá-lo, concretizando-o. Daí por que Eros Grau acertadamente advoga que não existe *um* Direito, mas *vários Direitos*. O Direito em nossa latitude de parco desenvolvimento socioeconômico por certo não é o mesmo de latitudes mais ao norte, com avançado grau de desenvolvimento.

A aplicação da doutrina tributária à consecução das finalidades constitucionais, na implementação de direitos humanos de 2ª e 3ª dimensões, é que diferencia e é a tônica da abordagem aqui realizada.

Luiz Fernando Bandeira apresenta instigante trabalho sobre Isonomia Concorrencial em licitações, quando os licitantes possuem diferentes encargos tributários de ISS e ICMS. Jean Carlos Dias correlaciona o tema da Capacidade Contributiva ao do Direito ao Desenvolvimento. Alexandra Beurlein trata do Direito à Alimentação, e Lise Tupiassu aborda aspectos da Tributação Ambiental, em especial o ICMS Ecológico.

Existem também trabalhos que se inserem plenamente na primeira dimensão desses direitos, tais como o de Marconi Costa Albuquerque, que trata da interpretação sistemática efetuada pelo STF quanto à aplicação do § 2º do art. 5º da CF/88 às questões tributárias, e o de Caio Trindade sobre Imunidades Tributárias.

O controle judicial da efetividade dos direitos humanos foi abordado por Fernando Gomes de Andrade. E o tema do financiamento desses direitos através de recursos arrecadados de toda a sociedade e entregues aos cuidados do Estado sintetiza o tema que abordo no livro.

Pode-se ver então que não é uma obra sobre teoria da norma tributária, tema que vem sendo desenvolvido com maestria por parte da doutrina nacional, capitaneada pela produção de Paulo de Barros Carvalho.

O casamento entre tributação e direitos humanos não é apenas uma divagação teórica, mas um imperativo de Justiça que tem concreta aplicação na realidade.

Todo Estado necessita de recursos para se desenvolver, e a principal via de ingresso desses recursos nos cofres públicos é através do sistema tributário. Como a figura jurídica do Estado não existe por si só, mas para a implementação de objetivos estabelecidos em sua Constituição, a arrecadação desses valores pecuniários não pode estar desvinculada de valores éticos e da afirmação histórica dos direitos humanos, em suas várias dimensões, o que inclui as prestacionais.

O marco teórico que acompanha este trabalho é centrado na análise das normas de nossa Constituição que vinculam as finalidades estabelecidas em seu texto à efetividade dos direitos humanos, custeados pelo sistema tributário nacional, seja através de renúncias fiscais, seja através da seletividade na imposição tributária, ou ainda pela afetação dos recursos arrecadados. Enfim, não se trata *apenas* de *direito tributário*, mas de *tributação*, expressão mais ampla que aquela, e que estuda não só a arrecadação, mas também a destinação dos recursos arrecadados e sua efetiva aplicação.

A obra que ora apresento, e na qual escrevo, decorre do trabalho docente e discente desenvolvido em duas Instituições: UFPA e UFPE.

É um estudo jurídico interdisciplinar que envolve uma série de trabalhos desenvolvidos nos Programas de Pós-Graduação (Mestrado e Doutorado) da Universidade Federal do Pará e da Universidade Federal de Pernambuco, por profissionais que cursaram uma disciplina cujo conteúdo versava sobre Direitos Humanos e Tributação.

Não se pode chamar os autores desses trabalhos singelamente de "alunos", embora eles também o fossem. Basta ler a "Nota sobre os Autores" onde consta sua qualificação profissional para ver que não se trata apenas de jovens recém-formados, mas verdadeiramente de profissionais qualificados, que, além dos estudos pós-graduados, exercem diversas profissões jurídicas.

Minha vinculação docente com a Universidade Federal do Pará data de 1988, onde ministro aulas na Graduação e em seu Programa de Pós-Graduação, que inicialmente contava apenas com o curso de Mestrado, e, a partir de 2003, iniciou o curso de Doutorado em Direito.

Em 1996 fui convidado pelos Professores Ivo Dantas e João Maurício Adeodato para colaborar com a implantação do Doutorado em Direito da Universidade Federal de Pernambuco. Aceitei o encargo, juntamente com outros docentes de Instituições congêneres, como os Professores Doutores Paulo Luiz Netto Lobo e Andreas Krell, ambos da Universidade Federal de Alagoas, e o Professor Doutor Eduardo Rabenhorst, da Universidade Federal da Paraíba. Acrescemos esforços ao corpo docente que a UFPE já possuía e formamos a equipe que deu início à bem-sucedida experiência de implantação do Doutorado naquela Universidade Pública, cujos bons frutos se espalharam para todo o Brasil.

Este livro é um dos frutos do trabalho desenvolvido junto àquelas duas Instituições, e certamente passará a ser referência na bibliografia especializada em Direito Tributário, em Direito Financeiro e em Direitos Humanos, em face da sua qualidade, interdisciplinaridade e ousadia no trato da matéria.

Como a Sociedade Financia o Estado para a Implementação dos Direitos Humanos no Brasil

Fernando Facury Scaff[1]

I. Posição da Questão. II. Fundamentos e Objetivos da República Brasileira. III. O Sistema Orçamentário na Constituição Brasileira. IV. Como a Sociedade financia o Estado? a. Para que servem os tributos previstos na Constituição? b. As Vinculações da Receita dos Impostos. c. As Vinculações da Receita das Contribuições. V. Análise da Conjuntura; a. DRU — O que é e como é composta? b. O contingenciamento das despesas e o Relatório do Tribunal de Contas da União. c. O desvio de finalidade das Contribuições. VI. Riscos no horizonte e linhas de defesa: Supremacia da Constituição e cláusulas pétreas, e ampliação dos princípios consagrados na ADI 2925. VII. Conclusões

I. Posição da Questão

01. Um dos temas mais candentes nos dias atuais diz respeito às formas de financiamento realizadas pela Sociedade para que o Estado implemente os direitos humanos previstos em seu ordenamento jurídico. A análise deste tipo de questão congrega

---

[1] Advogado, Professor da Universidade Federal do Pará, Doutor em Direito pela USP. Email: fernandoscaff@uol.com.br

diversas áreas do conhecimento tais como direito, economia, contabilidade, administração pública, etc. Especificamente na área jurídica, trata-se de uma intersecção entre direito constitucional, tributário, financeiro e econômico, fazendo com que a tradicional abordagem isolada efetuada por cada qual dessas disciplinas jurídicas seja insuficiente para analisar o objeto proposto. É imprescindível a realização de um esforço para que se esboce uma compreensão desses mecanismos de financiamento que a Sociedade realiza (direito tributário) a fim de permitir ao Estado (direito financeiro) a concretização dos direitos humanos (direito constitucional) estabelecidos em seu ordenamento jurídico, especialmente os de 2ª dimensão (direito econômico).

No Brasil este tipo de análise alcança um papel de especial relevo em face do detalhamento adotado na Constituição quanto ao seu sistema tributário (principalmente nos arts. 145 a 157) e financeiro (essencialmente focados nos arts. 157 a 169), que muitas vezes são estudados de forma estanque, separadamente dos direitos fundamentais igualmente estabelecidos de forma bastante minuciosa na Carta de 1988 (de maneira central nos arts. 1º a 11).

Reforça a preocupação brasileira a existência de inúmeras alterações constitucionais nessa matéria (08 Emendas específicas sobre tributação[2] e 10 sobre finanças públicas[3]), sem que se

---

2 EC 3, de 17-03-93. Criou a substituição tributária, o IPMF e extinguiu o IVVC e o AIR. EC 12, de 15-08-96, Criou a CPMF. EC 21, de 18-03-99. Prorroga e majora a CPMF. EC 29, de 13-09-00. Estabelece a progressividade do IPTU. EC 33, de 11-12-01. Estabelece novas disposições sobre matéria tributária, especialmente contribuições de intervenção no domínio econômico e ICMS. EC 37, de 12-06-02, Estabeleceu que lei complementar estabelecerá as alíquotas máximas e mínimas do ISS, bem como regulará a concessão dos benefícios fiscais a ele atinentes. EC 39, de1 9-12-02, Permitiu que os Municípios e o DF cobrem contribuição para o custeio do serviço de iluminação pública. EC 42, de 19-12-2003. Realizou a Reforma Tributária

3 EC 3, de 17-03-93. Possibilitou que a União retivesse verbas dos Estados e Municípios nos Fundos de Participação. ECRevisão 1, de 01-03-94. Criou o Fundo Social de Emergência — FSE. EC 10, de 04-03-96.

tenham ampliado consideravelmente as garantias concretas para a implementação dos direitos fundamentais.

Este é o ponto central a ser analisado: a correlação entre o que, quanto e como é cobrado da Sociedade pelo Estado para a implementação dos Direitos Humanos e a efetiva concretização desses direitos no Brasil.

II. Fundamentos e Objetivos da República brasileira

02. Mesmo tendo sido alvo de 06 Emendas de Revisão Constitucional e de outras 52 Emendas Constitucionais[4], permanecem íntegros os Fundamentos e os Objetivos previstos pelo Constituinte originário para a República brasileira.

Os Fundamentos da República Federativa do Brasil são os alicerces através dos quais toda ação estatal e não-estatal deve ter por base. Trata-se do ponto de partida de todas as ações governamentais e de todo cidadão ou associação formada sob as leis brasileiras. No Brasil que emergiu da redemocratização concretizada em 1988[5] tais alicerces são a soberania; a cidadania; a

---

Renova o Fundo Social de Emergência. EC 14, de 12-09-96. Estabeleceu limites para o uso dos recursos públicos em educação e criou o FUNDEF — Fundo de Manutenção e Desenvolvimento do Ensino Fundamental e de Valorização do Magistério. EC 17,de 22-11-97. Renova o Fundo Social de Emergência. EC 27, de 21-03-00. Estabelece a DRU — Desvinculação das Receitas da União, em substituição ao Fundo Social de Emergência. EC 29, de 13-09-00. Estabelece recursos para financiamento das ações de saúde. EC 31, de 14-12-00. Cria o Fundo de Combate a Pobreza. EC 43, de 15-04-2004. Prorroga por 10 anos os percentuais mínimos destinados à irrigação nas regiões Nordeste e Centro-Oeste. EC 44, de 30-06-2004. Determina a partilha dos recursos da CIDE com Estados e Municípios. Registra-se que as EC's relativas à questão previdenciária não foram incluídas neste rol.

4 Computadas até a Emenda 52, de 08-03-2006.

5 A despeito desses conceitos possuírem elevado grau de imprecisão, pode-se classificar estes períodos, ao longo da história republicana do país, da seguinte forma: períodos autoritários ou com "democracias de fachada" por falta de eleições livres: 1891-1934; 1937-1946 e 1964-

dignidade da pessoa humana; os valores sociais do trabalho e da livre iniciativa e o pluralismo político[6]. Tais preceitos constam da Constituição em seu artigo 1º e devem dirigir as ações de todos os brasileiros. É a base que sustenta nosso país, seja nas ações privadas, seja na implementação de políticas públicas.

Por Objetivos da República brasileira, presentes no art. 3º. da Constituição de 1988, deve-se compreender o ponto de chegada de toda ação governamental e das pessoas físicas e jurídicas constituídas sob as leis deste país. A Constituição indica pelo menos os seguintes: construir uma sociedade livre, justa e solidária; garantir o desenvolvimento nacional; erradicar a pobreza e a marginalização, reduzir as desigualdades sociais e regionais e promover o bem de todos, sem preconceitos de origem, raça, sexo, cor, idade e quaisquer outras formas de discriminação.

Se os Fundamentos são o *ponto de partida* e a *base* das ações, os Objetivos indicam o *ponto de chegada*, uma incessante *busca* para onde deve caminhar esta sociedade. Constituem-se em um *farol* que aponta o destino a ser alcançado pela Sociedade brasileira.

Um dos meios disponíveis nessa *busca* dos Objetivos é a afirmação e ampliação dos direitos humanos de 2ª. dimensão (direitos fundamentais sociais), que são, por definição, direitos a prestações. Assim, não é razoável que se aloquem todos os recursos públicos disponíveis para sua implementação, mas é imprescindível que sejam disponibilizados recursos públicos bastantes e suficientes, de forma proporcional aos problemas encontrados e de forma progressiva no tempo, de modo que as

---

1985. Por conseguinte, a democracia, também em variados graus, foi vivenciada pela sociedade brasileira nos seguintes períodos: 1934-1937; 1946-1964 e de 1985 até os dias atuais. A indicação de 1988 refere-se à promulgação da Constituição.

6 Para melhor análise desses preceitos, ver Eros Roberto Grau: *A Ordem Econômica na Constituição de 1988*. SP, Malheiros, 8ª. ed., 2003; e Fernando Facury Scaff, *A Constituição Econômica brasileira em seus 15 anos, In*: Fernando Facury Scaff (org.) Constitucionalizando Direitos, RJ, Renovar, 2003.

deficiências para o exercício das liberdades jurídicas sejam sanadas através do pleno exercício das liberdades reais, ou, por outras palavras, para o exercício pleno das capacidades de cada indivíduo ou coletividade de indivíduos[7].

É com base nesses Fundamentos e nos Objetivos traçados em 1988 pelo constituinte originário que todas as pessoas físicas e jurídicas reguladas pelas leis brasileiras devem pautar suas ações. Observa-se que este preceito é determinante para toda e qualquer ação governamental (ou não) e para as interpretações do texto constitucional e do texto normativo que advém da Carta de 1988 ou que por ela foi recepcionado. É uma nova diretriz que foi estabelecida na redemocratização brasileira pós-88.

Por outras palavras, tanto as *políticas públicas* a serem desenvolvidas pelos diferentes níveis de governo brasileiro, quanto as ações privadas, devem se pautar pelos Fundamentos acima referidos — serem desenvolvidas de forma soberana e cidadã, respeitando a dignidade da pessoa humana e os valores sociais do trabalho e da livre iniciativa, e respeitado o pluralismo político —, a fim de alcançar os Objetivos previstos na Carta, quais sejam, a construção de uma sociedade livre, justa, solidária e desenvolvida, sem pobreza e marginalização e com reduzida margem de desigualdade regional e social, sem discriminação de qualquer ordem.

Portanto, estes preceitos não podem ser afastados de nenhuma leitura da Constituição e de nenhuma ação, pública ou privada, que venha a ser desenvolvida sob as leis deste país.

III. O Sistema Orçamentário na Constituição brasileira

03. No Brasil foi criado pela Constituição Federal de 1988

---

7 Sobre este aspecto ler Fernando Facury Scaff *Reserva do Possível, Mínimo Existencial e Direitos Humanos*, In: Heleno Torres e Adilson Pires (orgs.), *Princípios de Direito Financeiro e Tributário*, RJ, Renovar, 2006., págs. 115/131.

um sofisticado Sistema Orçamentário, que deve ser utilizado como uma formidável ferramenta para organizar a vida financeira do país.

Como foi delimitado pela Constituição os fatos que poderiam gerar a cobrança de tributos e a competência de cada ente subnacional para cobrá-lo — o que será adiante melhor explicitado —, foi criado um Sistema Orçamentário que deve ser utilizado por cada ente subnacional para planejar os gastos governamentais, seja em investimentos, seja nas diversas modalidades de despesa.

O modelo federal, a seguir descrito, deve ser obedecido pelos Estados e Municípios, em face do que determinam os artigos 25 e 29 da Constituição.

04. O sistema está previsto para funcionar tal como um funil, de forma a estabelecer primeiramente as grandes diretrizes dos gastos e investimentos, a fim de que, ano a ano, elas possam ser melhor delimitadas e implementadas, de conformidade com as receitas que forem obtidas, e com o melhor detalhamento dos projetos a serem desenvolvidos.

Assim, Lei de iniciativa do Poder Executivo deverá estabelecer o Plano Plurianual — PPA (art. 165, I), que disporá, de forma regionalizada, as diretrizes, objetivos e metas da administração pública federal para as despesas de capital e outras delas decorrentes e para as relativas aos programas de duração continuada. Esta norma deverá ser encaminhada ao Congresso Nacional até 04 meses antes do encerramento do primeiro exercício financeiro do mandato presidencial, e terá a duração de 04 anos, devendo encerrar-se ao final do primeiro ano do mandato subseqüente[8].

A importância desta lei é tamanha que a Constituição determina que os planos e programas nacionais, regionais e setoriais serão elaborados em consonância com o plano plurianual (art. 165, §4º), e as emendas ao projeto de lei do orçamento anual ou aos projetos que o modifiquem somente podem ser aprovadas

---

8 CF, ADCT, art. 35, §2º, I.

caso sejam compatíveis com o plano plurianual (art. 166, §3º, I).

05. Em consonância com a Lei do Plano Plurianual — PPA deve ser enviado anualmente ao Congresso Nacional o projeto de uma outra norma, denominada Lei de Diretrizes Orçamentárias — LDO, prevista na Constituição no art. 165, II, e que compreende as metas e prioridades da administração pública federal, incluindo as despesas de capital para o exercício financeiro subseqüente, orienta a elaboração da lei orçamentária anual, dispõe sobre as alterações na legislação tributária e estabelece a política de aplicação das agências financeiras oficiais de fomento (art. 165, §2º). Esta lei é ânua, e deve ser encaminhada ao Congresso Nacional até meados de abril, o qual terá até final de junho para sua discussão e votação.

06. É na seqüência dessas duas leis anteriores que deve ser elaborada a Lei Orçamentária Anual — LOA, cuja função é primordial para a gestão administrativa e financeira do país (art. 165, III). Esta norma compreenderá três diferentes documentos, que deverão ser integrados: a) o orçamento fiscal referente aos Poderes da União, seus fundos, órgãos e entidades da administração direta e indireta, inclusive fundações instituídas e mantidas pelo Poder Público; b) o orçamento de investimento das empresas em que a União, direta ou indiretamente, detenha a maioria do capital social com direito a voto; e c) o orçamento da seguridade social, abrangendo todas as entidades e órgãos a ela vinculados, da administração direta ou indireta, bem como os fundos e fundações instituídos e mantidos pelo Poder Público (art. 165, §5º).

O Projeto de LOA deverá demonstrar, de forma regionalizada, o impacto sobre as receitas e despesas, das isenções, anistias, remissões, subsídios e benefícios de natureza financeira, tributária e creditícia (art. 165, §6º). O será encaminhado até 31 de agosto e devolvido para sanção até 31 de dezembro de cada ano.

Esta norma deverá ser compatível com as que lhe antecedem na formação desse Sistema Orçamentário, sendo vedado pelo art. 167, dentre outras disposições:

a — o início de programas ou projetos não incluídos na lei orçamentária anual;
b — a realização de despesas ou a assunção de obrigações diretas que excedam os créditos orçamentários ou adicionais;
c — a realização de operações de créditos que excedam o montante das despesas de capital, admitidas exceções;
d — a transposição, o remanejamento ou a transferência de recursos de uma categoria de programação para outra ou de um órgão para outro, sem prévia autorização legislativa;
e — a concessão ou utilização de créditos ilimitados;
f — a utilização, sem autorização legislativa específica, de recursos dos orçamentos fiscal e da seguridade social para suprir necessidade ou cobrir déficit de empresas, fundações e fundos;
g — a instituição de fundos de qualquer natureza, sem prévia autorização legislativa.

07. Desta maneira, o Sistema Orçamentário brasileiro vincula uma espécie normativa à outra, tal qual um funil.

Na parte mais ampla constam os Fundamentos e os Objetivos Constitucionais (arts. 1º e 3º) que devem coordenar a construção desse Sistema Orçamentário, e são perenes, para qualquer esfera de governo ou de coloração política, uma vez que deve ser respeitado o pluralismo político.

Na seqüência do funil existe uma lei com prazo certo de validade, que é a Lei do PPA — Plano Plurianual, que estabelece os planos e projetos de governo para quatro anos, o que inclui o primeiro ano do mandato presidencial[9] posterior.

Após esta, afunilando ainda mais, existe a LDO — Lei de Diretrizes Orçamentárias, de duração efêmera — meros 06 meses, no máximo —, tendo por função precípua orientar a construção do Projeto de LOA — Lei de Diretrizes Orçamentárias.

---

9 O que vale para as demais esferas de governo subnacionais

A despeito de ser efêmera, seus efeitos perduram no tempo, alcançando a LOA e com reflexos na Lei de Responsabilidade Fiscal.

A LOA — que também é uma lei de prazo certo e é a parte final do funil orçamentário —, é que deve reger a realização de todas as despesas governamentais no período de 01 ano.

Deste modo, todas as despesas que foram previstas na LOA devem estar de conformidade com o que estabelece a Constituição, especialmente os arts. 1º e 3º, que determinam os Fundamentos e os Objetivos da República brasileira, mas também com todas as demais normas constitucionais, uma vez que tal Sistema não é isolado no mundo do Direito e não se constitui em um corpo fechado às demais normas jurídicas.

08. Existe um outro momento desse Sistema Orçamentário igualmente relevante, que é o da Execução Orçamentária, sobre o qual não cabe descer a detalhes neste momento, mas que se configura na fase em que a LOA será efetivamente implementada.

Um dos pontos mais relevantes dessa fase de execução orçamentária encontra-se na Lei de Responsabilidade Fiscal, especialmente no art. 9º, que permite ao Poder Executivo "contingenciar" os recursos estabelecidos na Lei Orçamentária Anual, sob o eufemístico nome de "limitação de empenho e movimentação financeira". O texto é o seguinte:

> Art. 9º Se verificado, ao final de um bimestre, que a realização da receita poderá não comportar o cumprimento das metas de resultado primário ou nominal estabelecidas no Anexo de Metas Fiscais, os Poderes e o Ministério Público promoverão, por ato próprio e nos montantes necessários, nos trinta dias subseqüentes, limitação de empenho e movimentação financeira, segundo os critérios fixados pela lei de diretrizes orçamentárias.
> §3º No caso de os Poderes Legislativo e Judiciário e o Ministério Público não promoverem a limitação no prazo estabelecido no *caput*, é o Poder Executivo autorizado a limitar os

valores financeiros segundo os critérios fixados pela lei de diretrizes orçamentárias[10].

É claro que existem salvaguardas na aplicação desse contingenciamento, constantes do próprio art. 9º da Lei de Responsabilidade Fiscal:

§1º No caso de restabelecimento da receita prevista, ainda que parcial, a recomposição das dotações cujos empenhos foram limitados dar-se-á de forma proporcional às reduções efetivadas.

§2º Não serão objeto de limitação as despesas que constituam obrigações constitucionais e legais do ente, inclusive aquelas destinadas ao pagamento do serviço da dívida, e as ressalvadas pela lei de diretrizes orçamentárias.

Ocorre que nem sempre estas salvaguardas são aplicadas como previsto, como será adiante demonstrado no Relatório de 2005 do TCU — Tribunal de Contas da União, que é o responsável por outra fase do Sistema Orçamentário, que é a do Controle.

E é neste ponto que se encontra a grande questão fiscal brasileira dos últimos anos: o privilegiamento do pagamento dos juros da dívida pública (art. 9º, §2º, LRF) em detrimento do uso desta verba pública para a implementação dos Direitos Fundamentais Sociais, inscritos na Constituição Federal. Não se trata de não pagar o serviço da dívida, mas de privilegiar esta em detrimento daqueles. E, em várias ocasiões, até realizar pagamentos antecipados dos juros ao invés de aumentar a velocidade da progressividade na implementação desses direitos.

09. Além de permitir um melhor planejamento para a realização dos gastos públicos, a existência de um Sistema Orçamentário "afunilante" na Constituição implica em pesadas restrições

---

10 Este §3º está com sua exigibilidade suspensa em face de laminar concedida pelo Supremo Tribunal Federal na ADI 2238

ao legislador ordinário. Na verdade, tal Sistema acarreta uma verdadeira restrição à Liberdade de Conformação do Legislador Ordinário, impondo-lhe a observância de princípios e a busca de metas que não flutuem ao mero sabor dos interesses momentâneos, próprios de uma lei ordinária com duração determinada de 01 ano. O legislador ordinário — da lei ânua orçamental — LOA — terá que se adequar ao que tiver sido elaborado na LDO e na Lei do PPA — Plano Plurianual, o que, por sua vez, terá que estar adequado ao que estabelecem os Fundamentos e os Objetivos da Constituição brasileira de 1988, especialmente focados nos arts. 1º e 3º.

Logo, o Sistema Orçamentário brasileiro não permite que haja uma ampla Liberdade de Conformação do Legislador Orçamentário, mas, ao invés, vincula-o aos planos estabelecidos na LDO e no PPA, os quais devem estar de conformidade com a busca dos Objetivos previstos no art. 3º da Constituição, que só podem ser atingidos caso respeitados os Fundamentos da República brasileira, previstos no seu art. 1º.

IV. Como a Sociedade Financia o Estado?

10. Como é sabido, não existe nenhum direito que independa de custos. Stephen Holmes e Cass Sustein, em oportuna obra[11], demonstram que mesmo os direitos básicos, de 1ª dimensão, possuem altos custos que devem ser sustentados por todos. A manutenção do aparelho judiciário e do sistema de segurança pública, dentre outros considerados pela doutrina norte-americana como necessários para a implementação dos *civil rights*, possuem um alto preço e precisam ser financiados através de um sistema tributário forte e ágil. Logo, não são apenas os direitos de 2ª e 3ª dimensões que necessitam de verbas públicas para sua implementação, mas também os de 1ª dimensão.

---

11 *The Cost of Rights* — Why Liberty Depends on Taxes. New York, Norton, 2000.

Existe quem pense que tais custos deveriam ser arcados por quem efetivamente utilizasse os serviços públicos disponibilizados, o que afastaria seu custeio dos ombros de toda a sociedade. A resposta indignada de Barqueiro Estevan[12] a este tipo de argumento afasta qualquer tentativa de manter esta linha de pensamento, que deve ser rejeitada em nome do princípio da solidariedade[13].

a. Para que servem os tributos previstos na Constituição?

11. O Estado pode obter receita, grosso modo, de duas formas: através de Receitas Originárias ou por meio de Receitas Derivadas[14].

As Receitas Originárias são aquelas que o Estado obtém através da exploração de seu próprio patrimônio ou da prestação de serviços. Como exemplo básico existem as receitas oriundas do processo de privatização (venda de ações de empresas estatais, com ou sem a perda de controle acionário), ou ainda através do laudêmio pago pelas pessoas que se utilizam de áreas de marinha.

As Receitas Derivadas, como o próprio nome indica, derivam do poder de império do Estado, e são, em sua essência, decorrente da cobrança de tributos.

Sem querer adentrar na tormentosa questão das diferentes espécies de tributos existentes — acirrado debate de teoria da norma tributária[15] —, pode-se afirmar que no Brasil existem os

---

12 Juan Manuel Barquero Estevan. La Función del tributo en el Estado Social y Democrático de Derecho. Madrid. CEPC, 2002

13 Sobre está com sua eficácia suspensa em face da ADI e este tema ler: *Solidariedade Social e Tributação*, de Marco Aurélio Greco e Marciano Seabra de Godoi (orgs.), SP, Dialética, 2005.

14 Sobre este tema vale consultar Aliomar Baleeiro, *Uma Introdução à Ciência das Finanças*, RJ, Forense, 16ª. ed., 2002; e Regis Fernandes de Oliveira, *Curso de Direito Financeiro*, SP, Ed. RT, 2006.

15 Sobre Teoria da Norma Tributária consultar, por todos, Paulo de Barros Carvalho, *Curso de Direito Tributário*, SP, Saraiva, 13ª. ed., 2000.

impostos, as taxas e as contribuições, as quais se dividem em subespécies (de melhoria, sociais, previdenciárias, de intervenção, no interesse de categorias econômicas, gerais etc.).

Os impostos servem primordialmente para o custeio da máquina administrativa. Daí que os salários dos servidores públicos são custeados pelos impostos arrecadados, tal como todos os demais custos estatais: energia elétrica, papel, passagens aéreas, etc. Seguramente uma parte dos investimentos públicos também decorre da receita de impostos, quando o montante arrecadado sobejar o que for gasto com a manutenção da máquina estatal e o pagamento dos encargos e do principal da dívida pública.

Em razão desse descasamento entre o que é arrecadado e a aplicação dos valores diz-se que os impostos são tributos não-vinculados[16], ou seja, não causais. Eles não correspondem a uma contraprestação estatal específica com relação ao contribuinte. Não é porque alguém paga IPTU — Imposto Predial e Territorial Urbano que terá direito a um benefício urbano direto, tal como o asfaltamento da rua em que mora ou iluminação na porta de sua casa. O valor arrecadado com imposto serve para o custeio da máquina estatal e para fazer frente aos encargos decorrentes.

As taxas e as contribuições são tributos vinculados a uma contraprestação estatal específica, ou seja, possuem *causa*. Sua cobrança gera para o indivíduo (no caso da taxa ou da contribuição de melhoria) ou para o grupo (no caso das demais contribuições) um direito a receber uma prestação estatal que lhe seja dirigida.

Assim, para a cobrança de contribuições sociais e das CIDE's (Contribuições de Intervenção no Domínio Econômico) — e vamos nos centrar apenas nestas em face do escopo do trabalho —, é necessário que haja uma contraprestação estatal

---

16 Sobre o conceito de tributos vinculados ou não-vinculados recomenda-se a leitura de Geraldo Ataliba, *Hipótese de Incidência Tributária*, SP, Malheiros, 6ª. ed., 2004.

específica para o grupo que com ela contribui, a fim de que a cobrança se justifique. Caso não haja esta correlação entre a contraprestação estatal ao grupo e o valor cobrado, estaremos diante de um imposto, que, conforme acima mencionado, é um tributo não vinculado. É imprescindível que seja analisada a lei que as criou para verificar qual o grupo atingido por suas determinações, e o uso que tiver sido estabelecido para a receita arrecadada.

12. A Constituição brasileira estabeleceu uma competência específica para que cada ente subnacional crie impostos sobre fatos imponíveis. Daí decorre que:

a) A União pode criar impostos sobre a renda (IR), a produção de produtos industrializados (IPI), importação (II), exportação (IEx), operações financeiras (IOF), terras rurais (ITR), e grandes fortunas, o qual até hoje não foi implementado.

b) Os Estados membros e o Distrito Federal podem criar impostos sobre a circulação de mercadorias e sobre os serviços de transporte interestadual e intermunicipal e de comunicações (ICMS), a propriedade de veículos automotores (IPVA) e sobre a transmissão de bens "causa mortis" e doações (IT-CMD).

c) Os Municípios e o Distrito Federal podem criar impostos sobre a prestação de serviços em geral (ISS), sobre a propriedade predial e territorial urbana (IPTU) e sobre a transmissão de bens imóveis "inter vivos" (IT-IV).

Apenas a União, em hipótese específica (art. 154, I), pode criar outros impostos não previstos nos itens anteriores. A isto se chama competência residual. E também criar impostos extraordinários, em caso de guerra externa ou sua iminência (art. 154, II).

13. Ocorre que nem todo o valor arrecadado por cada qual desses entes subnacionais fica em seus próprios cofres. Em razão de um mecanismo denominado de *federalismo participativo*

também chamado de *federalismo cooperativo*, parte do que é arrecadado é partilhado com outros entes federativos, como pode ser visto abaixo:

a) A União partilha com os Estados 21,5% do total arrecadado de IR e de IPI;
b) A União partilha com os Municípios 22,5% do total arrecadado de IR e de IPI;
c) Os Estados membros partilham com os Municípios 25% do que arrecadam com ICMS e 50% do que arrecadam de IPVA.

b. As Vinculações da Receita dos Impostos

14. Além dos impostos partilhados, fruto do federalismo participativo, existe outra figura que interessa mais de perto à análise aqui desenvolvida. Trata-se das Vinculações Orçamentárias à receita de impostos.

A regra geral é a da Não-Vinculação da receita de impostos a órgão, fundo ou despesa, conforme estabelece o art. 167, IV: (É vedada) "a vinculação de receita de impostos a órgão, fundo ou despesa, ressalvadas a repartição do produto da arrecadação dos impostos a que se referem os arts. 158 e 159, a destinação de recursos para as ações e serviços públicos de saúde, para manutenção e desenvolvimento do ensino e para realização de atividades da administração tributária, como determinado, respectivamente, pelos arts. 198, § 2º, 212 e 37, XXII, e a prestação de garantias às operações de crédito por antecipação de receita, previstas no art. 165, § 8º, bem como o disposto no § 4º deste artigo".

Este artigo já foi objeto de várias modificações constitucionais. Seu texto original foi alterado pela EC 3/1993, posteriormente pela EC 29/2000 e a redação atual, acima transcrita, foi determinada pela EC 42/2003. Seguramente é um dos artigos que mais sofreu modificações na Constituição de 1988.

Daí decorre uma série de Vinculações da Receita de Impostos a certas finalidades, como pode ser visto abaixo, e que possui direta e imediata pertinência com os Direitos Humanos:
a) Para a Saúde

Fundo Nacional de Saúde (CF/88 Art. 198, § 2º e 3º c/c ADCT Art. 77)
- União? A ser estabelecido por Lei Complementar
- Estados e DF? 12% da receita de seus impostos
- Municípios? 15% da receita de seus impostos
b) Para a Educação:
Fundo Nacional de Educação (CF/88 Art. 212)
- União? 18% da receita dos seus impostos
- Estados, DF e Município? 25% da receita dos seus impostos
c) Erradicação da Pobreza
Fundo de Combate e Erradicação da Pobreza (ADCT arts. 80 e 82)
- União? 5% do IPI sobre produtos supérfluos + Imposto sobre Grandes Fortunas
- Estados e DF? 2% do ICMS sobre produtos e serviços supérfluos
- Municípios? 0,5% do ISS sobre serviços supérfluos

c. As Vinculações da Receita das Contribuições

15. Além dessas Vinculações da Receita dos Impostos, existem as Contribuições que, como acima referido, são tributos causais, e que possuem uma finalidade específica que gerou sua criação[17].

---

17 Sobre este tema, recomenda-se a leitura de Fernando Facury Scaff, *As Contribuições Sociais e o Princípio da Afetação*. Revista Dialética de Direito Tributário, SP, n. 98, jan/03, págs 44/62 e também *Contribuições de Intervenção e Direitos Humanos de 2ª. Geração*, Revista de Direito Tributário da APET — Associação Paulista de Estudos Tributários. SP, mar/05, págs. 39-91.

a) PIS/PASEP (CF, art. 239, § 1º e 3º)
- 60%? FAT — Fundo de Amparo ao Trabalhador
- 40%? BNDES
b) COFINS (CF, art. 195)
- 100%? Seguridade Social
c) CIDE (CF, art. 177, § 4º)
- 100 %? Subsídio a preços ou transporte, projetos ambientais e infra-estrutura de transportes
d) CPMF (EC nº 21/99, 31/00 e 37/02)
- 25%? Fundo de Erradicação da Pobreza
- 50%? Ministério da Saúde
- 25%? Benefícios da Previdência
e) Contribuição Social sobre o Lucro
- 100% para a Seguridade Social
f) Contribuição para o Salário Educação
- 1/3 para o FNDE — Fundo Nacional de Desenvolvimento da Educação
- 2/3 para as Secretarias Estaduais de Educação
g) Contribuições Previdenciárias
- Recolhidas para o Sistema Previdenciário de cada Unidade da Federação

16. Portanto, esta é a *estrutura mínima* de financiamento dos Direitos Humanos no Brasil através da arrecadação de tributos. É claro que outros valores podem ser dirigidos a esta finalidade, porém o que acima foi demonstrado decorre da estrutura constitucional e legal estabelecida atualmente.

Registra-se que não foram analisadas as "desonerações" vinculadas ao financiamento dos Direitos Humanos, ou seja, os valores que o Estado deixa de arrecadar em função de renúncia fiscal, através do sistema de imunidades (art. 150, VI, CF), ou por toda uma gama de incentivos fiscais estabelecidos em leis ordinárias voltadas às atividades de crianças e adolescentes[18], à

---

18 Fundo dos Direitos da Criança e do Adolescente, que permite às Pessoas Jurídicas a redução de até 1% do IR devido, e de 6% para as Pessoas Físicas.

cultura[19] (audiovisual[20] e cinema[21]-[22]), ao ensino e pesquisa[23], etc. O foco acima refere-se unicamente aos valores arrecadados da sociedade e transferidos ao Estado, e não aos desonerados.

V. Análise da Conjuntura;

17. A perplexidade que assoma a este ponto da exposição é que o Brasil arrecada quase 38% do PIB em tributos (R$ 733 bilhões, em 2005) e grande parte deles é destinado à área social. Observa-se mesmo que 16 pontos percentuais (do total de 38) correspondem a Contribuições (42%). Mas no IDH — Índice de Desenvolvimento Humano o Brasil aparece em 63º lugar (2005)

Ou seja, a despeito da Constituição Federal estabelecer uma longa teia de Vinculações Orçamentárias e a obrigação de utilização dos recursos arrecadados com as Contribuições nas finalidades que ensejaram sua criação — quase sempre vinculados aos Direitos Humanos —, uma dúvida assoma: Será que o dinheiro é insuficiente ou está sendo desviado para outras finalidades? Qual a *praxis* desse Sistema?

---

19 Lei Roaunet, que permite às Pessoas Jurídicas a redução de até 4% do IR devido, e de 6% para as Pessoas Físicas.
20 Lei do Audiovisual, para produção e exibição de obras. Funciona através da aquisição de quotas e permite às Pessoas Físicas e Jurídicas a redução de até 3% do IR devido.
21 Funcine, funciona através da aquisição de quotas e permite às Pessoas Jurídicas a redução de até 3% do IR devido. Pode ser descontado, do lucro líquido, o valor integral do investimento. Pessoas Jurídicas também podem abater o total do investimento como despesa operacional.
22 O conjunto das leis de incentivo à cultura admite um teto de descontos, de 4% para as Pessoas Jurídicas e de 6% para as Pessoas Físicas.
23 Permite a dedução de 1,5% do lucro operacional para as Pessoas Jurídicas.

a. DRU — O que é e como é composta?

18. Na verdade, uma parcela correspondente a 20% do que foi demonstrado acima como sendo vinculado a uma aplicação específica (Saúde, Educação, etc.) vem sendo desviado para outras finalidades, com o beneplácito do Congresso Nacional e a inércia do Ministério Público e do Poder Judiciário[24].

Cinco Emendas Constitucionais apartaram da arrecadação tributária valores que deveriam ser destinados às vinculações acima referidas. São as seguintes:

a) EC de Revisão n. 01, de março de 1994, que criou o Fundo Social de Emergência — FSE, posteriormente sucedido pelo
b) Fundo de Estabilização Fiscal — FEF (EC n. 10/96 e EC 17/97) e, mais recentemente, como sucessor dos anteriores, pela
c) Desvinculação das Receitas da União — DRU (EC n. 27/00 e EC 42/03), com seu prazo de vigência até 2007.

Tais Emendas, em linhas gerais, desvincularam parcela dos recursos arrecadados pela União, possibilitando seu uso em outras finalidades que não aquelas constitucionalmente previstas e acima descritas. E isto de forma ininterrupta, desde 1994 com previsão de término (sempre adiado) para 2007. Desta forma, ao final de 2007, quando a Constituição tiver 19 anos de promulgada, a maior parte de sua existência (13 anos) terá se passado sem a aplicação integral das vinculações inicialmente estipuladas.

Com a EC 42/03, o texto do art. 76 do ADCT passou a vigorar com a seguinte redação:

---

[24] Sobre a DRU recomendo a leitura de *Justiça Constitucional e Tributação*, de Fernando Facury Scaff e Antonio Gomes Maués, Ed. Renovar, 2005.

"É desvinculado de órgão, fundo ou despesa, no período de 2003 a 2007, vinte por cento da arrecadação da União de impostos, contribuições sociais e de intervenção no domínio econômico, já instituídos ou que vierem a ser criados no referido período, seus adicionais e respectivos acréscimos legais.

§1º O disposto no *caput* deste artigo não reduzirá a base de cálculo das transferências a Estados, Distrito Federal e Municípios na forma dos arts. 153, § 5º; 157, I; 158, I e II; e 159, I, *a* e b; e II, da Constituição, bem como a base de cálculo das destinações a que se refere o art. 159, I, c, da Constituição."

Observa-se também que dentre as exceções à desvinculação estão as do *federalismo participativo* e as verbas destinadas para os *fundos de desenvolvimento*. Ou seja, a EC 42/2003, ressalvou possíveis problemas políticos decorrentes de diminuição de receita de Estados e Municípios, bem como para o desenvolvimento de atividades produtivas no Norte, Nordeste e Centro-Oeste do Brasil[25-26].

Contudo, as verbas vinculadas aos Direitos Humanos (Saúde, Educação e outras) foram "desvinculadas" pelo rol de Emendas Constitucionais acima referido. Desta forma, quando se imagina que a norma inscrita no art. 212 da Constituição obriga que a União destine 18% da receita dos seus impostos à

---

25 Esta vinculação, não mencionada acima em face de não se tratar de uma destinação vinculada aos Direitos Humanos, prevê que 3% de tudo que for arrecadado pela União a título de IR e de IPI deverá ser destinado a um Fundo para o desenvolvimento das Regiões Norte, Nordeste e Centro-Oeste. CF, art. 159, I, c.

26 Apenas a título de curiosidade, registra-se o ímpeto "desvinculativo" da União, pois além destes preceitos de ordem constitucional, a Lei nº 10.261/01 desvinculou parcela de várias receitas decorrentes da exploração de petróleo de sua destinação original estabelecida pela Lei 9.478/97, o que foi prorrogado pela MP 2214/01.

Educação, deve verificar que na verdade este percentual é de apenas 14,4% em face da DRU.

O que era pouco, acaba por ser muito menos, em uma autêntica "fraude" ao corpo permanente da Constituição.

b. O contingenciamento das despesas e o Relatório do Tribunal de Contas da União

19. Além da questão da DRU, que afasta uma parcela dos recursos de sua destinação original, nem sempre o Orçamento é executado como estabelecido na norma. Grande parte dele é contingenciado através de Decretos do Poder Executivo, que "seguram" a liberação das verbas através da "limitação de empenho e movimentação financeira" prevista no art. 9º da Lei de Responsabilidade Fiscal, acima transcrito.

Estas irregularidades foram percebidas pelo Tribunal de Contas da União, que em seu Relatório referente ao ano de 2005[27], criticou vários pontos dessa Desvinculação e do contingenciamento efetuado.

Sobre a execução do Orçamento nos itens de Educação, Saúde e Segurança Pública o texto é exemplar:

"As despesas realizadas em 2005 foram de R$ 1,1 trilhão. Desse total, apenas 5,1%, ou seja R$ 55,7 bilhões, foram destinados a educação, saúde e segurança pública.
O governo federal não cumpriu o limite mínimo de aplicação de recursos na erradicação do analfabetismo e na manutenção e no desenvolvimento do ensino fundamental.
O Tribunal considerou o fato ainda mais grave por se tratar de reincidência, pois o limite mínimo já não tinha sido alcançado em 2004."

Desta forma, o contingenciamento atacou diretamente estas áreas fazendo com que não houvesse a recomposição dos

---

27 www.tcu.gov.br, acessado em 03 de junho de 2006.

empenhos originalmente previstos (LRF- Lei de Responsabilidade Fiscal, art. 9º, §1º, acima transcrito) em face do privilegiamento no pagamento do serviço da dívida pública (LRF, art. 9º, §2º, igualmente transcrito supra). Em muitos casos, noticia a imprensa especializada, com grande antecipação do pagamento de parcelas futuras de juros e de principal. Não se discute se o valor pago reduz ou não os juros da dívida e o "grau de risco" da economia brasileira. Discute-se que os Objetivos e os Fundamentos da República brasileira estão sendo colocados em plano secundário pelos sucessivos governos brasileiros. Pagar a dívida pública é algo necessário, mas pagar dívida *futura* como estratégia financeira em detrimento da melhoria das condições de vida da população, por certo não atende aos Objetivos estabelecidos na Carta.

De todo modo, o resultado financeiro desse procedimento não tem sido muito eficaz, sequer para pagamento da integralidade do serviço da divida, conforme aponta o Relatório do TCU, em 2005:

> "Os números comprovam que, apesar de toda a austeridade fiscal, com a superação da meta de superávit primário, a economia gerada não foi suficiente para o pagamento dos encargos da dívida pública.
> Gastou-se mais do que aquilo que se conseguiu arrecadar, e essa diferença foi bem maior do que a prevista."
> Sobre a execução do orçamento nos itens de Saúde e Bolsa Família:

> *"Os recursos empenhados em 2005 para a área de saúde representaram um incremento de 14,8% em relação ao exercício anterior.*
> *Esse crescimento incluiu as transferências de renda do programa Bolsa Família, o que possibilitou o cumprimento do limite mínimo estabelecido na lei.*
> *Caso os gastos com o Bolsa Família fossem desconsiderados, apesar de contribuírem indiretamente para a melhoria das*

condições de saúde da população, o governo não teria alcançado esse limite mínimo de aplicação dos recursos em ações e serviços públicos de saúde."

Aqui a situação é diversa. Foram incluídas na rubrica de "Gastos com Saúde", os valores desembolsados com o "Bolsa Família", que é um programa de transferência de renda destinado às famílias em situação de pobreza, com renda *per capita* de até R$ 120 mensais, que associa à transferência do benefício financeiro o acesso aos direitos sociais básicos — saúde, alimentação, educação e assistência social. Não se discute aqui a importância do referido Programa, mas que sua inclusão dentre os gastos mínimos e obrigatórios com Saúde decorre, no mínimo, de uma lassidão conceitual.

Sobre a execução dos itens de Seguridade Social e a questão da DRU:

"As receitas vinculadas a essa área somaram R$ 250,9 bilhões. (...) Entretanto, a receita seria muito maior se não houvesse a incidência da desvinculação das receitas da União (DRU). Nessa hipótese, a seguridade social apresentaria saldo positivo de R$ 19,1 bilhões.
O relator concluiu que uma parcela dos recursos desvinculados do orçamento da seguridade social financiou despesas do orçamento fiscal no exercício de 2005, contribuindo com 34% do superávit primário alcançado pelo governo federal no exercício."

Ressalta-se neste momento a questão da DRU, que reforça a existência do superávit primário do governo federal, em detrimento dos gastos com Seguridade Social, dentre outros.

c. O desvio de finalidade das Contribuições

20. Acima foi referido que as contribuições são um tributo "causal", e que devem possuir referibilidade entre a finalidade

que gerou sua criação e o grupo atingido para seu custeio, sendo que tal referibilidade pode vir a ser difusa ou grupal, dentro de um critério de solidariedade. Neste diapasão, há de haver uma vinculação entre a finalidade e a efetiva destinação dos recursos arrecadados, sob pena de haver "desvio de finalidade".

Acontece que o Supremo Tribunal Federal não admitia este tipo de vinculação entre a finalidade descrita na lei e a efetiva destinação dos recursos arrecadados.

Neste sentido, um caso emblemático ocorreu com a CPMF. É conhecido de todos que tal tributo decorreu do IPMF — Imposto Provisório sobre Movimentação Financeira, criado através da EC n. 03, de 17/03/93. O caldo de cultura que gerou aquela exação foi o estudo sobre a integral tributação das atividades econômicas através de um imposto único, que substituiria a todos os demais, e que teve como principal teórico o economista paulista Marcos Cintra Cavalcanti de Albuquerque. Tomando de empréstimo aquela base teórica, e acossado por grave crise fiscal que refletia no sistema de saúde pública, o Governo Federal instado pelo Ministro da Saúde Adib Jatene propôs a criação do IPMF como mais um tributo em nosso ordenamento, ao invés de estabelecê-lo como um substitutivo dos demais, como proposto pelos teóricos. Sua alíquota era de 0,25% e sua base de cálculo se constituía na movimentação ou transmissão de valores e de créditos e direitos de natureza financeira. A provisoriedade do tributo se limitava a dezembro de 1994. Houve até mesmo a tentativa de incluir no âmbito de sua incidência os Estados e Municípios, afastando o Princípio da Imunidade Recíproca e de não levar em consideração o Princípio da Anterioridade (art. 2º, §2º, EC 03/93). Esta tentativa rendeu um dos melhores momentos recentes do Supremo Tribunal Federal que no julgamento da ADIn 939-DF[28] estabeleceu no direito brasileiro a possibilidade de se declarar inconstitucional uma Emenda Constitucional, recepcionando parcialmente uma teoria do direito alemão sobre a inconstitucionalida-

---

28 RTJ 151/755.

de de norma constitucional[29]. Naquele julgamento foram considerados como cláusulas pétreas os Princípios da Anterioridade e o da Imunidade Recíproca, afastando a incidência do tributo no próprio ano de sua instituição, bem como sobre as movimentações financeiras de Estados e Municípios. Para os demais efeitos, o IPMF foi mantido, e o equivalente a vários bilhões de dólares foi carreado para os cofres públicos.

Contudo, a crise fiscal existente não foi arrefecida, e a saúde pública permaneceu sucateada, muito em função da obrigatória desvinculação dos impostos a uma destinação específica (art. 167, IV, CF), que impediu que todo este esforço fiscal fosse dirigido integral e diretamente para a área de saúde pública. Assim, através de manipulações orçamentárias denunciadas pela imprensa na época, ficou demonstrado que foi retirado do orçamento geral da saúde o equivalente ao que estava sendo arrecadado com o IPMF, gerando um jogo de empate orçamentário: tirava-se das provisões ordinárias o que se ia acrescer com a arrecadação extraordinária.

Após o encerramento de vigência do IPMF, foi criada a CPMF — Contribuição Provisória sobre Movimentação Financeira, através da EC n. 12/96, na qual alguns "erros" do passado foram corrigidos: a) batizada como "contribuição" e não como "imposto", a CPMF afastava qualquer discussão sobre imunidade recíproca, uma vez que esta se refere apenas aos impostos (art. 150, VI, CF); b) também em razão deste novo "batismo", não se lhe aplicava o Princípio da Anterioridade Plena (art. 150, III, b), mas o da Anterioridade Mitigada (art. 195, §6º), o que implica em apenas 90 dias de interregno entre a data da vigência da norma e o início de sua exigibilidade fiscal; c) ainda pela mesma razão, foi afastada a necessidade de rateio do montante de sua arrecadação com os Estados, fruto do sistema de federalismo participativo, vigente em nossa Carta (art. 157, II; muito embora o IPMF também tivesse este escopo — ver art. 2º, §3º,

---

[29] Sobre este tema ler *Normas Constitucionais Inconstitucionais*, de Otto Bachof.

EC 03/93); d) por fim, e ainda sob o influxo do "batismo" como contribuição, a arrecadação poderia ser integralmente destinada aos fins pretendidos, afastando a exigência de desvinculação de órgão ou fundo, que só se refere a impostos (art. 167, IV, na redação anterior à EC 29).[30] Deve-se, contudo, analisar o que foi efetuado com a "destinação" de sua arrecadação.

Partidos políticos ingressaram com uma ADIn, de nº 1.640[31], na qual se propunha ser inconstitucional a utilização de recursos da CPMF em finalidade distinta da que ensejou sua criação. No caso, foi alegado que do total arrecadado com a CPMF 27,24% estavam "sendo desviados para o pagamento de dívidas e encargos, contrariando a previsão constitucional de aplicação dos recursos exclusivamente nas ações de saúde", o que está expresso na CF/88, art. 74, §3º, do ADCT. O Relator, Ministro Sydney Sanches, propôs a seguinte *questão de ordem*, que foi acatada pelo Plenário da Corte, ficando assim ementado o acórdão:

> "Não se pretende a suspensão cautelar nem a declaração final de inconstitucionalidade de uma norma, e sim de uma destinação de recursos, prevista em lei formal, mas de natureza e efeitos político-administrativos concretos, hipótese em que, na conformidade dos precedentes da Corte, descabe o controle concentrado de constitucionalidade como previsto no art. 102, I, a, da Constituição Federal, pois ali se

---

30 Ainda carece de maior estudo a real natureza jurídica desta exação, e da pertinência deste "rebatismo" de imposto para contribuição, com seus reflexos jurídico-econômicos em nossa sociedade. Será que é realmente uma contribuição? Caso desclassificada, surgiria para os Estados e o Distrito Federal o direito a receber uma grande parte do valor arrecadado em todos estes anos, por força do art. 157, II, da CF/88. De outra banda, incontáveis valores arrecadados sob a égide da Anterioridade Mitigada deveriam ser devolvidos. Contudo, tais repercussões só poderiam acontecer no plano teórico, pois dificilmente a *jurisprudência* permitiria a reversão de situações consolidadas há tão longo tempo.

31 RTJ 167/79-85.

exige que se trate de ato normativo. Isso não impede que eventuais prejudicados se valham das vias adequadas ao controle difuso de constitucionalidade, sustentando a inconstitucionalidade da destinação de recursos, como prevista na Lei em questão."

Desta forma, e de conformidade com vários precedentes mencionados naquela decisão, passou a ser descabido o uso do controle concentrado de constitucionalidade para a destinação dos recursos da CPMF, podendo o Governo Federal utilizar tais verbas a seu bel prazer sem uma via expedita que permitisse evitar este tipo de desvio.

21. Todavia, mesmo o controle difuso de constitucionalidade da destinação das contribuições não tem sido bem visto pela Suprema Corte brasileira. No REEDED 217.117, cujo relator foi o Ministro Maurício Correa, onde se discutia a pertinência de 40% da arrecadação da contribuição para o PIS ser destinada ao financiamento de projetos econômicos pelo BNDES — Banco Nacional de Desenvolvimento Econômico e Social, a Segunda Turma daquela Corte foi clara em decidir que:

"O preceito do art. 239 da Constituição Federal apenas condicionou que a arrecadação do PIS e do PASEP passa, a partir da sua promulgação, a financiar o programa do seguro desemprego e o abono previsto em seu parágrafo 3º, nos termos que a lei dispuser. *A destinação de parte dos recursos mencionados para o financiamento de programas de desenvolvimento econômico, através do BNDES, não desvirtua a finalidade precípua da contribuição, que é a de custear a seguridade social.*" (grifos apostos)

Desta forma, a vinculação entre arrecadação e destinação das contribuições não era reconhecida pelo Supremo Tribunal Federal, o que acarretava o desvirtuamento do conceito de contribuições, bem como impedia que elas atingissem os fins para os quais foram criadas.

22. Felizmente este entendimento do Supremo Tribunal Federal está sendo alterado. Uma decisão recente bem demonstra esta vinculação entre objetivos propostos pela Carta e a obrigatoriedade de realização de despesas adstritas àquela finalidade. Nela, a discussão ocorria acerca da vinculação dos recursos arrecadados pela União sob a rubrica da CIDE-Petróleo, cujo dispêndio deveria se dar para as finalidades especificadas no próprio texto constitucional.[32] Ocorre que o ano de 2002 findou sem que a totalidade dos recursos arrecadados com a CIDE fosse gasto, e a Lei Orçamentária Anual para 2003 previa a possibilidade de que estes recursos fossem remanejados para serem gastos em finalidades distintas daquelas estabelecidas de forma vinculativa no texto constitucional diretamente para a arrecadação com a CIDE. O Supremo Tribunal Federal decidiu ser isto inconstitucional. O voto do Ministro Carlos Mário bem espelha o teor do pronunciamento do Tribunal:

> "A Constituição estabelece a destinação do produto da arrecadação da CIDE. Estamos todos de acordo em que a destinação dessa contribuição não pode ser desviada porque não há como escapar do comando constitucional, art. 177, §4º, II. Mas o que ouvi dos debates e das manifestações dos advogados é que o desvio está ocorrendo. (...) Evidentemente que não estou mandando o Governo gastar. A realização de despesas depende de políticas públicas. O que digo é que o Governo não pode gastar o produto da arrecadação da CIDE fora do que estabelece a Constituição Federal, art. 177, §4º, II."[33]

---

32 CF, art. 177: II — os recursos arrecadados serão destinados: a) ao pagamento de subsídios a preços ou transporte de álcool combustível, gás natural e seus derivados e derivados de petróleo; b) ao financiamento de projetos ambientais relacionados com a indústria do petróleo e do gás; c) ao financiamento de programas de infra-estrutura de transportes.

33 Voto do Ministro Carlos Mário na ADI 2925, cuja ementa não reflete a riqueza dos debates ocorridos.

Este posicionamento do STF é novo e deve ser saudado como um passo adiante no reconhecimento de limites à liberdade de conformação do legislador orçamentário e à obrigatoriedade de vinculação da arrecadação das contribuições às finalidades que ensejaram sua criação.

23. Fruto dessa decisão do STF, e do melhor controle sobre as contas públicas federais, o Relatório do Tribunal de Contas da União, referente ao ano de 2005, também observou este tipo de desvio de finalidade na utilização dos recursos das Contribuições a despeito de sua melhoria:

"Em 2005, a arrecadação à conta Cide foi de R$ 6,2 bilhões. O equivalente a 27,53% dos recursos arrecadados desde a instituição da Cide-Combustíveis permanecia em disponibilidade no final de 2005. Em 2004, essa relação era de 41%. A aplicação desses recursos tem sido objeto de acompanhamento pelo TCU, o que tem contribuído para modificações na forma de utilização dessa verba".

24. Não se pode deixar de registrar, contudo, que esta decisão mais recente do STF foi sobre uma contribuição (CIDE) cuja vinculação possui direta pertinência com atividades de interesse da iniciativa privada: construção e conservação de rodovias. Espera-se que o mesmo princípio seja utilizado para as contribuições que possuem enfoque social, que permanecem com desvio de finalidade, tal como com as vinculações dos impostos[34].

O efetivo controle da destinação de Contribuições e Impostos Vinculados é um passo que ainda falta ser dado pela estrutura jurisdicional brasileira, de forma a coibir este tipo de desvio de finalidade.

---

34 É curioso notar o remorso mencionado pelo Ministro Sepúlveda Pertence neste julgamento, ao se referir à ADI que não determinou a estrita vinculação dos recursos da CPMF ao FAT (ver pág. 128 do acórdão).

VI. Riscos no horizonte e linhas de defesa

25. Em face do jogo de forças existentes hoje no Brasil existe o risco concreto e imediato da situação piorar, ou seja de aumentar o fosso entre o que é constitucionalmente destinado para a implementação dos Direitos Humanos através de Contribuições e das Vinculações de Impostos e os recursos que efetivamente chegam ao seu destino, visando a implementação dessas atividades.

Existem Projetos de Emenda Constitucional em trâmite no Congresso Nacional que ampliam a DRU para os Estados membros e a transformam em perene, acabando a necessidade das prorrogações a que hoje está sujeita.

Além disso, existe forte pressão do FMI — Fundo Monetário Internacional, e de parcelas consideráveis do Congresso Nacional e do Poder Executivo interessados em reduzir fortemente as vinculações orçamentárias, sob o argumento de que elas engessam a execução do orçamento. O argumento é ardiloso, pois parte de uma verdade (o legislador deve ter em mãos todos os recursos disponíveis para executar a proposta de governo pela qual foi eleito) para atacar a destinação dos recursos dirigidos à implementação dos Direitos Humanos. Há necessidade de aumentar as verbas para redução das desigualdades regionais e o desnível de renda presente na maioria da população. Aliás, este é um dos Objetivos da República, brasileira, conforme acima referido, constante do art. 3º da Constituição de 1988. Ao reduzir as vinculações, implantar a DRU nos Estados e perenizá-la, o Estado brasileiro ficará muito mais fraco para enfrentar os desafios estabelecidos em seus Objetivos fundamentais (art. 3º). Como fazer frente aos desafios de implementar os Objetivos da República brasileira sem os recursos necessários para tanto?

Estou seguro de que, sem estas vinculações a situação dos Direitos Humanos no Brasil estaria muito pior do que hoje em dia, especialmente os que se referem à 2ª. dimensão (saúde e educação especialmente). Penso que se houver maior desvinculação, as verbas públicas não irão para estes setores, a despeito do argumento contrário. O argumento de que irão ser destinadas verbas para estes setores em igual quantidade ou superior, mesmo em caso de eventual desvinculação, é absurdamente falacioso pois, se fosse para destinar a verba para estes setores, porque haveria a necessidade de desvincular?

26. A linha de defesa contra esta ameaça passa por, pelo menos, os seguintes argumentos:

a) A Tese da Supremacia da Constituição e as Cláusulas Pétreas

Entendo que a situação colocada no horizonte — e mesmo a atual, em face da sucessão de Emendas Constitucionais que desembocaram na DRU — é o típico caso de invocação da tese da Supremacia da Constituição.

O Supremo Tribunal Federal vem tratando deste tema em alguns (poucos) julgados mais recentes. Um deles, que trata da matéria de maneira bastante adequada, é ADI 2.010-MC/DF, cujo Relator foi o Ministro Celso de Mello, cuja ementa, na parte que trata da matéria, ficou assim lançada:

"RAZÕES DE ESTADO NÃO PODEM SER INVOCADAS PARA LEGITIMAR O DESRESPEITO À SUPREMACIA DA CONSTITUIÇÃO DA REPÚBLICA. — A invocação das razões de Estado — além de deslegitimar-se como fundamento idôneo de justificação de medidas legislativas — representa, por efeito das gravíssimas conseqüências provocadas por seu eventual acolhimento, uma ameaça inadmissível às liberdades públicas, à supremacia da ordem constitucional e aos valores democráticos que a informam, culminando por introduzir, no sistema de direito positivo, um preocupante fator de ruptura e de desestabilização político-jurídica. Nada compensa a ruptura da ordem constitucional. Nada recompõe os gravíssimos efeitos que derivam do gesto de infidelidade ao texto da Lei Fundamental. **A defesa da Constituição não se expõe, nem deve submeter-**

se, a qualquer juízo de oportunidade ou de conveniência, muito menos a avaliações discricionárias fundadas em razões de pragmatismo governamental. A relação do Poder e de seus agentes, com a Constituição, há de ser, necessariamente, uma relação de respeito. Se, em determinado momento histórico, circunstâncias de fato ou de direito reclamarem a alteração da Constituição, em ordem a conferir-lhe um sentido de maior contemporaneidade, para ajustá-la, desse modo, às novas exigências ditadas por necessidades políticas, sociais ou econômicas, impor-se-á a prévia modificação do texto da Lei Fundamental, com estrita observância das limitações e do processo de reforma estabelecidos na própria Carta Política."

Na ementa acima parcialmente transcrita, verifica-se a tese da Supremacia da Constituição, com a defesa da Carta acima das discricionariedades e do pragmatismo governamental. Não se deve reger a análise da Constituição pela fluidez do regime econômico de conjuntura. Esta possui uma dinâmica que não comporta modificação da estrutura constitucional para a ela se adequar[35].

O fato de virem a ser alterações decorrentes de Emendas Constitucionais não permite que se argumente que se trata de uma norma constitucional de idêntica hierarquia, pois o Supremo Tribunal Federal em outra oportunidade já decidiu que Emendas Constitucionais podem ser inconstitucionais, caso violem cláusulas pétreas (art. 60, §4º, IV, CF)[36], em acórdão da

---

[35] Para quem se interessar sobre este tema, com vastos exemplos, vale a consulta ao livro *Justiça Constitucional e Tributação*, de Fernando Facury Scaff e Antonio Gomes Maués, Ed. Dialética, 2005.

[36] ADI 939-DF, caso em que declarou inconstitucional a EC nº 03, na parte em que permitia a incidência do IPMF — Imposto Provisório sobre Movimentação Financeira no mesmo ano de sua criação, por violar o direito fundamental à anterioridade tributária, que nada mais é do que uma expressão da segurança jurídica, do princípio da não-surpresa.

lavra do Relator Ministro Sydney Sanches, que ficou assim ementado:

"1. Uma Emenda Constitucional, emanada, portanto, de Constituinte derivada, incidindo em violação a Constituição originária, pode ser declarada inconstitucional, pelo Supremo Tribunal Federal, cuja função precípua é de guarda da Constituição (art. 102, I, "a", da C.F.)."

Desta forma, o fato de serem emendas constitucionais não afasta a inconstitucionalidade flagrante decorrente da agressão aos direitos humanos de segunda dimensão (direitos fundamentais sociais) fruto do afastamento de recursos fiscais constitucionalmente destinados a educação, saúde e seguridade social, conforme acima evidenciado.

b) A ampliação dos princípios consagrados na ADI 2925

Na mesma linha de argumentação, é imprescindível ampliar o entendimento esposado pelo Supremo Tribunal Federal na ADI 2925, que determinou a vinculação dos recursos arrecadados pela CIDE às finalidades previstas na Constituição.

Esta linha de argumentação deve ser mantida e ampliada para as Contribuições Sociais e para as Vinculações de Impostos, permitindo que haja o efetivo controle por parte do Poder Judiciário dos valores arrecadados da sociedade pelo Estado para a implementação dos Direitos Humanos, especialmente os de 2ª. dimensão.

VII. Conclusão

27. O sistema de financiamento para a implementação dos Direitos Humanos no Brasil foi inicialmente implantado pela Constituição de 1988 com a Vinculação de Impostos e de Contribuições para custeio e ampliação dos Direitos Humanos, es-

pecialmente os de 2ª. dimensão, que é um dos principais problemas a serem enfrentados para atingirmos os Objetivos da República brasileira estabelecidos no art. 3º de nossa Carta. E tal procedimento não faz parte daqueles listados como Fundamento de nossa pátria (art. 1º, CF).

O Sistema Orçamentário, que engloba tanto as receitas (tributos) quanto as despesas (finanças) prevê o afunilamento do planejamento fiscal no Brasil, partindo da Lei do Plano Plurianual (PPA), passando pela Lei de Diretrizes Orçamentárias (LDO) e culminando na votação da Lei Orçamentária Anual (LOA), cuja execução deve estar em consonância com os princípios constitucionais e legais que nortearam aquelas normas. Tal fato faz com que os "contingenciamentos" e desvinculação da receita de impostos e contribuições às finalidades normativamente previstas, acarretem um desequilíbrio no sistema, desviando recursos que originalmente iriam para a implementação dos direitos humanos de 2ª. dimensão, transferindo-os para outras finalidades, dentre elas o pagamento dos juros da dívida pública, muitas vezes com enormes antecipações — enquanto os problemas sociais permanecem em segundo plano.

Ocorre que ao longo do tempo, após algumas Emendas Constitucionais, o retraimento do Supremo Tribunal Federal para enfrentar a questão, e as várias distorções que surgiram no sistema, estamos defronte a uma situação ímpar: o Brasil é um dos países do mundo que mais arrecada verbas formalmente destinadas à implementação dos direitos humanos de 2ª. dimensão, mas é um dos que possui piores Índices de Desenvolvimento Humano nesse setor.

Existe o risco concreto dessa situação piorar, em face do esfacelamento desse sistema por conta de Projetos de Emenda Constitucional em curso no Congresso Nacional. Contudo, uma nova posição no Supremo Tribunal Federal, obrigando o uso dos recursos arrecadados nas finalidades normativamente previstas e a tese da Supremacia da Constituição, podem vir a reverter este quadro, mas somente através de um enfrentamento nos Tribunais — problema que se espera venha a ser contornado através de medidas preventivas ainda no âmbito político.

Um país em desenvolvimento, com graves problemas sociais a serem enfrentados, necessita de muitos recursos para reverter esta situação, e não de instrumentos que operacionalizem o desvio desses recursos para outras finalidades, como hoje ocorre no Brasil e está em vias de ampliação. Se toda a verba destinada à implementação dos direitos humanos de 2ª. dimensão (direitos fundamentais sociais) fosse aplicada nas finalidades que instituíram sua cobrança (impostos e contribuições), o Brasil não estaria tão mal posicionado no IDH — Índice de Desenvolvimento Humano, e a carga tributária não necessitaria ser tão grande, o que ocorre também em razão dos desvios (de finalidade) hoje existentes.

Direitos Fundamentais e Tributação — a Norma de Abertura do § 2º, do art. 5º, da Constituição Federal do Brasil de 1988

Marconi Costa Albuquerque[1]

Introdução — 1. Por que direitos fundamentais e tributação? — 2. Evolução histórica dos direitos humanos — 3. Os direitos fundamentais na Constituição Federal de 1988 — 4. A concretização dos direitos fundamentais — uma questão aberta — 5. O § 2º, do art. 5º, da Constituição Federal de 1988 — 5.1. Questões Preliminares — 5.2. O § 2º, do art. 5º, da Constituição Federal — um caso recente de interpretação extensiva do Supremo Tribunal Federal — 6. Conclusão — Bibliografia

Introdução

O presente trabalho destaca a visão dos Direitos Fundamentais e sua importância nos contextos mundial e nacional, a sua vinculação com a Teoria do Direito Constitucional, assim como a sua implicação nos campos do Direito Tributário e das políticas públicas voltadas para o social.

---

1 Mestre em Direito pela Universidade Federal de Pernambuco. Professor do Curso de Direito da Universidade Católica de Pernambuco. Advogado.

Aborda-se a questão dos Direitos Fundamentais no que tange ao seu desenvolvimento histórico no concerto das nações e, ainda, o crescente desenvolvimento desses direitos no campo do Direito Constitucional brasileiro. Pontua-se, também, o caráter simplesmente retórico desse desenvolvimento nas nações ditas periféricas — dentre as quais o Brasil —, nas quais, embora a legislação sinalize para novo contexto social, se verifica que tais avanços encontram-se longe de efetiva concretude, na medida em que se mostra reduzido a uma dimensão tão-somente simbólica.

Questiona-se a falência dos paradigmas do Estado Liberal, o desenvolvimento do Estado Social e, mais precisamente, a superação desses dois modelos de Estado pelo novo paradigma do Estado Democrático de Direito.

Face aos problemas angustiantes a que está submetida a sociedade brasileira na atual quadra de sua história — com milhões de excluídos de um processo de desenvolvimento que somente privilegia as classes abastadas e aquelas que dominam o Estado, que, por sua vez, dirige suas políticas no sentido de beneficiá-las — o presente trabalho aborda as agressões aos direitos fundamentais, que, embora positivados em sede constitucional, ainda continuam sendo uma promessa longínqua da modernidade, distante de vir a ser cumprida, apontando, ainda, a omissão da classe política, a pouca ou quase nenhuma participação popular, os privilégios da classe dominante e o distanciamento do Estado no tocante à solução dos problemas conjunturais da sociedade como um todo.

Neste quadro de dissonância entre Estado e Sociedade, mormente no caso brasileiro, destaca-se a importância dos Direitos Fundamentais e sua relação com o Direito Tributário, já que a tributação em um Estado Democrático de Direito, como se intitula o Estado brasileiro, não pode ser entendido como um instrumento de dominação e mecanismo de concentração de renda, interferindo de forma danosa na cadeia produtiva, aumentando, destarte, o fosso que separa as classes abastadas do restante da população.

Por outro lado, diante do déficit das políticas sociais, é notória a importância que assume o Poder Judiciário, não mais apenas como solucionador de conflitos individuais, mas, sobretudo, como instrumento de concretização das políticas sociais e respeito aos direitos humanos, evitando, assim, o esvaziamento de tais direitos, razões pelas quais salienta-se a importância de uma nova concepção acerca dos limites estabelecidos pelo Princípio da Separação dos Poderes.

O presente trabalho mostra, assim, a importância da visão substancialista defendida por Alexy que preconiza a necessidade de uma interpretação da Constituição fundada em valores, atentando para o conteúdo material da norma.

Enfoca-se o entendimento de que a Constituição brasileira deve ser encarada como uma constituição dirigente, em que as normas ditas programáticas venham a ter uma real efetividade, não obstante a força das teses da *reserva do possível*, atualmente tão em voga.

Finalmente, destaca-se a norma de abertura do § 2º, do artigo 5º, da Constituição do Brasil de 1988, que dá margem ao acolhimento de direitos fundamentais não-escritos, desde que em sintonia com os princípios da Constituição e sua importância no campo do Direito Tributário, bem como, pela mudança que traz à práxis hermenêutica, a recente interpretação extensiva desse dispositivo pelo Supremo Tribunal Federal.

1. Por que direitos fundamentais e tributação?

Adentrando à questão dos direitos fundamentais, inserida no bojo mais amplo dos direitos humanos, e sem entrar na discussão conceitual existente[2], firmamos nossa posição, a despei-

---

2 Quanto à discussão sobre o conceito de direitos humanos e seus múltiplos aspectos, remetemos o leitor para as obras de TORRES, Ricardo Lobo: *Tratado de Direito Constitucional Financeiro e Tributário*. Rio de Janeiro: Renovar, 1999, pp. 9-12 e SARLET, Ingo Wolfgang: *A Eficácia dos direitos fundamentais*. Porto Alegre: Livraria do Advogado, 2001, pp. 31-37.

to da visão que deita suas raízes na esteira dos ensinamentos de Bonavides,[3] — seguindo os passos do publicita Carl Schmitt, que entende como direitos fundamentais aqueles nomeados constitucionalmente e que são revestidos de um grau maior de garantia e segurança (imutáveis ou de difícil alteração, somente permitida pela via estreita da emenda à Constituição, conceito que a nosso ver, no caso brasileiro, merece ressalva[4] —, de que a noção de direitos fundamentais não está necessariamente vinculada à questão de sua positivação constitucional, mas, sobretudo, afetada à noção de suas várias "dimensões", no que se distinguem os direitos humanos, de 1ª geração, dos direitos fundamentais, de 2ª, 3ª e 4ª "dimensões" que vieram logo após, como o resultado do amadurecimento dos primeiros, positivados ou não, entendimento esse que, no caso brasileiro, vem a calhar com o que dispõe o § 2º, do artigo 5º, do texto constitucional brasileiro de 1988.[5]

O tema vem sendo marcado por enorme destaque em todo o mundo, sendo objeto de estudos nos campos da Filosofia do Direito, Direito Constitucional, Direito Tributário e, sobretudo, do Direito Internacional, não obstante ainda se observe no Brasil um grande déficit teórico na abordagem dos direitos sociais, enquanto direitos humanos.[6]

---

3   BONAVIDES, Paulo: *Curso de Direito Constitucional*. São Paulo: Malheiros, 1994, pp. 514-516.

4   Vale frisar que, no caso brasileiro, nem pela via estreita da Emenda Constitucional é possível a alteração dos direitos fundamentais considerados como cláusulas pétreas e, portanto, não passíveis de emendas.

5   MORAES, Alexandre de: *Constituição da República Federativa do Brasil de 5 de outubro de 1988*. São Paulo: Atlas, 2002, p. 34. — "Os direitos e garantias expressos nesta Constituição não excluem outros decorrentes do regime e dos princípios por ela adotados, ou dos tratados internacionais em que a República Federativa do Brasil seja parte".

6   TORRES, Ricardo Lobo: A cidadania multidimensional na era dos direitos. In: *Teoria dos direitos fundamentais*, MELLO, Celso de Albuquerque (et al.); org.: Ricardo Lobo Torres. 2ª Ed. Rio de Janeiro: Renovar, 2001, p. 243. O autor não faz distinção entre direitos humanos e

Por que direitos fundamentais e tributação? Simplesmente porque, com a consolidação do Estado Social, novos direitos surgiram, direitos fundamentais foram estabelecidos em sede constitucional e, com isso, logo ficaram patenteados os primeiros sinais de descompasso entre receita e despesa públicas, restando demonstrada a insuficiência de recursos do Estado para financiar com efetividade as políticas públicas voltadas ao social, sendo necessário para contornar o problema a adoção de uma das duas providências, a saber: o aumento da carga tributária ou a redução de custos pela redução do nível de políticas públicas voltadas ao social.[7]

No Brasil das últimas duas décadas, visando equilibrar o balanço das contas públicas e de acordo com os dados estatísticos disponíveis, essas duas providências antes mencionadas, infelizmente, foram aplicadas concomitantemente pelo governo neoliberal e globalizante, inflingindo, assim, pesados ônus a toda sociedade.

Embora inseridos no texto constitucional, como é o caso brasileiro, observa-sem, com freqüência, contínuas agressões aos direitos fundamentais, sobretudo aos de 2ª geração (ou de 2ª dimensão),[8] ou sociais, culturais e econômicos, a ponto de

---

direitos fundamentais, colocando estes últimos mais próximos do direito natural, pois, segundo afirma, se referem aos direitos decorrentes da própria natureza dos homens, como se observa na sua obra *Tratado de Direito Constitucional Financeiro e Tributário- Os Direitos Humanos e a Tributação: Imunidades e Isonomia*. Rio de Janeiro: Renovar, p. 9. "Os direitos naturais são sinônimos dos direitos humanos, ou direitos fundamentais, ou direitos individuais, ou direitos civis, ou liberdades públicas".

7   STRECK, Lenio Luiz: *Jurisdição Constitucional e Hermenêutica — Uma Nova Crítica do Direito*. Porto Alegre: Livraria do Advogado, 2002, p. 65.

8   SARLET, Ingo Wolfang: *A Eficácia dos Direitos Fundamentais*. Porto Alegre: Livraria do Advogado, 2001, p. 48-50. Aqui o autor faz uma abordagem sobre ser mais apropriada a terminologia de dimensões de direitos ao invés de gerações de direitos, já que esta última, segundo a melhor doutrina, daria uma falsa visão da substituição gradativa de uma geração por outra.

Bobbio dizer que "o problema fundamental em relação aos direitos do homem, hoje, não é tanto o de "justificá-los", mas o de "protegê-los".[9]

Não é sem outro motivo que se torna cada vez mais importante a abordagem do constitucionalismo contemporâneo, dentro de uma visão que busque a eficácia, a continuidade e a preservação do Estado Democrático de Direito, tendo por base o pressuposto da soberania constitucional, e esta, relativa, pois submetida ao império do Direito das Gentes,[10] especialmente em um tempo em que, com a consolidação da Comunidade Européia, se propõe a implantação de uma Constituição Européia, sem entrar aqui na discussão de sua legitimidade e eficácia, sobretudo como um sistema aberto de regras e princípios voltado para valores, num permanente e efetivo esforço de concretização desse processo.[11]

Se durante o Estado Liberal a questão econômica não constituía uma preocupação do Estado, com o passar do tempo tal questão passou a ocupar posição de destaque nas Constituições dos diversos Estados, inclusive na do Brasil de 1988, atingindo o seu auge durante o Estado Social, mormente porque o fato econômico e o próprio Estado tornaram-se cada vez mais complexos.[12]

No Brasil, o agravamento da questão econômica, a priorização, a qualquer custo, do controle do fenômeno inflacionário, a

---

9 BOBBIO, Norberto: *A era dos direitos*. Rio de Janeiro: Campus, 1992, p.24

10 MELLO, Celso A.: O § 2º do art. 5º da Constituição Federal. In: MELLO, Celso de Albuquerque (et al.), org.: Ricardo Lobo Torres: *Teoria dos direitos fundamentais*. Rio de Janeiro: Renovar, 2001, p. 22.

11 MORAIS, José Luis Bolzano de: Constituição ou barbarie: perspectivas constitucionais. In: Sarlet, Ingo Wolfgan (coord.): *A Constituição concretizada — construindo pontes com o público e o privado*. Porto Alegre: Livraria do Advogado, 2000, p. 11.

12 DANTAS, Ivo: *Direito constitucional econômico*. Curitiba: Juruá, 1999, p. 58.

dependência do capital internacional e o contínuo crescimento dos endividamentos externo e interno do país, a constatação de um crescimento econômico em nível insatisfatório para aumentar as oportunidades de emprego e, assim, acomodar a nova leva da população que chega a cada ano ao mercado de trabalho, a crise da classe política, o descrédito da sociedade nos seus dirigentes, a exacerbação da crise moral, a banalização da ilegalidade e da impunidade no país, a hesitação do governo na definição de prioridades na questão de políticas públicas voltadas para o social, têm posto em destaque o tema dos direitos fundamentais, mormente no que diz respeito às suas eficácia e concretização.

As pressões de grupos sociais organizados, notadamente no Brasil, onde as diferenças sociais são bastante visíveis e o número dos excluídos atinge patamares inaceitáveis, têm levado a uma crise sem precedentes, em que o tema dos direitos fundamentais tem sido, sempre, matéria de destaque.

Simultaneamente ao agravamento dos problemas sociais, tem-se observado uma evolução no grau de conscientização da sociedade acerca dos seus direitos, o que, aliada ao atual quadro de liberdade democrática instalado no país, vem proporcionando um aumento crescente no grau de cobrança por parte da população, razão pela qual o tema dos direitos fundamentais é matéria de realce em toda a mídia nacional.

Nesse contexto, pressionado por fatores externos e objetivando reduzir o nível do déficit público, o governo tem aumentado a sua intervenção no campo tributário, impondo à nação brasileira uma carga de tributos que, se não é a maior, situa-se entre as maiores do mundo. A máquina arrecadadora do governo nunca foi tão ágil e eficiente, suplantando a cada dia o seu próprio recorde, sendo tal qualidade motivo de jactância e alarde por parte do poder central.

Por outro lado, constata-se que o governo, com uma estrutura administrativa hipertrofiada e apresentando um quadro crônico de incompetência nas suas ações, arrecada bem mas gasta mal, o que tem levado a sociedade a um acentuado grau de frustração, que se vê pressionada por uma carga tributária insuportável e, ao mesmo tempo, desamparada em razão da insuficiência das políticas públicas adotadas pelo governo.

Ademais, no afã de aumentar a arrecadação tributária, o Executivo, que no Brasil detém o poder excepcional de legislar por meio de medidas provisórias, tem utilizado esta prerrogativa de forma exacerbada e na maior parte das vezes indevida, transformando a excepcionalidade em normalidade, invadindo a esfera de liberdade das pessoas e instituindo tributos que, em grande número, são questionados no tocante à sua legalidade e inconstitucionalidade.

O poder de tributar, que, necessariamente, deve obediência e tem limites perfeitamente identificados a partir de princípios constitucionais determinados, vem sendo exercido de forma autoritária, em total desconformidade com os ditames constitucionais. Os direitos fundamentais que devem nortear a atuação do poder de tributar do Estado vêm sendo, sistematicamente, relegados a um segundo plano, com o desrespeito ao catálogo de direitos previstos no art. 5º da Constituição Federal de 1988, sem falar do pouco caso que se dá às garantias fulcradas nos direitos não-escritos (implícitos e decorrentes dos princípios e do regime).[13]

Não bastasse tudo isso, o próprio Poder Legislativo, premido pelo Executivo e utilizando, muitas vezes, o argumento falacioso do risco da ingovernabilidade, tem promovido — pela via de Emenda Constitucional, ou por meio de alterações da legislação infraconstitucional, na qual a maioria representativa se

---

13 SARLET, Ingo Wolfgang: *A Eficácia dos Direitos Fundamentais*. Porto Alegre: Livraria do Advogado, 2001, p. 92. Concordando com o autor, acatamos a expressão direitos não-escritos, designando os que não foram objeto de previsão no direito positivo (constitucional ou internacional), subdivididos, por sua vez, em direitos implícitos, embasados nas normas do catálogo de direitos e garantias fundamentais do art. 5º, da CF/88 e os direitos decorrentes, conforme a própria disposição expressa no § 2º, do art. 5º, da CF/88.

manifesta por "voto de liderança", uma excrescência da práxis legislativa brasileira —, uma série de alterações no texto da Carta Magna em vigor, sem falar nas tentativas de implantação de medidas casuísticas. Nesse sentido, o pronunciamento do Líder do Governo na Câmara Federal, Deputado Arnaldo Madeira (PSDB-SP), publicado pelo Correio Brasiliense (edição de 20.05.2002), com vistas a atender os interesse do Executivo, na sua sanha ilimitada por novos recursos advindos da receita derivada de tributos, em total desrespeito às garantias dos direitos fundamentais e dos princípios constitucionais do poder de tributar, manifesta preocupação quanto à demora na aprovação da CPMF e à necessidade da alteração do princípio da noventalidade, "finalmente aprovada pelo Senado", num claro desrespeito ao art. 195, § 6º, da CF/88.[14] no sentido de acomodar.

Nada ampara a ação do Estado empreendida de forma contrária aos ditames da lei, notadamente da Lei Maior, em desalinho com os direitos fundamentais — num procedimento típico do tempo do Estado de Poder ou Estado de Polícia, no qual os fins justificavam os meios —, já que vivemos hoje, no Brasil, um Estado de Direito e, mais ainda, um Estado Constitucional, em que os princípios da Carta Magna devem servir de fundamento a todas as ações dos Poderes Executivo, Judiciário e Legislativo, sob pena do surgimento de direitos individuais em relação ao Estado, verdadeiros direitos subjetivos que devem ser respeitados, entendimento acolhido pelo Constituinte de 1988 e plasmado na atual Constituição da República.

Com efeito, graves e contínuas agressões têm sido perpetradas às garantias dos direitos fundamentais inseridos na Constituição em vigor, com clara repercussão no campo da tributação,

---

14 MORAES, Alexandre de: *Constituição da República Federativa do Brasil de 5 de Outubro de 1988*. São Paulo: Atlas, 2002, p. 191. O dispositivo constitucional referido é o seguinte — As Contribuições sociais de que trata este artigo só poderão ser exigidas após decorridos noventa dias da data da publicação da lei que as houver instituído ou modificado, não se lhes aplicando o disposto no art. 150, III, b.

razão da importância e atualidade do tema dos direitos fundamentais e sua importância em sede de direito tributário e que, felizmente, em boa hora, o Supremo Tribunal Federal, nossa última instância judiciária, vem enfrentando.

A tudo isso a sociedade assiste estupefata, sem, contudo, se deixar intimidar. Tal assertiva se fundamenta na quantidade de ações judiciais questionando a cobrança de tributos que a sociedade brasileira, diante da ação autoritária do governo em matéria tributária — que conta com o aval do Poder Legislativo, como se o princípio da legalidade fosse insuficiente para tolher a ação autoritária do governo, o Estado Democrático de Direito fosse apenas obra de ficção e a relação tributária não fosse uma relação jurídica, mas uma relação de poder — vem ajuizando nos diversos tribunais do país.[15]

O tributo, como obrigação *ex lege*, continua a ter como fundamento a vontade do legislador que, quando desvinculada dos princípios da Carta Magna, sobretudo daqueles que garantem os direitos fundamentais e limitam o poder de tributar do Estado, faz aflorar a indignação da sociedade, a desconfiança nos seus dirigentes e a procura, como última trincheira, pela prestação jurisdicional do Poder Judiciário. Neste sentido, parafraseando Lobo Torres[16] — embora dele disconcordando parcialmente posto entendermos a relação tributária como um dever e obrigação do cidadão, e esta última como contrapartida de um direito; um dever fiscal que teve os seus albores nas concepções políticas da Revolução Francesa, que pôs fim a sistema fiscal cercado de inúmeros privilégios que eximiam o Rei, a Igreja e o Senhor Feudal de qualquer carga tributária e impunha ao povo o dever de sustentar, com sacrifício, o fausto de alguns poucos; um de-

---

15 MACHADO, Hugo de Brito: *A supremacia constitucional como garantia do contribuinte.* Texto extraído do Jus Navigandi, (http:/www.jus.com.br), consultado em abril de 2002, p. 2.
16 TORRES, Ricardo Lobo: *Tratado de direito constitucional, financeiro e tributário, volume III; os direitos humanos e a tributação: imunidades e isonomia.* Rio de Janeiro: Renovar, 1999, p. 3.

ver fiscal norteado pelos princípios da universalidade do imposto e justiça fiscal, que trate isonomicamente todos os contribuintes na sua relação diante da imposição tributária do Estado —, podemos dizer que o tributo nasce pela autolimitação da liberdade e por ela se limita, podendo mesmo oprimi-la, se não contida pela legalidade.

Neste clima de crise, conflito e desrespeito aos direitos fundamentais, o Poder Judiciário tem sido, no Brasil, repetindo o que dissemos, intensamente demandado como última trincheira da sociedade na busca dos seus direitos e na tentativa de tolher a ação autoritária do Estado, o que demonstra o crescente número de causas tributárias que abarrotam os Tribunais Superiores.

Não se pense, todavia, que, na prática, essa busca pela prestação jurisdicional tenha surtido efeitos positivos em todos os casos. Longe disso, a doutrina e jurisprudência constitucional brasileira ainda estão atadas ao sistema hermenêutico tradicional, com base lógico-formal, ou, segundo alguns doutrinadores, trilhando ainda uma fase de transição entre um tratamento lógico-formal das questões de direito e a aplicação de métodos atuais de conteúdo material-valorativo.[17] Por essa razão, a luta pelo respeito aos direitos fundamentais, e sua aplicação no campo tributário e no controle das políticas públicas, deve ser buscado, também, em outros níveis, como, por exemplo, no Poder Legislativo, por meio de uma ação política desenvolvida pela sociedade organizada.

Assim, na esteira do entendimento de Ricardo Lobo Torres — para quem o poder de tributar nasce no espaço aberto pelos direitos humanos e por eles é totalmente limitado, entendimento ainda eivado da carga burguesa clássica de cunho individualista que faz com que aquele autor admita como fundamento da

---

17 KRELL, Joachim Andreas: Realização dos direitos fundamentais sociais mediante controle judicial da prestação dos serviços públicos básicos. In: *Anuário dos Cursos de Pós-Graduação em Direito*. Recife: Universitária, nº 10, 2001, p. 61.

imunidade tributária a liberdade individual e, ainda, que a não inserção dos direitos econômicos e sociais no rol dos direitos humanos não instaura nem limita o poder de tributar,[18] — abstrair a questão tributária do tema dos direitos humanos é, na verdade, negar tais direitos, os ditos de primeira geração (dimensão), denominados civis e políticos, direitos que exprimem um *status negativus*, para cuja obtenção não se requer uma prestação do Estado, ou aqueles ditos de segunda geração (dimensão), os direitos sociais, culturais e econômicos, que exprimem um *status positivus*, e que requerem, para a sua concretização, uma prestação do Estado.

Não se pode mais aceitar a instituição de tributos irrazoáveis, desproporcionais, desprovidos de fundamentos justificadores, baseados numa visão legalista burguesa ou numa legalidade racional, como fundamentos da preponderância do Estado, sendo de se encarar de forma limitada a tese da potestade tributária, entendida esta de acordo com o direito da sociedade, o direito de cada contribuinte, em outras palavras, uma potestade tributária exercida nos limites da lei, sem descurar da necessidade de conservar intacta a plêiade de direitos inatos e inalienáveis do homem e do cidadão, como fundamentos da imposição tributária.[19]

Em face a tudo isso até aqui enfocado, vive-se uma situação de verdadeira crise do Estado Liberal, a superação do Estado Social, e a consolidação, ao menos formalmente, do Estado Democrático de Direito, persistindo a crise de sua real efetividade.

As recentes teses sustentadas e postas em prática pelos neoliberais são insuficientes para aclarar o problema do déficit social instalado, ou, muito menos, superá-lo.

---

18 TORRES, Ricardo Lobo: *Tratado de direito constitucional, financeiro e tributário, volume III; os direitos humanos e a tributação: imunidades e isonomia*. Rio de Janeiro: Renovar, 1999, pp. 13-14.
19 NOGUEIRA, Alberto: *A Reconstrução dos direitos humanos da tributação*. Rio de Janeiro: Renovar, 1997, pp. 94-97.

Os paradigmas da social-democracia européia não podem, simplesmente, ser transplantados para a América Latina, cujos desenvolvimentos político, econômico e histórico têm bases totalmente distintas, não sendo de se aplicar aqui teses desenvolvidas em contextos sociais completamente diversos.

De se evidenciar, portanto, que o Estado, mormente nos países periféricos submetidos ao jugo de um capitalismo perverso, encontra-se cada vez mais distante da sociedade, ao assumir posições que agridem os cidadãos, com a tributação sendo utilizada como política de dominação, e demonstrar, por outro lado, uma crônica incapacidade em promover de forma eficaz políticas públicas que beneficiem a sociedade como um todo.

Vive-se, portanto, no dizer de Hannah Arendt, uma crise da era moderna, que começou com a "expropriação dos pobres", o que significa no campo tributário a distorção da retirada de recursos de muitos em benefício de poucos pela ação do Estado, comungando com o dito de Proudhon de que a propriedade é um roubo e tem sólida base nas origens do moderno capitalismo.[20]

Diante do fracassado modelo parlamentar (legislativo) de controle da tributação, que se estabelece com o Estado moderno, e que de há muito não corresponde aos anseios da população, urge promover um novo pensar que restaure em bases democráticas os próprios fundamentos da tributação, caminho que passa obrigatoriamente pela humanização dos tributos, no qual cada pessoa é tratada com a dignidade que lhe é própria, resguardando-se a liberdade do contribuinte e sua participação no rol de tributos aprovados em seu nome.[21] Uma nova visão, na qual a tributação deixe de ser encarada como instrumento de dominação e passe a atuar como mecanismo de concretização de políticas públicas, que resulte em real benefício para a sociedade como um todo e não apenas voltada ao privilégio de poucos,

---

20 HANNAH, Arendt: *A condição humana*. Rio de Janeiro: Forense Universitária, 1999, p. 71.
21 NOGUEIRA, Alberto: *A Reconstrução dos direitos humanos da tributação*. Rio de Janeiro: Renovar, 1997, pp. 399-403.

levando em conseqüência à exacerbação da fórmula perversa da concentração de renda e ao aumento crescente do contingente dos excluídos. Uma matriz tributária em que os direitos fundamentais expressos na atual Constituição sejam, de fato, respeitados e não apenas o reflexo de promessas retóricas que ainda estão distante de ser cumpridas.

Neste sentido destaque-se a importância da participação popular ativa do cidadão nas atividades de elaboração, fiscalização e controle das regras tributárias, onde ao lado do princípio da universalidade do tributo, procure-se elidir de todas as formas os efeitos desastrosos da sonegação, destacando-se, sobretudo, o caráter cimeiro da Constituição e elevando-se, destarte, a função do Poder Judiciário no processo de concretização dos direitos humanos, mormente no campo tributário, já que é o juiz a última trincheira de garantia desses direitos.[22]

Diante de um quadro tão perverso e de tão sombrias perspectivas é de se pensar como Bobbio que perguntado — após uma longa conversa sobre as características de nosso tempo que despertam viva preocupação para o futuro da humanidade, sobretudo três, o aumento cada vez maior e até agora incontrolado da população, o aumento cada vez mais rápido e até agora incontrolado da degradação do ambiente, o aumento cada vez mais rápido, incontrolado e insensato do poder destrutivo dos armamentos — se, em meio a tantas previsíveis causas de infelicidade, via algum sinal positivo, afirmou que sim, que via pelo menos um desses sinais: a crescente importância atribuída, nos debates internacionais, entre homens de cultura e políticos, em seminários de estudo e em conferências governamentais, ao problema do reconhecimento dos direitos do homem.[23]

---

22 Op. cit., pp. 411-416.
23 BOBBIO, Norberto: *A era dos direitos*. Rio de Janeiro: Campus, 1992, p. 49. Não somente aqui, como de resto no inteiro teor de sua obra, o autor revela a sua esperança nos direitos humanos, como tema fundamental para a sobrevivência do homem e da própria preservação da humanidade.

2. Evolução histórica dos direitos humanos

Neste ponto, nos abstendo da querela conceitual entre as principais denominações utilizadas pela doutrina no tocante aos direitos humanos (direitos do homem, direitos fundamentais, direitos fundamentais do homem, direitos de liberdade, liberdades públicas, entre outros), passaremos a apresentar uma imagem da evolução histórica de tais direitos.

Segundo Bobbio[24], o reconhecimento e a proteção dos direitos do homem está na base das Constituições Democráticas modernas, onde a democracia é a sociedade dos cidadãos, e os súditos se tornam cidadãos quando lhes são reconhecidos alguns direitos fundamentais, referindo-se aos direitos humanos como um dos principais indicadores do progresso histórico. Importante é a sua assertiva de que, no plano histórico, os direitos humanos surgem em meio à consolidação da noção de "inversão" típica do Estado Moderno, na relação Estado/Cidadão, onde a questão é encarada cada vez mais sob a ótica dos direitos dos cidadãos e não do ponto de vista dos direitos do Estado, reservando-se ao homem o direito de gozar de algumas liberdades fundamentais e de caráter natural, pois que não dependem do beneplácito do Estado. Complementa o eminente filósofo, que os direitos humanos, do ponto de vista teórico, são direitos históricos, surgindo com o evoluir da sociedade e como resposta às suas necessidades, não aparecendo, todos, ao mesmo tempo (já surgindo aqui a noção de dimensão ou geração como pretendem alguns), sendo, portanto, produto de uma evolução controlada por fatores sociais, políticos e econômicos. Assim, a importância dos direitos fundamentais e sua concretização, mormente no Brasil, que, a despeito de ter a temática dos direitos fundamentais profundamente arraigada no texto constitucional, ainda está longe de ver concretizado o ideal de um Estado Democrático de Direito, embasado nos valores de respeito à dignidade

---

24 BOBBIO, Norberto: *A Era dos Direitos*. Rio de Janeiro: Campus, 1992, p. 1-2.

humana, podendo-se concordar com Lafer, quando questiona sobre a possibilidade da afirmação dos direitos humanos num mundo onde os homens não se sentem à vontade, premidos pelo risco da descartabilidade.[25]

Desde Aristóteles já se fazia a distinção entre a lei comum e a lei particular, esta a que cada povo dá a si mesmo e aquela que é conforme a natureza, aquilo que embora não haja nenhum acordo intui-se como justo ou injusto, de tal sorte que o filósofo, citando Antígona da peça de Sófocles, afirma que é justo, ainda que não permitido, enterrar o seu irmão Políneces, em resposta à acusação de Creonte de que ela estava descumprindo a lei particular. Antígona evoca, assim, leis imutáveis, que, embora não-escritas, permaneciam como marco de convicção íntima. A crença numa lei comum, que obrigava a todos, norteou, durante muitos séculos, a dicotomia entre direito natural e direito positivo, reflexão que marcou todo o arcabouço intelectual ocidental. Não obstante tenha apresentado múltiplas facetas, o Direito Natural evidenciou elementos característicos que merecem destaque, entre eles: a idéia de imutabilidade, preceitos acima da história, atemporais; universalidade dos princípios; princípios aos quais os homens têm acesso por meio da razão, da intuição ou da revelação. Em suma, princípios de Direito Natural são dados e não postos por convenção. O direito dentro dessa visão busca determinar como boa e justa ou má e injusta uma conduta, surgindo como resultado uma vinculação entre valor e norma e uma permanente aproximação entre Direito e Moral. Daí, dentro deste paradigma de pensamento, ser o Direito Natural, pois, comum a todos e ligado à própria origem da humanidade, superior ao Direito Positivo. Neste sentido, o sistema de valores do Direito Natural existe para exercer uma relação de controle do Direito Positivo.

---

25 LAFER, Celso: *A Reconstrução dos Direitos Humanos: um diálogo com o pensamento de Hannah Arendt*. São Paulo: Companhia das Letras, 1998, p. 8.

A idéia de que o Direito Natural é a fonte de todo o direito foi sendo corroída com o surgimento do ideário do Estado Moderno do século XVI, destacando-se como processos provocadores desse desgaste a secularização, a sistematização, a positivação e a historização do direito. A secularização ligada à Reforma Protestante buscou um fundamento para o direito que fosse dissociado da figura de Deus, ao postular a separação entre Direito e Teologia. O apelo à razão natural serviria como fundamento para o Direito das Gentes, podendo ser aceito e reconhecido por todos os homens e Estados soberanos que não desejavam atrelar as suas manifestações à existência de um poder transcendental, justificando, outrossim, dentro de uma visão contratualista, o Estado e o Direito que encontrassem como base a ação dos homens e não o poder irresistível de Deus. O surgimento da idéia de sistema e a positivação da visão jusnaturalista pelos Códigos e pelas Constituições fizeram com que, paulatinamente, se perdesse o interesse em buscar outro direito se não aquele posto nos textos codificados e nas Constituições, deixando de ter como fundamento a razão, mas sim a vontade do legislador. Direito e Poder passam a caminhar juntos, como fundamento do próprio Estado Moderno, passando o Direito a ser utilizado como um instrumento de gestão governamental, criado e reconhecido por uma vontade estatal soberana.

A dicotomia Direito Natural *vs.* Direito Positivo torna-se cada vez mais desgastada, dissolvendo-se através da identificação hegeliana entre o real e o racional, desaparecendo a disputa entre vontade e razão como fundamentos distintos do Direito. A lei posta pelo Estado passou a ser a fonte exclusiva do Direito, coincidindo esta fase histórica com o período do esmaecimento dos Direitos Humanos.

A crescente importância do Direito Positivo nos séculos XIX e XX levou a conceber-se que não existe outro direito fora do Direito Positivo, recusando-se a distinção dicotômica entre direito ideal e direito real. As características da universalidade e imutabilidade próprias do Direito Natural cedem lugar ao processo de contínua evolução e mudança do Direito Contemporâneo, positivado pelo Poder Estatal.[26]

Surgem as visões totalitaristas, e seu efeito devastador no campo dos direitos humanos, que representam uma proposta de organização da sociedade que busca a dominação total dos indivíduos. Não se trata de um regime autocrático, que se antepõe a um regime democrático, buscando restringir ou abolir as liberdades públicas e as garantias individuais. Não se confunde com a tirania, o despotismo ou as diversas modalidades de autoritarismos, buscando, sobretudo, eliminar uma das maiores manifestações da liberdade humana — a espontaneidade. Para alcançar este objetivo provoca o isolamento, destrutivo da possibilidade de uma vida pública, e a desolação, que impede a vida privada.

A eliminação da espontaneidade só se viabiliza em condições particulares de um campo de concentração, laboratório no qual se experimenta o "tudo é possível" da convicção totalitária, que, por sua vez, parte da convicção ou pressuposto de que os seres humanos são supérfluos, contestando a afirmação kantiana de que o homem é fim de si mesmo, é sagrado, já que nele pulsa a humanidade. Contesta, também, a conquista axiológica, qual seja a do reconhecimento da pessoa humana "valor-fonte" de todos os valores sociais e fundamento último da ordem jurídica, seja formulado pela tradição do jusnaturalismo moderno, seja pela deontologia, no âmbito do paradigma da Filosofia do Direito.

O valor da pessoa humana encontra seu embasamento e expressão jurídica nos direitos fundamentais do homem e por essa razão a importância da análise do esfacelamento dos padrões da tradição ocidental, gerador da crise dos direitos humanos e do Estado Totalitário da natureza, fator interno à nossa civilização, que criou a figura de homens sem lugar no mundo, face à persistência de situações sociais, políticas e econômicas que os tornam supérfluos.

---

26 Op. cit., p. 47.

O valor atribuído à pessoa humana é a base dos direitos humanos, tradição rompida pela ação dos regimes totalitários. A Bíblia, logo no Gênesis, destaca a suprema importância do homem, na medida em que Deus o criou à sua imagem e semelhança, de tal sorte que os hebreus já destacavam a supremacia e a importância do homem. Na vertente grega podemos de igual modo buscar o caráter de importância dado ao homem, cabendo destacar o estoicismo, que com o fim da democracia e das cidades-estado, atribuiu ao indivíduo que tinha perdido a qualidade de cidadão, para se converter em súdito das grandes monarquias, uma nova dignidade, retratada no universalismo de Alexandre, no qual o mundo era visto com uma única cidade, onde todos participavam como iguais.

Neste sentido, o cristianismo aprofunda o ensinamento judaico e grego, introduzindo a noção de que o homem deve ser encarado a partir de uma premissa onde não existam acepções de pessoas, mentalidade que tornou possível o desenvolvimento do tema dos direitos humanos.[27]

A proclamação dos direitos humanos surge quando a fonte da lei passa a ser o homem e não mais o comando de Deus ou os costumes. Neste sentido, a positivação dos direitos humanos seria o dado de segurança que visava equilibrar a noção de variabilidade, no tempo e no espaço, do Direito Positivo, dependente da vontade do legislador. De se ver, no entanto, que a positivação dos direitos humanos não desempenhou uma função estabilizadora, já que o elenco de tais direitos sofreram alterações com a mudança das condições históricas (razão dos conceitos de gerações ou dimensões de direitos, atributos que não podem levar à aceitação da compartimentalização de tais direitos, ungidos que foram pela Declaração Universal de 1948 com as características da universalidade e, sobretudo, da indivisibilidade). A noção de que os direitos humanos não resultavam de uma coerção imposta pela natureza ou pela evidência racional, levou a se

---

27 Op. cit., pp. 117-119.

assumir que tais direitos resultavam da evolução e conquistas da sociedade.

O mundo dos séculos XVIII e XIX — em que pesem os avanços dos Estados Unidos, para despontarem, no século XX, como a potência mundial conhecida nos dias de hoje — estava centrado na Europa, devendo-se destacar as enormes transformações observadas neste continente entre os séculos XVII e XVIII, com o advento do Iluminismo, que se ocupou com as críticas às sociedades do passado, baseadas no paradigma racionalista, surgindo nesta fase da história grandes questionamentos acerca do esgotamento do modelo racionalista e toda uma sorte de concepções filosóficas alçadas à condição de dogmas por seu relacionamento com a noção de que Deus poderia explicar tudo, inclusive as desigualdades sociais, a pobreza, a miséria e a própria realeza, de tal modo que o século XVIII é conhecido como aquele do questionamento da autoridade absoluta dos monarcas, e no qual surgiram os pressupostos para a Revolução Francesa.

Até então os questionamentos eram de cunho político, alcançando a capacidade do cidadão de pensar e agir, preocupações que passaram para o século XIX, centradas, sobretudo, no campo social e marcando o desenvolvimento do capitalismo, que, embora prometesse melhorias sociais, não era o que se observava na prática, não se podendo, no entanto, deixar de ressaltar o enorme progresso experimentado pela humanidade, sob a influência do capitalismo, entre as décadas de 1860 e 1870, ao que se seguiu grande depressão, sentida em toda a Europa.

Essa experiência levou à certeza de que era preciso uma organização da sociedade na busca de seus direitos, já que Deus não servia mais de justificativa, como ocorreu no passado, para a pobreza, as desigualdades, o quadro de miséria da sociedade em geral e os privilégios de poucos, os monarcas e as barbáries por eles praticadas, fazendo com que o constitucionalismo do século XIX — até porque se notava um distanciamento do pensamento liberal da realidade — reconhecesse os direitos políticos e civis, enquanto os direitos sociais somente viessem a ser reconhecidos no bojo das constituições, no século XX.

As primeiras manifestações dos direitos humanos, enquanto positivados, surgem com a inserção nos textos constitucionais democráticos dos chamados direitos de 1ª geração, os direitos civis e políticos, direitos de liberdade, que constituem a fase inaugural do constitucionalismo ocidental. Embora atualmente pacificados, a inserção no ordenamento político constitucional de tais direitos sofreu, ao longo da história, avanços e recuos, até se consolidar como concretização democrática do poder. Tais direitos já adquiriram o *status* de universalidade formal, não havendo Constituição que não os reconheça. Os direitos de 1ª geração ou direitos de liberdade são titularizados pelo indivíduo, oponíveis ao Estado, ostentando uma subjetividade que é o seu traço mais característico, entrando na categoria de "status negativus" de Jelinek.[28]

Os direitos de 2ª geração, os direitos sociais, culturais e econômicos, que germinaram a partir da crítica antiliberal deste século, dominaram o século XX. Nasceram abraçados ao princípio da igualdade, razão de ser da sua própria existência. Passaram, a despeito de terem sido inseridos nas constituições marxistas e da social-democracia (de Weimar, sobretudo), por períodos de baixa normatividade e de eficácia duvidosa, tendo em vista que baseados na exigência da contraprestação do Estado, nem sempre concretizados, face à carência de meios e recurso, sendo a sua exigibilidade relacionada ao conceito do tudo quanto possível. Passaram por uma fase de inclusão na chamada esfera pragmática do Estado, até atingirem, como no Brasil, o *status* de aplicabilidade imediata. Assim, os direitos de 2ª geração tendem a tornarem-se justiciáveis, não podendo sua exigibilidade ser relegada ao caráter programático da norma. Enquanto nos direitos de 1ª geração prevalecia a noção de "limites", aqui prevalece a noção de "ação". Surgidos após a revolução industrial

---

28 BONAVIDES, Paulo: *Curso de Direito Constitucional*. São Paulo: Malheiros, 1994, pp. 516-518.

do século XIX, os direitos sociais de 2ª geração foram inseridos nas Constituições de alguns países, entre eles o Brasil (Constituição de 1934). Não são "direitos contra o Estado", mas "direitos através do Estado", exigindo, portanto, uma ação positiva do poder estatal. As normas constitucionais ditas programáticas, que veiculam tais direitos, devem ser concretizadas pelo legislador ordinário, não obstante a sua aplicabilidade imediata, como prevê o § 1º, do art. 5º, da Constituição brasileira de 1988, que salienta o caráter preceptivo e não programático dessas normas, deixando claro que os direitos fundamentais podem ser imediatamente invocados, ainda que faltem ou sejam insuficientes as leis pertinentes.

Neste fim de século surgem, então, os direitos de 3ª geração, que têm por destinatário não mais os interesses de indivíduos, os de um grupo de pessoas, ou de um determinado Estado, mas o gênero humano. Emergiram tais direitos da reflexão de temas como a paz, o desenvolvimento, o meio ambiente e o patrimônio comum da humanidade, baseados no conceito de fraternidade. A nova universalidade dos direitos fundamentais os coloca, assim, desde o princípio, num grau mais alto de juridicidade, concretude, positividade e eficácia. É universalidade que não exclui os direitos da liberdade, mas primeiro os fortalece com as expectativas e os pressupostos de melhor concretizá-los, mediante a efetiva adoção dos direitos de fraternidade e igualdade.

De se ver, portanto, que os direitos humanos são um construído, uma invenção humana, num constante processo de aprimoramento, reflexo das transformações sociais e, sobretudo, se assim podemos dizer, um devir histórico.

Finalmente, destaque-se, considerando a historicidade desses direitos, a concepção contemporânea de direitos humanos, introduzida pela Declaração Universal de 1948 e reiterada pela Declaração de Direitos Humanos de Viena de 1993. A Declaração Universal de 1948 nasce como um contraponto e símbolo da ruptura com o totalitarismo e reconstrução dos direitos humanos, caracterizados, sobretudo, pelas noções de universalidade, indivisibilidade e justiciabilidade, atributos que, por sua vez, negam a possibilidade de compartimentalização de tais direitos, com a supremacia de uns em detrimento da subordinação de outros.

3. Os direitos humanos na Constituição Federal de 1988

Pela densidade com que trata a questão dos direitos fundamentais, não obstante seu caráter assistemático apontado por alguns, a Constituição Federal do Brasil, de 1988, cumpre concordar, é a que melhor acolhida deu ao tema dos direitos fundamentais.

Neste sentido, enumera direitos de 1ª, 2ª e 3ª dimensões, além de prever no § 2º, do art. 5º,[29] norma de abertura que admite os direitos implícitos e os decorrentes do regime e dos princípios por ela adotados, ou dos tratados internacionais em que a República Federativa do Brasil seja parte.

Já no próprio preâmbulo a Constituição Federal de 1988 institui um Estado Democrático destinado a assegurar o exercício dos direitos sociais e individuais, a liberdade, a segurança, o bem-estar, o desenvolvimento, a igualdade e a justiça como valores supremos de uma sociedade fraterna, pluralista e sem preconceitos, fundada na harmonia social e comprometida, na ordem interna e internacional, com a solução pacífica das controvérsias, deixando claro o valor atribuído pelo Constituinte no que tange à questão dos direitos humanos que seria desbordada nos capítulos subseqüentes.[30]

---

29 MORAES, Alexandre de: *Constituição da República Federativa do Brasil de 05 de outubro de 1988*. São Paulo: Atlas, 2002, p. 34. O § 2, do art. 5, da CF/88 tem a seguinte redação: Os direitos e garantias expressos nesta Constituição não excluem outros decorrentes do regime e dos princípios por ela adotados, ou dos tratados internacionais em que a República Federativa do Brasil seja parte.

30 Op. cit., p. 15.

O art. 1º da Constituição Federal enumera a soberania, a cidadania, a dignidade da pessoa humana, os valores sociais do trabalho e a livre iniciativa e o pluralismo político, como fundamentos do Estado Democrático Brasileiro.

O art. 3º, por sua vez, consagra os objetivos fundamentais do Estado brasileiro de construir uma sociedade livre, justa e solidária; garantir o desenvolvimento nacional; erradicar a pobreza e a marginalização e reduzir as desigualdades sociais e regionais; promover o bem de todos, sem preconceitos de origem, raça, sexo, cor, idade e quaisquer outras formas de discriminação.

O art. 4º, inciso II, destaca o princípio da prevalência dos direitos humanos, nas relações internacionais,[31] determinando por esta razão limites e condicionantes à própria noção de soberania estatal, rompendo-se com o paradigma da soberania absoluta do Estado brasileiro, que fica submetido a regras jurídicas, tendo como parâmetro norteador e obrigatório a prevalência dos Direitos Humanos.[32]

Inserido em título destacado — Dos Direitos e Garantias Fundamentais — o art. 5º da Constituição Federal de 1988 apresenta um longo rol de direitos e garantias fundamentais, ampliados pelo preceito de abertura do seu § 2º, não se podendo deixar de referir os direitos sociais garantidos pelo art. 6º e os relacionados ao meio ambiente do art. 225, que demonstram, no conjunto, o compromisso do Constituinte ao deliberar sobre a temática dos direitos humanos no texto constitucional.[33]

Vale destacar que a Constituição Federal de 1988 elevou os direitos e garantias à condição de "cláusulas pétreas", conforme dispõe o art. 60, § 4º, inciso IV,[34] que mais uma vez revela o

---

31 Op. cit., pp. 16-18.
32 LIMA JUNIOR, Jayme Benvenuto: *Os Direitos Econômicos, Sociais e Culturais*. São Paulo: Renovar, 2001, p. 59.
33 MORAES, Alexandre de: *Constituição da República Federativa do Brasil de 05 de outubro de 1988*. São Paulo: Atlas, 2002, pp. 20-40 e 210-211.
34 Op. cit., p. 99.

intuito do Constituinte quando discorreu sobre o tema dos direitos fundamentais, gravando-os de garantias importantes. Ao incluir não somente os direitos civis e políticos, os ditos de 1ª geração, no rol de direitos fundamentais, mas também os direitos sociais, ditos de 2ª geração, além de prever, de forma esparsa, outros tantos no texto constitucional, como os relacionados ao meio ambiente, por exemplo, o constituinte brasileiro não somente inovou, mas mostrou a sua preocupação com as questões relacionadas a tais direitos e sua importância para o estabelecimento de um verdadeiro Estado Social e Democrático de Direito, pondo em evidência que adotou o princípio da indivisibilidade e interdependência dos Direitos Humanos, conjugando o valor da liberdade ao da igualdade, alçando os direitos sociais, culturais e econômicos ao nível de "cláusulas pétreas", imutáveis, portanto, até que haja um novo processo constituinte legítimo, impedindo, assim, possíveis retrocessos. Além disso, o Constituinte brasileiro também ampliou o rol de sujeitos de direitos, estendendo o espectro da tutela, que passou de individual a coletiva e difusa.[35]

4. A concretização dos direitos fundamentais — uma questão aberta

Negligenciados no passado e ainda vilipendiados no presente, os direitos humanos alcançam finalmente as bases das sociedades democráticas, constituindo tema da mais alta relevância para todos aqueles que se preocupam com os destinos da humanidade. A sua inserção nos textos constitucionais dos mais diversos países, inclusive no Brasil, onde já anotamos a sua presença de forma acentuada e destacada no texto promulgado pelo Constituinte de 1988, tem contribuído, sobremaneira, para o enfrentamento das questões relacionadas com o respeito aos

---

35 LIMA JUNIOR, Jayme Benvenuto: *Os Direitos Econômicos, Sociais e Culturais*. São Paulo: Renovar, 2001, pp. 55-58.

direitos humanos, em geral, e aos direitos fundamentais, em especial.

Sobre a questão da concretização dos direitos humanos, cabe destacar a discussão sobre a sua fundamentalidade, o aspecto simbólico de sua inserção constitucional, o viés interpretativo que vem sendo dado pelo Judiciário ao tema dos direitos humanos, o caráter programático das normas definidoras de direitos sociais, econômicos e culturais, a vinculação do legislador ordinário aos preceitos constitucionais acerca de direitos fundamentais e, por fim, a questão do papel do Judiciário na cobrança de uma efetiva concretização dos direitos fundamentais como manifestados na Constituição do Brasil de 1988, tema que tem nítida relação com a vetusta noção da separação dos Poderes.

Discute-se ainda hoje a questão do reconhecimento dos direitos sociais como direitos fundamentais, a ponto de autores destacados na doutrina nacional e internacional levantarem dúvidas sobre tais questões, trazendo, assim, um clima de incerteza no que tange à concretização de tais direitos. Na doutrina internacional, autores como Canotilho,[36] inspirado na dogmática jurídica alemã, que nem sempre pode ser transposta sem os devidos reparos para o cenário brasileiro, mormente no campo dos direitos sociais que quase não são contemplados na atual Constituição Alemã,[37] admite a efetivação dos direitos sociais, econômicos e culturais dentro de uma "reserva do possível", passando a limitação dos recursos financeiros do Estado a funcionar como condicionante à efetivação dos direitos sociais garantidos no texto constitucional. Ora, no caso de países periféricos como o Brasil, onde o quadro de exclusão é dramático, isto é totalmente inaceitável. Na doutrina nacional, Ricardo Lobo

---

36 CANOTILHO, José J. Gomes e MOREIRA, Vital: *Fundamentos da Constituição*. Coimbra: Almedina, 1991, p. 131.

37 KRELL, Joachim Andreas: Realização dos direitos fundamentais sociais mediante controle judicial da prestação dos serviços públicos básicos. In: *Anuário dos Cursos de Pós-Graduação em Direito*. Recife: Universitária, nº 10, 2001, p. 35.

Torres, apoiando-se também em autores alemães, alega que os direitos sociais inseridos na Constituição Federal de 1988 não seriam Direitos Fundamentais,[38] com o que não podemos concordar, face à característica da fundamentalidade que cerca a noção de tais direitos no bojo da Constituição Federal de 1988 e aponta para a especial dignidade e proteção dos direitos, seja num sentido formal, de certa forma insuficiente, seja mais ainda num sentido material, mais apropriado, já que a norma do § 2º, do art. 5º, da CF/88, admite a existência de direitos fundamentais fora do texto constitucional.[39]

Não obstante os sensíveis progressos realizados até então, seja na sua positivação e inserção em nível constitucional, seja na produção doutrinária, seja no desenvolvimento hermenêutico dos tribunais que aplicam, na prática, os preceitos normativos pertinentes, o fato é que ainda estamos longe de considerar a questão dos direitos fundamentais como pacificada.

Tal fato se faz notar com mais intensidade nos países periféricos, com especial atenção ao Brasil, onde direitos amparados constitucionalmente ainda estão à espera de sua real efetivação, onde os direitos fundamentais não encontram ressonância na práxis dos órgãos estatais, o judiciário se encontra refém de processos interpretativos anacrônicos, refletindo o processo de uma constituição simbólica, nos termos do ensinamento de Marcelo Neves, que ressalta, com propriedade, o fato de que ao texto constitucional simbolicamente includente contrapõe-se a realidade constitucional excludente e, neste sentido, os direitos fundamentais, a separação de Poderes, a eleição democrática e a igualdade perante a lei, institutos previstos abrangentemente na linguagem constitucional, são deturpados na práxis do processo constitucional concretizador, na medida em que se sub-

---

38 TORRES, Ricardo Lobo: *Tratado de direito constitucional, financeiro e tributário, volume III; os direitos humanos e a tributação: imunidades e isonomia.* Rio de Janeiro: Renovar, 1999, p. 13.
39 SARLET, Ingo Wolfgang: *A Eficácia dos Direitos Fundamentais.* Porto Alegre: Livraria do Advogado, 2001, p. 80-81.

metem a uma filtragem por critérios de natureza política e econômica.

Assim, continua o mestre, a constituição simbólica torna-se antes de tudo uma constituição-álibi, onde antes de uma visão crítica do processo de conscientização dos direitos surge em contraposição uma interseção entre o simbólico e o ideológico que imuniza o sistema político contra outras possibilidades e transfere a solução dos problemas para o futuro remoto, um adiamento retórico da realização do modelo constitucional para um futuro distante, às vezes inalcançável.[40]

Assim, a questão da reflexão sobre a concretização dos direitos fundamentais, num país como o Brasil, se torna cada vez mais premente. A Constituição de 1988, que surgiu como um instrumento de proteção do cidadão contra a ação estatal, não obstante ter consagrado inúmeros direitos, a ponto de tal característica ter aberto margem a profundas críticas, não tem conseguido, ao menos de imediato, transformar este ideário em realidade. A positivação de direitos, mesmo em nível constitucional, embora traga segurança, não é, por si só, suficiente para traduzir realização, concretização desses direitos e isto em razão de que o Direito é, antes de tudo, um fenômeno cultural, exigindo um processo de mudança das estruturas sociais e de poder, não só da lei, sua positivação estática, mas a transformação do próprio sentir dos operadores do direito face à nova realidade, e isto não surge da noite para o dia, é fruto da maturação ao longo do tempo. Daí a importância do ensinamento de Scaff ao afirmar que não basta uma mudança normativa, mas é preciso uma mudança interpretativa referente às novas normas surgidas e mais, que tal fato decorre de uma mudança cultural, que implica numa práxis, que requer tempo e maturação, que infelizmente,

---

40 NEVES, Marcelo: Constitucionalização Simbólica e Desconstitucionalização Fática: Mudança Simbólica da Constituição e Permanência das Estruturas Reais de Poder. In: *Revista Trimestral de Direito Público*, São Paulo: Malheiros, nº 12, 1995, pp. 156-167.

no caso brasileiro, não tem sido possível, pois a Constituição vive um permanente processo de alteração.[41]

Causa espécie o fato de que o Brasil, a despeito de se encontrar entre os dez países com maior economia no mundo e possuir uma Constituição avançada no que tange aos direitos humanos, registre uma população de mais de 30 milhões de pessoas vivendo abaixo da linha de pobreza. Por outro lado, é razão para acerbadas críticas a observação de quão precários são os serviços públicos oferecidos à população brasileira, mormente nas áreas da saúde, educação, habitação e segurança, tarefas básicas de um Estado que se intitula de Social, mas onde um déficit crônico de políticas assistenciais condena uma expressiva parcela da população brasileira à marginalidade. Observa-se, então, que o texto constitucional e os preceitos normativos ali expostos constituem um referencial muito distante para a maioria da população brasileira. Diante dessa triste realidade, a doutrina, cada vez mais, questiona e cobra dos poderes públicos uma ação efetiva, visando concretizar os direitos garantidos na Constituição, principalmente aqueles constantes do capítulo dos Direitos e Garantias Fundamentais. Paira, ainda, como tema de reflexão, a questão de se está o Poder Judiciário brasileiro realmente preparado para exercer um papel efetivo no controle das políticas públicas.[42]

Diante desse fato o papel do Judiciário tornou-se, no Brasil, motivo de intensa polêmica, sobretudo quando é cada vez maior a pressão dos movimentos populares, que se apropriaram do tema dos direitos fundamentais como ferramenta política para buscar judicialmente a realização dos direitos constitucional-

---

41 SCAFF, Fernando Facury: O Estatuto Mínimo do Constribuinte. In: *Anuário dos Cursos de Pós-Graduação em Direito*. Recife: Universitária, nº 11, 2000, pp. 75-78.

42 KRELL, Joachim Andreas: Realização dos Direitos Fundamentais Sociais Mediante Controle Judicial da Prestação dos Serviços Públicos Básicos. In: *Anuário dos Cursos de Pós-Graduação em Direito*. Recife: Universitária, nº 10, 2000, pp. 26-27.

mente previstos, e o número de demandas que abarrotam os tribunais. Por outro lado, a sociedade defronta-se, ainda, com posturas conflitantes, onde a maioria dos magistrados adota uma prática hermenêutica tradicional, de caráter essencialmente exegético, enquanto uma expressiva minoria opta por uma hermenêutica heterodoxa, de cunho crítico, politizada e com profunda sensibilidade social.

Neste sentido cabe a pergunta se quanto aos direitos fundamentais os magistrados continuam agindo como simples intérpretes da legislação em vigor ou se, ao contrário, têm conseguido ampliá-la por via jurisprudencial, adaptando-a às diferentes circunstâncias socioeconômicas do momento? E, ainda, em que medida continuam os magistrados atados aos aspectos lógico-formais do direito positivo, ou, ao contrário, têm conseguido preencher o hiato existente entre a igualdade jurídico-formal e as desigualdades socioeconômicas?[43]

Neste ponto, podemos dizer que o debate acerca da reflexão teórica sobre a função do direito se restringe, basicamente, em duas concepções, a saber: a primeira, que vê o direito como simples técnica de controle e organização social, desenvolvido por meio de um conhecimento jurídico despolitizado, e de certa forma distanciado dos problemas reais, reduzido a um sistema de normas e dogmas inquestionáveis, que despreza a discussão acerca das implicações éticas da função social das leis e dos códigos, e uma segunda, que entende o direito como um mecanismo de correção de desigualdades e realização dos padrões mínimos de equilíbrio socioeconômico, em vez de uma técnica voltada para a consecução de certeza e segurança.[44]

O embate teórico torna-se importante na medida em que se depara com o problema da exclusão de um enorme contingente da população das mínimas condições de vida e mais ainda quan-

---

43 FARIA, José Eduardo: Introdução: O Judiciário e o Desenvolvimento Sócio-Econômico. In: FARIA, José Eduardo (org.), *Direitos Humanos, Direitos Sociais e Justiça*, São Paulo: Malheiros, 2002, p. 11.
44 Op. cit., pp. 19-21.

do se defronta com o fato de que a República Federativa do Brasil tem por princípio a prevalência dos direitos humanos. Assim, questões como o "bem comum" e "finalidade social", fundamentos teóricos de qualquer análise no campo da concretização dos direitos fundamentais, deveriam passar, preliminarmente, pelo crivo da determinação de qual universo de pessoas haveria de contemplar, se a minoria abastada e privilegiada ou a imensa maioria dos excluídos, donde se deduz a natureza dúbia e conflitante de tais conceitos. Fica claro, portanto, que as normas jurídicas só podem ser legitimamente aplicadas quando ligadas hermeneuticamente com a realidade social e econômica, ficando descartada, assim, a visão de um conhecimento jurídico despolitizado, desvinculado da realidade e da situação dos cidadãos no seio da sociedade.[45]

Por outro lado, a caracterização dos preceitos constitucionais que instituem direitos fundamentais sociais, econômicos e culturais, como normas de caráter programático, tem sido tema de constante disputa, mormente no que tange à questão da obrigatoriedade imposta ao legislador ordinário em criar leis que possibilitem a concretização de tais direitos. No âmbito internacional nos deparamos com a conhecida tese do doutrinador português Canotilho esboçada no seu livro *Constituição Dirigente e Vinculação do Legislador*, onde estabelecia que as normas programáticas vinculavam o legislador ordinário, dando margem, no caso da inércia do Estado, à caracterização da inconstitucionalidade por omissão. Recentemente o doutrinador português mudou o seu entendimento, passando a admitir um "constitucionalismo moralmente reflexivo", predicando a necessidade em se deixar de lado o "entulho programático", as "metanarrativas" e o "caráter ideológico" da Constituição Portuguesa, manifestando como imprestável o modelo de "constituição dirigente", passando, ainda, a negar a possibilidade da geração de direitos subjetivos na base de direitos constitucionais sociais,

---

45 Op. cit., p. 23.

alegando que somente o legislador ordinário seria legitimado a determinar o conteúdo concreto dos direitos sociais, sem vinculação estrita às normas programáticas da Constituição, posição compartilhada no Brasil, por Ricardo Lobo Torres.[46] Convém destacar a questão da separação dos Poderes, que, no Brasil, nos remete ao problema da limitação da ação do Poder Judiciário, no que tange à apreciação do tema de mérito dos atos do Poder Público, tidos como insindicáveis quanto a sua conveniência e oportunidade, entendimento que torna demasiadamente restrita a apreciação dos problemas relacionados com as reivindicações voltadas à concretização das políticas públicas no campo social e que evidencia a necessidade de um repensar acerca do real significado desse princípio, para que continue a servir como fundamento à proteção dos direitos fundamentais contra os arbítrios e omissões do Estado.[47]

Os direitos sociais não são somente normativos, tendo também uma nítida característica promocional prospectiva, tornando-se, assim, uma exigência de implementação, do que decorre uma alteração da função do Poder Judiciário, que diante de tais direitos ou da sua violação, não cumpre apenas julgar no sentido de estabelecer o certo e o errado com base na lei (responsabilidade do juiz politicamente neutralizado), mas, sobretudo, examinar se o exercício discricionário de legislar conduz à concretização dos resultados objetivados (responsabilidade finalística do juiz, que de certa forma, o repolitiza). Com base nas condições sociopolíticas características do século XIX sustentou-se a neutralização política do Judiciário face ao princípio da separação dos Poderes, situação que passou a ser modificada em decorrência das alterações do contexto histórico e social que se seguiram ao Estado Liberal e a implantação do Estado Social, onde o juiz

---

46 KRELL, Joachim Andreas: Realização dos Direitos Fundamentais Sociais Mediante Controle Judicial da Prestação dos Serviços Públicos Básicos. In: *Anuário dos Cursos de Pós-Graduação em Direito*. Recife: Universitária, n° 10, 2000, pp. 44-45.
47 Op. cit. p. 53.

passou a assumir uma responsabilidade prospectiva ao invés de uma responsabilidade tão-somente retrospectiva.[48]

Neste particular faz-se necessária a mudança de paradigmas no tocante à questão da intervenção do Poder Judiciário no campo da concretização das políticas públicas na área social, dentro da moderna concepção do Estado Social de Direito, onde o cumprimento dos direitos fundamentais não é questão apenas reservada à intervenção do Executivo e do Legislativo, mas, sobretudo, regida pelos princípios constitucionais que fundamentam a matéria, submetida ao crivo fiscalizador do Poder Judiciário, que, assim, deve abandonar o exagerado apego à racionalidade formal e adotar uma posição hermenêutica voltada à realização de valores, dirigida por princípios, pronta para diminuir a distância entre a igualdade lógico-formal e as desigualdades econômico-sociais que afligem a sociedade.[49]

A propósito, o Constituinte de 1988, no Brasil, já dotou o Poder Judiciário dos instrumentos necessários à sua atuação visando o controle das políticas públicas no campo social, bem como o cumprimento efetivo dos direitos fundamentais, capacitando-o, assim, quando provocado, a exercer um papel importante no controle das omissões do Executivo e do Legislativo, por meio dos institutos da ação de inconstitucionalidade por omissão e do mandado de injunção, não obstante a tibieza hermenêutica do Supremo Tribunal Federal, que ainda não deu, ao menos no tocante ao mandado de injunção, a efetividade jurídica que na prática seria de se esperar.

De outro lado, dentro de uma concepção de Estado Democrático de Direito, como encarar o papel do Direito e da Justiça Constitucional, a não ser por meio da adoção de um novo paradigma que priorize a valorização do Poder Judiciário, possibili-

---

48 FERRAZ JUNIOR, Tércio Sampaio. O Judiciário Frente à Divisão dos Poderes — Um Princípio em Decadência? In: *Revista Trimestral de Direito Público*. São Paulo: Malheiros, nº 9, 1995, p. 45.
49 Op. cit. p. 55.

tando, assim, que os direitos fundamentais sejam efetivamente concretizados?

Não restam dúvidas que por força da onda de democratização que se seguiu ao segundo pós-guerra e da redemocratização de países que antes estavam submetidos a regimes autoritários, como o caso do Brasil, vieram à tona Constituições de cunho social, de caráter dirigente, compromissário, programático, onde o tema dos direitos fundamentais tornou-se prevalente.

Neste sentido, a relação entre direito e política tornou-se inexorável, crescendo em importância a atuação do Poder Judiciário, chamado a intervir mais diligentemente e de forma comprometida com a realidade social, surgindo de pronto a questão sobre qual a dimensão do Direito que deve ser privilegiada, a processual (procedimental) ou a substantiva?

A tese procedimentalista habermasiana, levantando severas críticas à invasão da política pelo Direito, cobra, de forma contundente, uma imparcialidade dos juízes na aplicação do Direito, criticando, destarte, a leitura substancialista que Robert Alexy faz do modelo construtivo do Direito de Dworkin, que teria levado ao gigantismo ou politização do Direito, pugnando, assim, pela imparcialidade do Judiciário e acreditando, como Dworkin, na natureza deontológica e não axiológica da validade jurídica, recusando o processo hermenêutico de aplicação de normas como se fossem valores.

Na visão procedimentalista habermasiana a divisão de Poderes não pode permitir ao Executivo dispor das bases normativas da legislação e da justiça, submetendo-se ao controle parlamentar e judicial, excluindo a possibilidade de uma inversão dessa relação, ou seja, uma supervisão dos outros dois Poderes por meio do Executivo, destacando, ainda, que o princípio da divisão de poderes não pode ser afastado pela prática de um tribunal que não possui meios de coerção para impor suas decisões contra uma recusa do parlamento e do governo.[50]

---

50 STRECK, Luiz Lenio: *Jurisdição Constitucional e Hermenêutica. Uma Nova Crítica do Direito*. Porto Alegre: Livraria do Advogado, 2002, pp. 134-136.

Assim, propõe Habermas uma democracia constitucional não fundada em valores, nem em conteúdos substantivos, mas em procedimentos, criticando a jurisprudência dos valores, tão em voga na Alemanha, aduzindo ainda que uma interpretação constitucional orientada por valores, ignorando o caráter vinculante do sistema de direitos constitucionalmente assegurados, desconhece o pluralismo das democracias contemporâneas e a lógica do poder econômico, sendo por isso que num Estado Democrático de Direito os Tribunais Constitucionais, adotando uma prática procedimental, não devem guardar uma suposta ordem suprapositiva de valores, mas garantir que a cidadania possa reconhecer a natureza dos seus problemas e as formas de equacioná-los.[51]

Em contrapartida, a tese substancialista, sustentada na esfera internacional por Cappelletti, Ackerman e Alexy e entre nós por juristas como Paulo Bonavides, Celso Antonio Bandeira de Melo, Eros Grau e Fábio Comparato, para citar apenas alguns,[52] tem como ponto de partida dotar o Poder Judiciário da capacidade de incorporação do sistema político, objetivando, assim, garantir às classes excluídas vocalizar as suas expectativas e direitos, entendendo, no caso brasileiro, o texto constitucional, livre das amarras da visão procedimentalista habermasiana, hermeneuticamente aplicado dentro de sua substancialidade, com prevalência para os princípios do Estado Social, tarefa que o Judiciário deve assumir de forma crítica, destacando a força da Constituição como definidora do agir estatal.[53]

Sob a égide do Estado Democrático de Direito, que, de certa forma, superou os paradigmas do Estado Liberal e do próprio Estado Social, estabelecendo no texto constitucional os mecanismos de concretização das promessas da modernidade, onde o Direito assume um papel transformador, não se pode mais aceitar as teses procedimentalistas.

---

51 Op. cit., p. 137-138.
52 Op. cit., p. 134.
53 Op. cit., p. 139-141.

No caso especial do Brasil, não obstante o papel nitidamente intervencionista assumido pelo Estado, cumpre dizer, porém, que as políticas públicas no campo social estão aquém de atender às reais necessidades da sociedade, refletindo pouco, ou quase nunca, os anseios populares,

Observa-se, então, que nos países periféricos, como no caso do Brasil, vive-se, na verdade, um simulacro de modernidade, onde em que pese o caráter dirigente e vinculante da Constituição de 1988, os direitos fundamentais, que ao menos nominalmente são uma conquista da sociedade, são postos como conquistas ainda distantes de serem alcançadas. Neste sentido as políticas públicas no campo social, claramente escassas e insuficientes, são deixadas ao alvedrio da classe dirigente, que historicamente tem utilizado o Estado em prol de seus interesses, aumentando as desigualdades e colocando aquela que é relacionada entre as maiores economias do planeta como um dos maiores exemplos de concentração de renda e injustiça social.

A política tributária utilizada como forma de dominação, ao invés de representar, como seria de se esperar, um instrumento de justiça social, funciona muito mais como mecanismo de geração de superávits, visando atender o pagamento da dívida pública interna e externa, dentro do receituário imposto pelo Fundo Monetário Internacional.

Ora, num tempo em que a discricionariedade do legislador é questionada em duas frentes, de um lado pelos textos constitucionais dirigentes e, de outro, pela ação do Poder Judiciário, cujas decisões estão mais voltadas para os direitos fundamentais, conforme a pauta de valores prevista na Constituição, não se pode acatar a tese procedimentalista.[54]

Portanto, quando falha o processo político, ou se omite na implementação de políticas públicas de cunho social, cabe ao Poder Judiciário intervir no sentido de fazer cumprir os ditames da Constituição, não se podendo deixar a população refém de

---

54 Op. cit., pp. 142-145.

maiorias parlamentares, nem ao sabor do que se convencionou denominar *reserva do possível*, que dentro de um princípio de ponderação deve possibilitar a promoção dos direitos fundamentais.[55]

5. O § 2º, do art. 5º, da Constituição Federal de 1988

5.1. Questões preliminares

Seguindo a tradição do constitucionalismo republicano brasileiro, a regra do § 2º, do art. 5º, da Constituição da República de 1988, tem sido observada desde a Constituição Republicana de 1891 (art. 78), constando também nas Constituições de 1934 (art. 114), 1937 (art. 123), 1946 (art. 144), 1967 (art. 150, § 35) e na Emenda Constitucional de 1969 (art. 153, § 36).[56]

Esta norma traz o entendimento de que para além da existência dos direitos humanos formalmente expressos no texto constitucional, outros direitos também existem igualmente garantidos, embora não expressamente inseridos no texto constitucional, posto que embasados em convenções e tratados internacionais, ou, ainda, como decorrentes do regime ou princípios adotados pelo Constituinte, trazendo à baila a importância da discussão acerca das noções formal e material de direitos fundamentais, mormente no que diz respeito à equiparação dos direitos materialmente fundamentais, principalmente aqueles que não encontram assento no texto constitucional, com relação aos direitos constantes do catálogo, questão que ainda está longe de ser pacificada na doutrina.[57]

---

55 Op. cit., pp. 156-162.
56 CAMPANHOLE, Hilton Lobo e CAMPANHOLE, Adriano: *Constituições do Brasil*. São Paulo: Atlas, 2000.
57 SARLET, Ingo Wolfgang: *A Eficácia dos Direitos Fundamentais*. Porto Alegre: Livraria do Advogado, 2001, p. 86.

Uma das conseqüências do dispositivo em tela é a de refugar-se o princípio de interpretação das leis *inclusio unius alterius est exclusio* (a inclusão de um é a exclusão do outro), o que significa que na Constituição também está incluído aquilo que não figura como expressamente previsto.[58] De se destacar que a norma de abertura do § 2º, do art. 5º, da CF/88 abrange não somente os direitos de *status negativus*, voltados à proteção do indivíduo contra intervenções do Estado, bem como aqueles de *status positivus*, os chamados direitos sociais, econômicos e culturais, já que o texto abrange de forma genérica todos os direitos e garantias expressos na Constituição, não sendo de nenhuma forma despicienda a noção de que a República do Brasil é um Estado social e democrático de direito, cujos contornos estão definidos nos artigos 1º a 4º da CF/88, estando de certa forma pacificada na doutrina brasileira a noção de que o rol dos direitos fundamentais da CF/88 são meramente exemplificativos.[59]

5.2. O § 2º, do art. 5º, da Constituição Federal — um caso recente de interpretação extensiva do Supremo Tribunal Federal

Como já visto o dispositivo constitucional do § 2º, art. 5º,[60] da Constituição Federal de 1988 é, verdadeiramente, uma nor-

---

58 MIRANDA, Pontes de: *Comentários à Constituição de 1967 (Com a Emenda nº1 de 1969)*. São Paulo: Editora Revista dos Tribunais, Tomo V, p. 659.
59 SARLET, Ingo Wolfgang: *A Eficácia dos Direitos Fundamentais*. Porto Alegre: Livraria do Advogado, 2001, pp. 87-88.
60 MORAES, Alexandre de: *Constituição da República Federativa do Brasil de 05 de outubro de 1988*. São Paulo: Atlas, 2002, p. 34. O dispositivo constitucional em questão é o seguinte: Os direitos e garantias expressos nesta Constituição não excluem outros decorrentes do regime e dos princípios por ela adotados, ou dos tratados internacionais em que a República Federativa do Brasil seja parte.

ma de abertura, deixando claro que o Constituinte brasileiro admitiu como direitos fundamentais não apenas aqueles expressamente definidos no texto constitucional, os ditos escritos, mas, também, aqueles decorrentes do regime e dos princípios adotados pela Constituição, além dos referidos em tratados internacionais em que a República Federativa do Brasil seja parte, os ditos não-escritos.

No entanto, não basta a positivação de preceitos, sem dúvida importante para dar segurança jurídica ao sistema, inclusive em nível constitucional, para que se tenha a concretização da norma, e, no caso, o efetivo respeito aos direitos fundamentais, sendo o caso brasileiro uma prova inconteste dessa realidade.

Já que o Direito é um produto cultural, é preciso, como diz Scaff,[61] que ocorram mudanças culturais, adaptações aos novos momentos históricos, capazes de gerar novos paradigmas hermenêuticos, onde o Judiciário assuma posições mais progressistas, estabelecendo uma *práxis* que evite o esvaziamento dos princípios e direitos garantidos no texto constitucional, mormente pela atuação do Superior Tribunal Federal, que tem, no caso brasileiro, a última palavra em matéria de direito.

É bem sabido que o Princípio da Anterioridade configura um dos suportes básicos na definição das limitações do poder de tributar, com assento constitucional no art. 150, III, *b*, da Carta Magna de 1988,[62] sendo, pois, de obediência obrigatória indiscutível e esteio de garantia aos direitos do cidadão em sede tributária.

---

61 SCAFF, Fernando Facury: O estatuto mínimo do contribuinte. In: *Anuário dos Cursos de Pós-Graduação em Direito*.Recife: Universitária, nº 11, 2000, pp. 79-80.

62 MORAES, Alexandre de: *Constituição da República Federativa do Brasil de 05 de outubro de 1988*. São Paulo: Atlas, 2002, pp. 154-155. O art. 150, III, b, da CF/88 está assim redigido: Sem prejuízo de outras garantias asseguradas ao contribuinte, é vedado à União, aos Estados, ao Distrito Federal e aos Municípios: (....) III- cobrar tributos: b) no mesmo exercício financeiro em que haja sido publicada a lei que os houver instituído ou aumentado;

Pois bem, contrariando todo o dispositivo constitucional, numa decisão tipicamente casuística, nossos legisladores aprovaram a Emenda Constitucional nº 3 de 1993, que ao criar o IPMF, desvinculou tal exação da submissão ao Princípio da Anterioridade, numa clara e abusiva agressão aos direitos dos contribuintes.

Ocorre que em boa hora, julgando a questão da inconstitucionalidade da desconsideração do Princípio da Anterioridade, na criação do IPMF, por meio da Emenda Constitucional nº 3, de 1993, cabe destaque a interpretação extensiva dada pelo Supremo Tribunal Federal, em acórdão lavrado pelo Ministro Sydnei Sanches, na ADIn 939-DF. Neste julgado o STF assentou o posicionamento de que a norma do *caput* do art. 150 da Constituição Federal em vigor não deve ser interpretada em desarmonia com outros preceitos constitucionais da Carta Magna em vigor. E mais, que as garantias do contribuinte não se resumem apenas ao elenco de normas referidas na Seção II (Das Limitações do Poder de Tributar), do Capítulo I (Do Sistema Tributário Nacional), do Título VI (Da Tributação e do Orçamento), concluindo o Ministro que "entre esses direitos e garantias individuais, estão pela extensão contida no § 2º, do art. 5º, da Constituição Federal de 1988, e pela especificação feita no art. 150, III, *b*, a garantia do contribuinte de que a União não criará nem cobrará tributos no mesmo exercício financeiro em que haja sido publicada a lei que os instituiu ou aumentou. (.....) parece, assim, a um primeiro exame, para efeito de medida cautelar, haver afrontado o disposto nos referidos § 2º, do art. 5º, art. 150, III, *b* e § 4º, do art. 60, da Constituição Federal".[63]

Como se vê, embora ainda haja muito a fazer na área da hermenêutica constitucional, não se pode deixar de destacar o posicionamento do Supremo Tribunal Federal que, de forma clara, ao interpretar o preceito do art. 150, da Constituição

---

63 SCAFF, Fernando Facury: O estatuto mínimo do contribuinte. In: *Anuário dos Cursos de Pós-Graduação em Direito*. Recife, Universitária, nº 11, 2000, p. 77.

Federal, à luz do entendimento expresso na norma de abertura do § 2, do art. 5º, da Carta Magna, elevou o Princípio da Anterioridade ao nível de cláusula pétrea, *status* conferido aos direitos fundamentais da Constituição vigente, dentro de uma interpretação embasada na Supremacia da Constituição, numa ótica que contempla o conteúdo material das normas ali expressas.

6. Conclusão

Do exposto, pode-se concluir em breves linhas acerca da notável importância da temática dos Direitos Fundamentais como substrato às teses que visam dignificar o homem enquanto cidadão e dotar a sociedade de instrumentos que permitam o seu desenvolvimento em bases sólidas.

Sem dúvida, a temática dos Direitos Fundamentais demonstra enorme importância como elemento fundante na interpretação dos preceitos constitucionais voltados à definição e concretização das prioridades em sede de políticas públicas desenvolvidas pelo Estado.

As questões do Direito Tributário não podem, por sua vez, ficar distanciadas da temática relativa aos Direitos Fundamentais, posto que, assim não acontecendo, o mecanismo da tributação será desenvolvido muito mais como instrumento de dominação, levando à conseqüência perversa da concentração de renda e à exacerbação das desigualdades, do que, efetivamente, como elemento disseminador de justiça social.

No caso específico do Brasil, como de resto nos outros países periféricos, não se pode admitir a importação pura e simples de modelos jurídicos alienígenas, não obstante terem dado certo nos países de origem, pois, comumente, desenvolvidos e aplicados em circunstâncias históricas totalmente distintas. Neste sentido, é inaceitável a tese da "reserva do possível" como forma de limitação da ação do Estado no campo das políticas sociais.

Importante destacar a nova função do Poder Judiciário, não mais como instrumento de composição de conflitos individuais, mas, sobretudo, como elemento de transformação, aglutinador dos anseios da sociedade e de cobrança da aplicação dos princípios de Direitos Fundamentais, evitando, assim, o seu esvaziamento. Para tanto é imprescindível uma nova releitura acerca da interpretação das normas, sobretudo das normas constitucionais, dentro de uma visão substancialista, voltada para valores e com fundamento nos princípios do Estado Democrático de Direito.

Finalmente, que os Direitos Fundamentais deixem de ser, sobretudo nos países periféricos, apenas uma simples promessa da modernidade, mera retórica, e se transformem em verdadeiro referencial que permita a redução das desigualdades, a efetivação do princípio da dignidade humana no seio da sociedade, em que as normas programáticas não sejam objeto de uma concretização distante, mero simbolismo, tudo isso dentro de uma ótica de uma Constituição Dirigente.

Bibliografia

ADOMEIT, Klaus: *Filosifia do Direito e do Estado*. Porto Alegre: Sergio Antonio Fabris, 2001.

ATIENZA, Manuel: *As Razões do Direito — Terias da Argumentação Jurídica*. São Paulo: Landy, 2002.

BOBBIO, Norberto: *A era dos direitos*. Rio de Janeiro: Campus, 1992.

BONAVIDES, Paulo: *Curso de Direito Constitucional*. São Paulo: Malheiros, 1994.

CAMPANHOLE, Hilton Lobo e CAMPANHOLE, Adriano: *Constituições do Brasil*. São Paulo: Atlas, 2000.

CANOTILHO, José J. Gomes e MOREIRA, Vital: *Fundamentos da Constituição*. Coimbra: Almedina, 1991, p. 131.

DANTAS, Ivo: *Direito constitucional econômico*. Curitiba: Juruá, 1999.

FARIA, José Eduardo: Introdução: O Judiciário e o Desenvolvimento Sócio-Econômico. In: FARIA, José Eduardo (org.),

Direitos Humanos, Direitos Sociais e Justiça, São Paulo: Malheiros, 2002.

FERRAZ JUNIOR, Tércio Sampaio. O Judiciário Frente à Divisão dos Poderes — Um Princípio em Decadência? In: *Revista Trimestral de Direito Público*. São Paulo: Malheiros, n° 9, 1995.

GUERRA FILHO, Willis Santiago: *Teoria da Ciência Jurídica*. São Paulo: Saraiva, 2001.

HANNAH, Arendt: *A condição humana*. Rio de Janeiro: Forense Universitária, 1999.

KRELL, Joachim Andreas: Controle judicial dos serviços públicos básicos na base dos direitos fundamentais sociais. In SARLET, Ingo Wolfgang: *A Constituição Concretizada — Construindo pontes com o público e o privado*. Porto Alegre: Livraria do Advogado, 2000.

KRELL, Joachim Andreas: Realização dos direitos fundamentais sociais mediante controle judicial da prestação dos serviços públicos básicos. In: *Anuário dos Cursos de Pós-Graduação em Direito*. Recife, Universitária, n° 10, 2001.

LAFER, Celso: *A Reconstrução dos Direitos Humanos: um diálogo com o pensamento de Hannah Arendt*. São Paulo: Companhia das Letras, 1998.

LIMA JÚNIOR, Jayme Benvenuto: *Os direitos humanos econômicos, sociais e culturais*. Rio de Janeiro: Renovar, 2001.

MACHADO, Hugo de Brito: *A supremacia constitucional como garantia do contribuinte*. Texto extraído do Jus Navigandi, (http:/www.jus.com.br), 2002.

MELLO, Celso A.: O § 2, do art. 5, da Constituição Federal. In: MELLO, Celso de Albuquerque (et al.), org.: Ricardo Lobo Torres: *Teoria dos direitos fundamentais*. Rio de Janeiro: Renovar, 2001.

MIRANDA, Pontes de: *Comentários à constituição de 1967(Com a Emenda n°1 de 1969)*. São Paulo: Revista dos Tribunais, Tomo V.

MORAES, Alexandre de: *Constituição da República Federativa do Brasil de 5 de outubro de 1988*. São Paulo: Atlas, 2002.

MORAIS, José Luis Bolzano de: Constituição ou barbarie: perspectivas constitucionais. In: Sarlet, Ingo Wolfgan (coord.): *A Constituição concretizada — construindo pontes com o público e o privado*. Porto Alegre: Livraria do Advogado, 2000.

MORAES, Alexandre de: *Constituição da República Federativa do Brasil de 5 de Outubro de 1988*. São Paulo: Atlas, 2002.

NEVES, Marcelo: Constitucionalização Simbólica e Desconstitucionalização Fática: Mudança Simbólica da Constituição e Permanência das Estruturas Reais de Poder. In: *Revista Trimestral de Direito Público*, São Paulo: Malheiros, n° 12, 1995.

NOGUEIRA, Alberto: *A Reconstrução dos direitos humanos da tributação*. Rio de Janeiro: Renovar, 1997.

PERELMAN, Chaïm: *Tratado da Argumentação*. São Paulo: Martins Fontes, 1996.

SALDANHA, Nelson: *Formação da Teoria Constitucional*. Rio de Janeiro: Renovar, 2000.

SARLET, Ingo Wolfgang: *A Eficácia dos Direitos Fundamentais*. Porto Alegre: Livraria do Advogado, 2001.

SCAFF, Fernando Facury: O Estaturo Mínimo do Constribuinte. In: *Anuário dos Cursos de Pós-Graduação em Direito*. Recife: Universitária, n° 11, 2000.

STRECK, Luiz Lenio: *Jurisdição Constitucional e Hermenêutica. Uma Nova Crítica do Direito*. Porto Alegre: Livraria do Advogado, 2002.

TORRES, Ricardo Lobo: *Tratado de direito constitucional, financeiro e tributário, volume III; os direitos humanos e a tributação: imunidades e isonomia*. Rio de Janeiro: Renovar, 1999.

TORRES, Ricardo Lobo: A cidadania multidimensional na era dos direitos. In: *Teoria dos direitos fundamentais*, MELLO, Celso de Albuquerque (et al.); org.: Ricardo Lobo Torres. 2ª Ed. Rio de Janeiro: Renovar, 2001.

A imunidade tributária como instrumento de garantia e efetivação dos direitos humanos

Caio de Azevedo Trindade.[1]

1 – Introdução. 2 – Conceituação de Imunidade Tributária. 3 – Imunidade Tributária como Instrumento de Garantia dos Direitos Humanos. 3.1 – O Entendimento do Supremo Tribunal Federal. 4 –Imunidades Tributárias. 4.1 – Imunidade Recíproca. 4.2 – Imunidade dos Templos. 4.3 – Imunidades dos Partidos Políticos, das Entidades Sindicais, das Instituições de Ensino e de Assistência Social. 4.3.1 – Imunidade dos Partidos Políticos e Respectivas Fundações. 4.3.2 – Imunidade das Entidades Sindicais do Trabalhadores. 4.3.3 – Imunidade das Entidades de Assistência Social e de Educação. 4.3.4 – Imunidade dos Livros, Jornais e Periódicos, e do Papel Destinado à sua Impressão. 5 – Conclusão.

---

1 Mestrando em Direito pela Universidade Federal do Pará. Pós-graduado em Direito Civil e Direito Processual Civil pela Fundação Getulio Vargas. Advogado. Procurador do Estado do Pará.

1 – Introdução

A imunidade tributária consiste em uma das Limitações Constitucionais ao Poder de Tributar do Estado. Pretende-se, no presente trabalho, analisar a imunidade tributária não como simples instituto do Direito Constitucional Tributário, mas como verdadeiro instrumento de proteção dos direitos humanos. Entendo a imunidade tributária não como mera regra constitucional de delimitação de competência impositiva (ou de exclusão de competência, como preferem alguns). Penso a imunidade tributária como instrumento político de salvaguarda de determinadas liberdades públicas, eleitas pelo Constituinte Originário como merecedoras da proteção Constitucional.

O trabalho está dividido em três partes. Na primeira, procura-se trazer as várias conceituações doutrinárias de imunidade tributária, abordando exclusivamente a concepção positivista do instituto. Na segunda etapa, demonstra-se a imunidade tributária como instrumento político de garantia dos direitos humanos, e se faz a complementação do conceito (positivista) de imunidade tributária antes traçado. Na terceira e última etapa, analisa-se cada uma das imunidades tributárias, indicando quais os direitos humanos que cada uma pretende proteger, bem como fazendo breve análise doutrinária e jurisprudencial dos aspectos práticos mais controversos que envolvem cada uma das imunidades.

2 – Conceituação de imunidade tributária

De início, e para que se alcance o resultado pretendido ao final deste trabalho, traz-se à colação alguns dos conceitos oferecidos por nossos tradicionais tributaristas. O que importa, neste instante, é observar-se, *sob o prisma positivista apenas*, em que consiste a imunidade tributária, ou seja, quais suas principais características e implicações.

Segundo Ruy Barbosa Nogueira, imunidade é "uma forma qualificada ou especial de *não-incidência*, por supressão, na Constituição, da competência impositiva ou do poder de tributar, quando se configuram certos pressupostos, situações ou circunstâncias previstos pelo estatuto supremo"[2].

Hugo de Brito Machado, em seu *Curso de Direito Tributário*, afirma que "imunidade tributária é o *obstáculo* decorrente de regra da Constituição, à *incidência* de regra jurídica de tributação. O que é imune não pode ser tributado. (...). É *limitação* da competência tributária"[3].

José Eduardo Soares de Melo ensina que a "imunidade tributária consiste na *exclusão* de competência da União, Estados, Distrito Federal e Municípios para instituir tributos relativamente a determinados atos, fatos e pessoas, expressamente previstos na Constituição Federal"[4].

De todos os conceitos colacionados, pode-se identificar, desde logo, uma coincidência. Os eminentes juristas entendem a imunidade tributária como exclusão ou limitação de competência, ou ainda, como forma de *não-incidência constitucionalmente qualificada*.

Parte da doutrina, em especial Paulo de Barros Carvalho, critica as expressões acima referidas na conceituação da imunidade tributária. Muito embora não haja conseqüências práticas diversas, vez que não se poderá instituir imposto qualquer que seja o conceito que se adote, do ponto de vista científico, bastante pertinente a crítica elaborada. Diz o referido autor que não é correta a utilização das expressões *limitação* ou *exclusão* de competência tributária para se identificar a imunidade. Ora, o Constituinte Originário não outorgou competência fiscal aos Entes Públicos para instituírem impostos sobre os livros, por

---

2 Curso de Direito Tributário, 15ª ed., São Paulo: Ed. Saraiva, 1999, p. 167
3 Curso de Direito Tributário, 18ª ed., São Paulo: Ed. Malheiros, 2000, p. 221.
4 Curso de Direito Tributário, São Paulo: Ed. Dialética, 1997, p. 89.

exemplo, e, em um momento cronologicamente posterior, limitou ou excluiu esta competência.

As imunidades tributárias servem, isto sim, para demarcar a atribuição de competências tributárias entre os Entes Políticos. Na realidade, as imunidades tributárias determinam a incompetência tributária dos Entes Federados para instituírem impostos sobre determinadas pessoas, coisas ou fatos, com isso contribuindo para delimitar as competências tributárias constitucionais.

Segundo Paulo de Barros Carvalho, "(...) a regra que imuniza é uma das múltiplas formas de demarcação de competência. Congrega-se às demais para produzir o campo dentro do qual as pessoas políticas haverão de operar, legislando sobre matéria tributária. (...), a imunidade tributária não exclui nem suprime competência tributária, uma vez que estas representam o resultado de uma conjunção de normas constitucionais, entre elas as de imunidade tributária. A competência para legislar, quando surge, já vem com as demarcações que os preceitos da Constituição fixaram"[5].

Também não é correto, *data venia*, entender-se a imunidade tributária como *não-incidência constitucionalmente qualificada*. Como norma de competência constitucional tributária que é, a imunidade tem como destinatário final não o contribuinte, mas o próprio Fisco. É ao Estado que se dirige o comando constitucional que o proíbe de instituir impostos sobre livros, jornais e periódicos, e o papel destinado à sua impressão[6]. Não se está, ainda, no campo da Lei Tributária que disciplinará a regra matriz de incidência, para que se possa falar em *não incidência*. Na realidade, os fatos realizados pelas pessoas imunes à tributação podem muito bem *incidir* sobre uma norma tributária. Exemplo: renda de entidade de educação. Não se fala, aqui, em não incidência, mas sim, em albergue imunizante,

---

5 Curso de Direito Tributário, 11ª ed., São Paulo: Ed. Saraiva, 1999, p.122-125.
6 Art. 150, VI, 'c', da CF/88.

o que é anterior, e não se confunde com a regra de incidência tributária.

Segundo Leandro Marins de Souza, "(...) o momento em que se erigem as normas imunizantes não corresponde àquele no qual se estabelecem os preceitos relativos à incidência. Isto porque, não em análise temporal, mas propriamente lógica, o que se dá em primeiro momento é a determinação das esferas de competência dos entes tributantes — onde se encaixam as normas imunizantes —, para, *a posteriori*, serem observadas as normas relativas à incidência"[7].

Paulo de Barros Carvalho acrescenta que "as regras de imunidade são normas de estrutura, enquanto as de incidência são preceitos de conduta. No plano constitucional, o objeto da preocupação normativa é definir os campos de competência das entidades tributantes"[8].

Registradas as críticas, confiram-se conceitos mais adequados ao instituo da imunidade tributária, lembrando, apenas, que *os conceitos ora analisados representam a doutrina positivista e normativista*, que vislumbram a imunidade tributária, salvo raras exceções, *como simples forma de delimitação da competência tributária*, deixando à margem seu envolvimento com os direitos humanos.

Para Roque Antônio Carrazza, "a imunidade tributária é um fenômeno de natureza constitucional. As normas constitucionais que, direta e indiretamente, tratam do assunto fixam, por assim dizer, a *incompetência* das entidades tributantes para onerar, com exações, certas pessoas, seja em função de sua natureza jurídica, seja porque coligadas a determinados fatos, bens ou situações"[9].

---

[7] Imunidade Tributária Entidades de Educação & Assistência Social, Curitiba : ed. Juruá, 2001.
[8] Op. cit. P. 125.
[9] Curso de Direito Constitucional Tributário, São Paulo: Ed. Malheiros, 1998, p.418.

Para Paulo de Barros Carvalho, imunidade tributária pode ser definida como " a classe finita e imediatamente determinável de normas jurídicas, contidas no Texto da Constituição Federal, e que estabelecem, de modo expresso, a incompetência das pessoas políticas de direito constitucional interno, para expedir regras instituidoras de tributos que alcancem as situações específicas e suficientemente caracterizadas"[10].

Por fim, confira-se o ensinamento de Misabel Abreu Machado Derzi, que conclui que "as imunidades, como normas sempre parcialmente denegatórias de poder, relativas a certos fatos específicos e determinados, mutilam o âmbito de validade da norma atributiva de poder, delimitando a competência da pessoa estatal. Emanam de relevantes princípios constitucionais[11] que lhes dão sentido harmônico e coerente, mas têm, tradicionalmente, sua especialidade definida em que pressupõem a inexistência de competência em relação àqueles específicos fatos imunes"[12].

Ressalto, mais uma vez, que o que se pretende no presente tópico é analisar o conceito tradicional (positivista), da imunidade tributária, para, então, poder-se adequá-lo aos conceitos de direitos humanos, razão pela qual somente mais à frente será oferecido nosso conceito de imunidade tributária.

Assim, em face dos conceitos até aqui expostos, pode-se assinalar as seguintes características das imunidades tributárias:

1 – são princípios que possuem sede exclusivamente constitucional;

2 – são princípios delimitadores (no sentido negativo) da competência do entes políticos da Federação;

---

10 Op. cit. P. 132.

11 Estes "relevantes princípios constitucionais" a que se refere a eminente jurista, ainda que sutilmente, consistem nos verdadeiros fundamentos da imunidade tributária, que, como se verá, não servem apenas para delimitar competência tributária.

12 Aliomar Baleeiro, Direito Tributário Brasileiro atualizado por Misabel Abreu Machado Derzi, 11ª ed., Rio de janeiro : ed. Forense, 1999.

3 – impossibilitam o exercício da atividade legislativa do Estado-Fisco, vez que lhe nega competência tributária. Toda e qualquer norma infraconstitucional, ou mesmo constitucional, que pretenda instituir imposto nas situações vedadas pelo Texto Maior, padecem de vício insanável de inconstitucionalidade material;
4 – é instituto que difere da isenção e da não incidência, que se operam no plano infraconstitucional da lei ordinária ou complementar, em momento lógica e cronologicamente posterior[13].

Estabelecidas estas premissas, passa-se, agora, à análise da verdadeira *ratio essendi* das Imunidades Tributárias, qual seja, servir de instrumento à garantia e efetivação dos Direitos Humanos.

3 – Imunidade tributária como instrumento de garantia dos direitos humanos

A pergunta que deve ser feita é a seguinte: Seriam as imunidades tributárias singelas[14] regras de definição de competência constitucional tributária? Teria o legislador constituinte simplesmente elencado determinados fatos, pessoas e bens, e lhes outorgado um benefício ou privilégio fiscal com sede constitucional?

As respostas somente podem ser negativas.

É bem verdade que parte da doutrina já conseguiu vislumbrar que as imunidades tributárias não poderiam ser simples comandos de delimitações de competências. A imunidade, já se

---

13 Misabel Abreu Machado Derzi, in Aliomar Baleeiro, *Direito Tributário Brasileiro* atualizado por Misabel Abreu Machado Derzi, 11ª ed., Rio de janeiro : ed. Forense, 1999, p. 114.
14 Não que regras de competência constitucional não sejam fundamentais em um sistema Democrático Republicano. Diz-se 'singela' em face do outro fundamento que procuro encontrar nas imunidades tributárias.

reconheceu, seria instituto utilizado pelo legislador constituinte para proteger determinados valores e princípios do Estado.

Para Bernardo Ribeiro de Moraes, "A imunidade tributária, (...), vem a ser uma disposição de ordem constitucional no sentido de vedar, às entidades tributantes, a instituição de impostos em relação a determinadas pessoas, bem, coisas ou situações, *com vista ao resguardo de princípios, interesses ou valores, tidos como fundamentais pelo Estado*"[15].

O que não faz a doutrina é perceber que, na realidade, estes valores protegidos pelo instituto das imunidades não são meros valores políticos levados em consideração pelo legislador constituinte em razão de conveniência político-administrativa em determinado momento histórico. Estes valores protegidos pela Constituição da República através das Imunidades Tributárias são *direitos fundamentais* do cidadão, são as *liberdades públicas* garantidas pela Carta Maior, são, enfim, Direitos Humanos. E esta interpretação que se pretende conceder ao instituto, como se verá mais à frente, não tem valor meramente acadêmico, mas será de extrema importância prática, uma vez que esta conclusão levará a compreender-se as imunidades tributárias como verdadeiras cláusulas pétreas da nossa Constituição.

Ives Gandra da Silva Martins já teve a oportunidade de afirmar que a imunidade tributária "(...) resguarda o equilíbrio federativo, a liberdade de associação, do livre pensamento, a política, a religiosa, a de expressão, a expansão da cultura, o desenvolvimento econômico, etc., e assim, não se deve considerar a imunidade como um benefício individual, um favor fiscal, uma renúncia à competência tributária, mas sim uma forma de resguardar *valores da comunidade* e do *indivíduo*"[16].

---

15 Op. cit. p. 20/21.
16 Celso Ribeiro Bastos e Ives Gandra da silva Martins. Comentários à Constituição do Brasil, 1ª ed., 1990, São Paulo : Ed. Saraiva, vol. VI, Tomo I, p. 171, nota 1. Também já teve o eminente tributarista a oportunidade de escrever: "(...) as imunidades tributárias representam claríssima e absoluta vedação ao poder de tributar, por entender o constituinte

Entre nós, há que se ressaltar, quem melhor estudou as Imunidades Tributárias como manifestação da proteção dos Direitos Humanos foi Ricardo Lobo Torres[17], sendo que esta etapa do trabalho tem como base os seus ensinamentos.

Ainda que brevemente, veja-se, primeiro, em que consistem os *direitos humanos*, para que, então, possa-se fazer a pretendida conjugação entre eles e o instituto da Imunidade Tributária.

Os direitos humanos foram evidenciados com o passar dos tempos, daí a razão de a doutrina majoritária dividi-los em três, e até quatro, Gerações de Direitos. Os direitos humanos, com a evolução sociocientífica do homem, tendem, da mesma forma, a evoluir, sofrendo modificações e se adaptando às novas realidades sociais. Caso típico desta situação são os chamados *direitos ecológicos*. Ninguém pode duvidar de que o meio ambiente sempre esteve presente, ao longo de toda a história do homem. Só recentemente, porém, devido aos avanços econômicos e sociais, bem como do avanço científico, passaram estes direitos a ser incluídos nas declarações de Direitos Humanos, e a receber o devido tratamento doutrinário, legislativo e jurisprudencial, no que se refere à sua proteção.

Os *direitos humanos*, na lição de Ricardo Lobo Torres, "(...) se aproximam do conceito de direito natural, posto que se *referem aos direitos decorrentes da própria natureza dos homens*"[18].

---

que determinadas situações, pessoas ou relações são de tal relevância para a manutenção do Estado Democrático de Direito, que não se pode admitir que o Poder Tributante ordinário, em sua competência delimitada pela lei suprema, possa individualizá-las, pela produção de impedimentos de tal natureza que torne inviável sua implementação". *In* Parecer intitulado "Imunidade de Contribuições Sociais – requisitos Exclusivos da Lei Complementar – Inteligência do art. 195, § 7º, da Constituição Federal, à Luz da Jurisprudência da Suprema Corte. *Revista Dialética de Direito Tributário*, nº 40, p. 86/87

17 *Tratado de Direito Constitucional Financeiro e Tributário*, vol. III, Os Direitos Humanos e a Tributação: Imunidades e Isonomia, Rio de Janeiro: Renovar, 1999.

Os direitos humanos, assim, são divididos, pela doutrina, de acordo com seus respectivos 'surgimentos', em: Direitos Humanos de Primeira, Segunda e Terceira Gerações, havendo alguns que já se refiram até mesmo a uma Quarta Geração de Direitos. Os direitos Humanos de Primeira Geração são os chamados *Direitos das Liberdades.* São sinônimos da expressão Direitos Humanos de Primeira Geração: Liberdades Públicas, Direitos Fundamentais, Direitos da Liberdade e Direitos Individuais. Os direitos humanos de primeira geração correspondem, principalmente, às idéias de *liberdade e igualdade* (entendidas ambas em seu sentido amplo, envolvendo todas a manifestações da liberdade, como de ir e vir, liberdades religiosas, políticas, de pensamento, etc.). Os direitos humanos de primeira geração foram positivados, no plano do direito internacional, nos grandes Textos Constitucionais surgidos com as revoluções do final do século XVIII, em especial nos Estados Unidos e na França. No Brasil, os direitos humanos de primeira geração estão positivados em nosso Texto Constitucional, *especialmente no rol do Art. 5º* — sob a denominação Direitos e Garantias fundamentais.

Os direitos humanos de segunda geração são os chamados *direitos econômicos e sociais.* Inseridos nesta geração de direitos, têm-se os *direitos dos trabalhadores,* os *direitos à assistência social,* o *direito à educação,* à *saúde* e o *direito ao desenvolvimento econômico-social.* A Constituição Federal consagra os Direitos Sociais — segunda geração — em diversas passagens, como por exemplo, no Capítulo II, do Título I, arts. 6º ao 11, e nos Títulos VII e VIII, tratando da ordem econômica e financeira, e da ordem social[19, 20].

---

18 Op. cit. p. 9.

19 Cabe registrar o pensamento de Ricardo Lobo Torres, que coloca fora do âmbito dos direitos humanos os chamados direitos sociais e econômicos, por entender que "pertencem a parcelas de homens, como sejam os burgueses e os trabalhadores. Sobre o assunto, conferir, do autor: *Tratado de Direito Constitucional Financeiro e Tributário,* vol. III, Os Direitos

Os Direitos Humanos de Terceira Geração correspondem aos conceitos de direitos difusos e coletivos[21]. Exemplo clássico dos direitos humanos de terceira geração são os chamados direitos ecológicos (Direito Ambiental), que também mereceram especial destaque em nosso Texto Supremo, no Capítulo VI, do Título VIII[22].

Caracterizados, ainda que sucintamente, os Direitos Humanos, veja-se como o instituto da Imunidade Tributária serve de instrumento para a proteção, e mesmo efetivação destes direitos.

A teoria das imunidades tributárias, após as grandes Revoluções do século XVIII, sofreu grande transformação em seu conceito. Deixou de ser forma de limitação do Poder do Rei em benefício da Igreja e de Nobreza (Idade Média — Feudalismo), "para se transformar em limitação do poder tributário do Estado pelos direitos preexistentes do indivíduo"[23]. Neste momento histórico, as imunidades tributárias passaram a proteger, direta-

---

Humanos e a Tributação: Imunidades e Isonomia, Rio de Janeiro : Renovar, 1999, p. 13.

20 Os direitos sociais de segunda geração também mereceram proteção através das imunidades tributárias, como, por exemplo, as imunidades concedidas às entidades sindicais, de assistência social e de educação (*infra, item 4.3.3*).

21 Os direitos difusos e coletivos foram tratados por nossa legislação ordinária. O Código de Defesa do Consumidor, no parágrafo único do seu art. 81, define os direitos difusos e coletivos, acrescentando uma nova categoria de direitos, os chamados individuais homogêneos. Como o próprio nome explicita, os direitos individuais homogêneos não constituem propriamente direitos coletivos *lato sensu*. São, em essência, direitos individuais, somente tratados coletivamente como forma de facilitar sua defesa em juízo. Na expressiva lição de José Carlos Barbosa Moreira, são apenas "acidentalmente direitos coletivos".

22 Apenas para registro, alguns autores falam em uma Quarta Geração de Direitos Humanos, que corresponderiam aos chamados direitos das gerações futuras.

23 Ricardo lobo Torres. Op. cit. p. 41.

mente, os *direitos fundamentais dos indivíduos, suas liberdades públicas*. Estavam, as imunidades tributárias, naquele momento, *corretamente vinculadas aos direitos humanos*, como instrumento de proteção destes, em face do Poder Fiscal do Estado. Atualmente, porém, a Imunidade Tributária, já se viu, é tratada como *mera delimitação da competência tributária*. Apenas para alguns doutrinadores, possui, a imunidade, o objetivo de proteger determinados *valores e princípios do Estado*. Não se vincula, portanto, a imunidade tributária aos conceitos de direitos humanos. Segundo Ricardo Lobo Torres, "A conseqüência inevitável da doutrina da autolimitação do poder tributário e do esquecimento da vinculação ditada pelos direitos humanos, foi a confusão entre imunidade tributária e não-incidência teleológica de nível constitucional" que, para muitos, são expressões que representam a mesma coisa[24,25].

O afastamento da vinculação da imunidade tributária dos direitos humanos trouxe diversos pontos negativos. Tratada como simples limitação da competência tributária, a interpretação das imunidades desvinculou-se dos direitos fundamentais que visa proteger, possibilitando, com isso, o abuso do poder fiscal, seja pretendendo diminuir o aspecto de incidência das imunidades, seja conferindo interpretação restritiva ao instituto da Imunidade, seja, ainda, estabelecendo empecilhos legislativos à fruição das imunidades pelos contribuintes.

---

24 Ricardo Lobo Torres, op. cit. P. 50. O STF aderiu, inclusive, a este entendimento, com a Súmula 536: "são objetivamente imunes ao imposto sobre a Circulação de Mercadorias os produtos industrializados, em geral, destinados à exportação, além de outros, com a mesma destinação, cuja isenção a lei determinar".

25 Na realidade, prefiro não utilizar a expressão *não incidência constitucionalmente qualificada* (*supra* item 2). O que há, em verdade, são *imunidades genéricas e imunidades propriamente ditas*. Aquelas, representando toda e qualquer delimitação constitucional de competência dos Entes Tributantes, e estas, representando o verdadeiro instituto da imunidade tributária, como regra limitadora de competência tributária pela preservação dos direitos humanos.

O que se deve ter em vista, porém, é que a interpretação da Imunidade Tributária tem de se dar exatamente na via oposta. Os direitos humanos, preexistentes que são mesmo à ordem jurídica, é que permitem ao Estado instituir e cobrar os tributos tão necessários à sua manutenção. Há, portanto, uma limitação prévia, decorrente das *liberdades públicas, dos Direitos Humanos*, que se impõem ao poder fiscal do Estado. "A liberdade individual é que se autolimita, abrindo espaço para a atuação limitada do Poder Fiscal. (...). *A imunidade é portanto, intributabilidade, impossibilidade de o Estado criar tributos sobre o exercício dos direitos da liberdade* (...)"[26].

No Brasil, as imunidades tributárias tiveram sua inspiração na doutrina liberal americana dos séculos XVIII e XIX, que consideravam as imunidades tributárias como *manifestação dos direitos fundamentais*. Foram consagradas, constitucionalmente, em nossa primeira Constituição Republicana de 1891, e fomentadas no período pós-Estado-Novo, de Getúlio Vargas, com a chamada redemocratização, com a Constituição de 1946. Naqueles momentos históricos, as imunidades tributárias tinham vinculação direta com as liberdades públicas.

Assim, o que se propõe, neste trabalho, é o retorno à identificação do instituto da Imunidade Tributária com os Direitos Humanos, objetivando interpretá-lo como instrumento que visa garantir o exercício das liberdades públicas; *instrumento que busca a consagração e efetivação dos direitos humanos*.

Estabelecidas mais estas premissas e considerações, já se pode oferecer uma contribuição para a correta conceituação do instituto da Imunidade Tributária: *A Imunidade Tributária consiste em uma classe de princípios constitucionais que delimitam a competência tributária dos Entes Políticos, estabelecendo a incompetência destes para instituírem impostos sobre determinadas pessoas, fatos e coisas, objetivando a proteção e mesmo a efetivação de direitos humanos de primeira, de segunda e mesmo de terceira gerações.*

---

26 Ricardo Lobo Torres. Op. cit. P. 51.

Como já afirmado alhures, a vinculação dos direitos humanos ao instituto da imunidade tributária não possui importância meramente acadêmica. Na prática, tem-se conseqüências extremamente diversas em razão desta vinculação que se pretende imprimir ao instituto. A interpretação da imunidade tributária, assim, deverá, sempre, obrigatoriamente, levar em consideração o nobre e relevante fundamento que alberga, que é a proteção e efetivação dos direitos humanos.

3.1 – O entendimento do Supremo Tribunal Federal

Antes de se analisar cada uma das imunidades tributárias disciplinadas na Constituição Federal, indicando, em cada caso, quais os direitos humanos que elas objetivam proteger e incrementar, mister se verificar qual tem sido o entendimento do Supremo Tribunal Federal ao interpretar as Imunidades Tributárias em seus julgados.

Durante algum tempo, o Pretório Excelso incorporou a doutrina positivista, afastando da imunidade tributária a correlação com os direitos fundamentais. Julgando o mandado de injunção nº 232-1-RJ, o Supremo entendeu ser "a imunidade atributo da personalidade jurídica de certos entes". Discutia-se a intributabilidade das entidades de caridade[27].

Julgado que modificou os rumos da interpretação do Supremo Tribunal no que tange às imunidades tributárias, aproximando-as novamente dos direitos humanos, e que serve mesmo de base para o presente trabalho, é a decisão proferida em sede da Ação Direta de Inconstitucionalidade nº 939 – DF, que buscava a Declaração de Inconstitucionalidade de parte da Emenda Constitucional nº 03 de 1993, que criou um novo Imposto, o *IPMF* (Imposto Provisório sobre a Movimentação Financeira ou Transmissão de Valores e de Créditos e Direitos de Natureza Financeira).

---

27 STF – Pleno — Acórdão 02/08/1991, Rel. Min. Moreira Alves – RDA 188 : 168, 1992.

A Emenda Constitucional nº 03 estabeleceu que ao novo Imposto não se aplicavam os dispositivos Constitucionais que previam o *Princípio da Anterioridade e as Imunidades*: — Recíproca — dos Templos de qualquer culto — das Instituições sem fins lucrativos — e dos Livros Jornais, e Periódicos, e papel destinado à sua impressão.

Ao julgar a ADIN, a Corte Suprema, na primeira e única vez de sua existência, *reconheceu a Inconstitucionalidade de uma Emenda Constitucional, posto que ofendidas as chamadas Cláusulas Pétreas da nossa Carta Magna.*

As Cláusulas Pétreas estão previstas no art. 60, §4º, da Carta Maior. Os dispositivos não permitem Emendas Constitucionais tendentes a abolir: I — a forma Federativa de Estado, II — o voto direto, secreto, universal e periódico; III — a separação dos Poderes, IV — os direitos e garantias individuais.

No julgamento da ADIN, o Supremo Tribunal Federal decretou a Inconstitucionalidade da Emenda nº 03, na parte em que afastava o Princípio da Anterioridade, e a Imunidade Recíproca, visto que o primeiro é garantia individual do contribuinte (incidindo o IV, do § 4º do art. 60), e o segundo — a Imunidade Recíproca — tem por objetivo garantir o Pacto Federativo (chamando a incidência do inciso I, do § 4º, do art. 60, — também cláusula pétrea).

Todavia, no que toca às demais Imunidades (Templos, Instituições e Livros), não havia, em tese, norma explícita que as protegesse como Cláusulas Pétreas, a fim de fundamentar a Declaração de Inconstitucionalidade de uma Emenda Constitucional.

O Supremo Tribunal Federal, com base no excelente voto do Ministro Sepúlveda Pertence, *entendeu serem as imunidades tributárias manifestação dos direitos e garantias fundamentais do cidadão, razão pela qual não podem ser tocadas sequer por Norma Constitucional decorrente do Poder Constituinte Derivado.*

Do voto do Ministro Celso Melo, pode-se extrair o seguinte trecho: "Essa Norma Constitucional, derivada do Poder de Reforma do Congresso Nacional, acarreta a grave possibilidade de se comprometer, pela ação tributante do Poder Público, o exercício desses direitos fundamentais, quaisquer que sejam as múltiplas dimensões em que se projeta e se desenvolve o regime das liberdades públicas; (...) isso porque a supressão, ainda que temporária, da garantia de imunidade estabelecida pela ordem constitucional brasileira (...) compromete, em última análise, o próprio exercício da liberdade de consciência, da liberdade de manifestação do pensamento e da liberdade de associação, valores em função dos quais essa prerrogativa constitucional foi conferida (...)"[28].

Do voto do Min. Carlos Velloso, lê-se: "é sabido, hoje, que a doutrina dos direitos fundamentais não compreende, apenas, direitos e garantias individuais, mas, também, direitos e garantias sociais, direitos atinentes à nacionalidade e direitos políticos. Este quadro todo compõe a teoria dos direitos fundamentais. Hoje, não se fala apenas em direitos individuais, assim direitos de primeira geração. Já se fala em direitos de primeira, de segunda, de terceira e até de Quarta geração. (...). Coerentemente com tal afirmativa, reconheço que as imunidades inscritas no inciso VI, do art. 150, são também garantias que o constituinte derivado não pode suprimir".

Digno de registrar, ainda, que o Min. Rel. Sydney Sanches, ao final do julgamento, retificou parcialmente seu voto, para também entender como Inconstitucional a Emenda Constitucional nº 03, na parte em que afastou as imunidades tributárias do novo Imposto, vez que, "desde que se encare tais imunidades como garantias de quem não deve ser contribuinte, a cláusula pétrea há de ser observada, também quanto a elas".

Registre-se, apenas, que não se trata de simples garantia individual de quem não deve ser contribuinte. As imunidades tributárias tem por fim não apenas proteger as pessoas, os fatos e as coisas que são declaradas imunes, mas sim direitos humanos

---

28 Adin nº 939 – DF – Pleno – Rel. Min. Sydney Sanches – RTJ 151 – p. 755 / 841.

que são fomentados por estas pessoas, fatos e coisas, que pertencem a todos os membros da sociedade, e não apenas aos contribuintes. Cuida-se de proteger determinados direitos (liberdade religiosa, por exemplo), para que a tributação não possa ser usada como forma de inibir a fruição desses direitos humanos, destas liberdades públicas, por toda a sociedade[29].

Entendido, portanto, o instituto da Imunidade Tributária como instrumento de proteção, e mesmo de efetivação de determinados direitos humanos, confira-se, caso a caso, quais os direitos protegidos pelas Imunidades, bem como as principais polêmicas doutrinárias e jurisprudenciais que envolvem cada uma delas.

4 – Imunidades tributárias

O objeto de análise do trabalho são as *Imunidades Tributárias propriamente ditas*, previstas no art. 150, VI, *a, b, c, d*, da CF/88.

4.1 – Imunidade Recíproca

A Imunidade recíproca está prevista no art. 150, VI, *a*, da CF/88, e proíbe à União, aos Estados, ao Distrito Federal e aos

---

29 Ao julgar, pela via monocrática, Recurso Extraordinário nº 253.747-1, em 1º de agosto de 2002, assim lecionou o Min. Celso de Melo: "O instituto da imunidade tributária não constitui um fim em si mesmo. Antes, representa um poderoso fator de contenção do arbítrio do Estado, na medida em que esse postulado fundamental, ao inibir, constitucionalmente, o Poder Público no exercício de sua competência impositiva, impedindo-lhe a prática de eventuais excessos, prestigia, favorece e tutela o espaço em que florescem aquelas liberdades públicas. (...) dentro dessa perspectiva, é preciso considerar que a garantia da imunidade qualifica-se como instrumento de proteção constitucional da imunidade tributária vocacionado a preservar direitos fundamentais (...).". *In* Revista Dialética de Direito Tributário. Vol. 86. Novembro. 2002. p. 213.

Municípios, instituir impostos sobre o patrimônio, a renda e os serviços uns dos outros.

A Intributabilidade dos Entes Políticos constitui verdadeira Imunidade, posto que essencial para o Regime Federativo e à garantia das *Liberdades Públicas*.

Segundo Ricardo Lobo Torres, "o fundamento da imunidade recíproca é a *liberdade individual*, que estaria seriamente comprometida se o equilíbrio federativo se desfizesse pelas incidências fiscais mútuas dos diversos entes públicos"[30].

Este o ponto principal da Imunidade recíproca, qual seja a proteção da liberdade individual, direito humano por excelência, de Primeira Geração. A vedação da tributação entre os Entes Políticos visa exatamente não permitir, por exemplo, que interesses políticos divergentes e momentâneos possibilitem que a tributação seja usada como forma de pressionar e inviabilizar o desenvolvimento de um dos Entes da Federação, em benefício de outros, o que acarretará, sem qualquer sombra de dúvidas, prejuízos ao Direito de Liberdade dos respectivos cidadãos.

No mesmo sentido, a imunidade recíproca protege o *direito à igualdade*, uma vez que a impossibilidade de tributação tende a garantir, juntamente com a repartição constitucional de receitas tributárias, as mesmas oportunidades aos cidadãos residentes em cada um dos Entes da Federação.

A escolha do Estado Federal "é uma decisão pela liberdade, e não deixa de ser uma decisão pela igualdade, na medida em que se respeitam as diferenças e peculiaridades locais e regionais. Tal respeito, ao mesmo tempo, torna essas disparidades menos relevantes ou menos radicais"[31].

Pretende-se, com a imunidade recíproca, garantir o perfeito funcionamento da máquina estatal em suas diversas esferas, com o objetivo de garantir e efetivar a liberdade e a igualdade

---

30 Op. cit. P. 222/223.
31 Misabel Abreu Machado Derzi. Op. cit., p. 124.

entre todos os cidadãos de todos os Estados e Municípios da Federação, o que poderia restar prejudicado com a incidência de impostos sobre os Entes[32].

Os titulares da Imunidade recíproca são União, os Estados, o Distrito Federal, os Municípios, bem como as autarquias e fundações mantidas pelo Poder Público (§ 2º, art. 150, CF/88). As concessionárias de serviço público, assim como as sociedades de economia mista, não têm direito à imunidade[33].

A Imunidade recíproca, assim como as demais, alcança tãosomente os impostos, restando fora do albergue imunizante as taxas e contribuições[34], como se observa da leitura do inciso VI, do art. 150, da CF/88.

4.2 – Imunidade dos templos

Estão cobertos pelo albergue imunizante os templos de qualquer culto. A imunidade dos Templos, na expressão de Ricardo Lobo Torres, é o *contraponto fiscal* da Liberdade Religiosa consagrada na Declaração de Direitos — art. 5º, VI, da CF/88.

O fundamento, a razão de ser da Imunidade dos Templos, portanto, é o direito à *liberdade religiosa*. Pretendeu o Constituinte, com a presente imunidade, permitir que o cidadão pratique a religião que melhor lhe convir, sem que lhe seja imputada a cobrança de impostos.

---

32 Ricardo Lobo Torres, op. cit. P. 223.

33 Súmulas do SFT: nº 76: "as sociedades de economia mista não estão protegidas pela imunidade fiscal do art. 31, v, 'a', da Constituição federal".

A Petrobras não tem direito à imunidade (RE 75.000 – SP, Ac. Da 1ª T., de 27.05.80, Rel. Min. Antônio Neder. RTJ 94: 61).

34 Alguns autores, como Hugo de Brito Machado e Paulo de Barros Carvalho, pretendem discutir a possibilidade de a imunidade recíproca abranger todas as modalidades de exações tributárias, com o que não se concorda, pois que o Texto Constitucional não permite tal interpretação, ao teor do art. 150, VI.

A liberdade religiosa é um atributo da própria pessoa humana, direito humano de primeira geração, e que não pode sofrer pressões através do Poder Fiscal do Estado. Pretende-se garantir o direito fundamental declarado, solenemente, no art. 5º, VI, da Carta Magna, que considera "inviolável a liberdade de consciência e crença", e garante "o livre exercício dos cultos religiosos, e especialmente protege os locais de culto e liturgia".

A Imunidade dos Templos independe, e isso é importante, de qualquer *atividade filantrópica* desenvolvida pela entidade religiosa. O seu fundamento é tão-somente a proteção ao *direito de liberdade religiosa*, e em nada se refere com a *ausência de capacidade contributiva*, como preferem alguns (mesmo porque, várias entidades religiosas possuem grande capacidade econômico-financeira).

Imune é a instituição religiosa, sendo que a dimensão abrange o templo e o culto propriamente dito.

A expressão Culto (religioso) deve ser interpretada da forma mais abrangente possível, compreendendo "todas as formas racionalmente possíveis de manifestação organizada de religiosidade, por mais estrambóticas, extravagantes ou exóticas que sejam. E as edificações onde se realizarem esses rituais haverão de ser consideradas templos"[35].

A Imunidade dos templos deve ser, portanto, interpretada de forma ampla, assim como toda e qualquer imunidade[36]. Esta amplitude, todavia, não significa que a imunidade dos templos

---

35 Paulo de Barros Carvalho. Op. cit., p. 136.

36 Ainda que se trate de institutos que em quase nada se tocam, a não ser pelo fato de ser impossível a exigência do tributo, a isenção, apenas à guisa de registro, ao contrário das imunidades, são interpretadas restritivamente, ao teor do art. 111, do CTN. O STF já consignou que as imunidades são interpretadas ampliativamente: RE 102.141-RJ, Ac. Da 2ª T. do STF, de 18/10/85, Rel. Min. Carlos Madeira, RTJ 116:287: "Em se tratando de norma constitucional relativa às imunidades tributárias genéricas, admite-se a interpretação ampla, de modo a transparecerem os princípios e postulados nela consagrados".

não possa ser objeto de controle pelo Poder Público e pelo Judiciário. *Sempre que for detectado o intuito fraudulento destas entidades religiosas, bem como em casos de práticas de atos atentatórios à moral e aos princípios éticos e jurídicos, será lícito o afastamento da imunidade concedida constitucionalmente, vez que não se estará diante de instrumento garantidor do exercício das liberdades públicas, mas sim de instrumento contrário aos Princípios insculpidos na Carta Magna.*

A Imunidade dos Templos de qualquer culto não se limita ao conceito de templo enquanto edificação, ou mesmo apenas local de oração. Deve-se identificá-la com a própria Religião, estendendo-se a proteção ao exercício do culto em todas as suas manifestações, assim como aos locais em que é praticado.

O § 4º, do art. 150, da Constituição, dispõe que a imunidade em análise compreende o patrimônio, as rendas e os serviços relacionados com as suas finalidades essenciais[37].

As finalidades essenciais dos templos religiosos são "a prática do culto, a formação de padres, ministros, pastores, o exercício de atividades filantrópicas e a assistência moral e espiritual aos crentes"[38].

Incluem-se no campo da imunidade, porque destinados às finalidades fins do Culto, "o prédio onde se pratica o culto, o lugar da liturgia, o convento, a casa do padre ou do ministro, o cemitério, os aviões e embarcações utilizados na catequese"[39].

Questão prática bastante interessante é a relativa a imóvel de propriedade da entidade religiosa que se encontra alugado para finalidades totalmente diversas da religião (Ex. estacionamento; parque de diversões). Incidiria o IPTU sobre este imóvel?

---

37 O §4º, do art. 150, aplica-se às Imunidades dos Templos, dos Partidos Políticos, das Entidades sindicais dos trabalhadores, e das Entidades de educação e assistência social, sem finalidade lucrativa.
38 Ricardo Lobo Torres. Op. cit., p. 242.
39 Ricardo Lobo Torres, Op. cit., p. 242/243.

Penso que não. O IPTU não incide sobre imóvel alugado por entidade religiosa, desde que a renda proveniente dos alugueres seja destinada ao custeio de suas finalidades específicas. A Suprema Corte, em recente decisão, julgando o RE 325.822-SP, através de voto divergente do eminente Min. Gilmar Mendes, consolidou sua orientação no sentido de que a Imunidade dos Templos deve ser interpretada de forma ampla, abrangendo todo e qualquer imóvel da entidade religiosa, desde que sua utilização, ou seus frutos, sejam destinados às suas finalidades essenciais. Neste julgamento, o Pretório Excelso reconheceu a aplicação da Imunidade a 60 (sessenta) imóveis de entidade religiosa, inclusive lotes vagos e imóveis comerciais.[40]

---

40 Informativo STF N° 295, Brasília, 16 a 20 de dezembro de 2002
Data: 5 de fevereiro de 2003
Imunidade Tributária de Templos.
"A imunidade tributária concedida aos templos de qualquer culto prevista no art. 150, VI, *b* e § 4°, da CF, abrange o patrimônio, a renda e os serviços relacionados com as finalidades essenciais das instituições religiosas (CF, art. 150: *"Sem prejuízo de outras garantias asseguradas ao contribuinte, é vedado à União, aos Estados, ao Distrito Federal e aos Municípios:* ... VI – *instituir impostos sobre:* ... b) *templos de qualquer culto.* ... § 4° *As vedações expressas no inciso VI, alíneas b e c, compreendem somente o patrimônio, a renda e os serviços, relacionados com as finalidades essenciais das entidades nelas mencionadas"*). Com esse entendimento, o Tribunal, por maioria, conheceu de recurso extraordinário e o proveu para, assentando a imunidade, reformar acórdão do Tribunal de Justiça do Estado de São Paulo que, à exceção dos templos em que são realizadas as celebrações religiosas e das dependências que servem diretamente a estes fins, entendera legítima a cobrança de IPTU relativamente a lotes vagos e prédios comerciais de entidade religiosa. *Vencidos os Ministros Ilmar Galvão, relator, Ellen Gracie, Carlos Velloso e Sepúlveda Pertence*, que, numa interpretação sistemática da CF à vista de seu art. 19, que veda ao Estado a subvenção a cultos religiosos ou igrejas, mantinham o acórdão recorrido que restringia a imunidade tributária das instituições religiosas, por conciliar o valor constitucional que se busca proteger, que é a liberdade de culto, com o princípio da neutralidade confessional do Estado laico". RE 325.822-SP, rel. orig. Min. Ilmar Galvão, red. p/ o acórdão *Min. Gilmar Mendes*, 18.12.2002. (RE-325822).

Na mesma situação encontram-se as rendas decorrentes da venda de mercadorias, bem como dos serviços prestados desvinculados das atividades religiosas. Nestes casos, há que se aplicar o mesmo tratamento oferecido ao imóvel alugado. Se os rendimentos forem destinados à incrementar as finalidades religiosas da entidade, então estas atividades estão fora da área de imposição fiscal do Estado. Todavia, se a comercialização de produtos e a prestação de serviços tiver outra finalidade que não o incremento da atividade religiosa, então não estarão imunes ao ICMS e ao ISS.

Exemplo do que se está tratando são os serviços de comunicação *radiofônica e televisiva* prestados por entidades religiosas.

O que se deve perguntar é se este moderno instrumento de comunicação, utilizado pelas entidades religiosas, deve ser entendido como *instrumento necessário à garantia da liberdade religiosa*.

Portanto, se o canal de televisão, ou a estação radiofônica, por exemplo, utiliza parte de sua programação para prestar assistência espiritual, bem como, se reverte os rendimentos provenientes dos serviços que presta em *benefício exclusivo da finalidade religiosa*, e não como instrumento de enriquecimento de seus dirigentes, então penso devam ser alcançados pelo albergue imunizante. Não importam os meios, mas sim os fins a que se destinam as atividades prestadas pela entidade. Esta a interpretação que me parece mais condizente com o Fundamento Constitucional da Imunidade dos Templos[41].

---

41 Assim não entende Ricardo Lobo Torres: "Os serviços desvinculados das finalidades religiosas ou filantrópicas, como sejam, por exemplo, os de comunicação radiofônica ou televisiva, pagam impostos". Cf. op. cit., p. 243.

4.3 – Imunidades dos partidos políticos, das entidades sindicais, das instituições de ensino e de assistência social

O art. 150, VI, c, da Carta Política, declara imune aos impostos os partidos políticos, inclusive suas fundações, as entidades sindicais de trabalhadores, as instituições de educação e de assistência social, sem fins lucrativos, atendidos os requisitos *da Lei*"[42].

4.3.1 – Imunidade dos Partidos Políticos e respectivas Fundações

Passa-se à análise, seguindo a ordem estabelecida pelo Texto Constitucional (sem qualquer critério hierárquico-valorativo), da Imunidade dos Partidos Políticos.

O fundamento da Imunidade concedida aos partidos Políticos repousa na idéia de *Democracia e Liberdade Política*.

Usando a expressão de Ricardo Lobo Torres, a imunidade dos partidos políticos "é o contraponto fiscal da constitucionalização dos partidos políticos operada pelo art. 17 (CF), que declara ser livre a sua criação, fusão, incorporação e extinção, resguardados a soberania nacional, o regime democrático, o pluripartidarismo e os direitos fundamentais da pessoa humana"[43].

Os direitos políticos enquadram-se, perfeitamente, no conceito de liberdades públicas, muito embora não integrem formalmente a declaração de direitos fundamentais.

Deve ser assegurada a *igualdade* entre todos os partidos políticos, como forma de resguardar o regime democrático, bem como os direitos políticos fundamentais de todos os cidadãos. E a garantia dessa proteção frente ao Poder Fiscal do Estado deve mesmo se dar através do instituto da Imunidade tributá-

---

42 Quanto à análise da natureza desta Lei (se Ordinária ou Complementar) referida pelo Constituinte, ver, *infra*, item 4.3.3.
43 Op. cit., p. 246.

ria, não podendo ficar ao arbítrio do legislador ordinário, em razão dos nobres princípios que visa proteger.

A Imunidade, obviamente, somente protege os partidos políticos legalmente existentes. Estende-se, também, a imunidade tributária, às fundações instituídas pelos Partidos Políticos. O art. 14, do CTN, (Lei ordinária recepcionada pela Constituição Federal de 1988 com força de Lei Complementar, em obediência ao art. 146, II, da CF/88), estabelece outros requisitos para que os Partidos Políticos possam gozar da imunidade que lhes é conferida pela Carta Política, quais sejam: (I) não distribuírem qualquer parcela de seu patrimônio ou de suas rendas, a qualquer título; (II) aplicarem, integralmente, no país, os seus recursos, na manutenção dos seus objetivos institucionais; e (III) manterem a escrituração de suas receitas e despesas em livros revestidos de formalidades capazes de assegurar sua exatidão.

4.3.2 – Imunidade das Entidades Sindicais do Trabalhadores

A Imunidade das Entidades Sindicais dos Trabalhadores cuida-se de uma inovação do Constituinte de 1988.

Trata-se, obviamente, de Limitação Constitucional ao poder de tributar, posto que impõe a incompetência dos Entes Públicos em tributar, através de impostos, estas entidades. A questão, porém, é saber se se está diante de uma Imunidade propriamente dita. Isto é, se se está diante de uma simples regra de competência tributária, ou de uma regra que, além de delimitar competência, também objetiva dar proteção, garantia e efetivação aos direitos humanos.

Veja-se que a diferença, faz-se questão de frisar, não é meramente acadêmica ou conceitual, pois que se não se entender esta imunidade como contraponto fiscal de alguma manifestação de direitos humanos, não estará ela protegida contra o Poder Reformador Constituinte.

Segundo Ricardo Lobo Torres, a imunidade das entidades sindicais dos trabalhadores, "é figura estranha à temática da imunidade fiscal, por não ser forma de proteção dos direitos humanos"[44]. *Data venia*, não penso assim.

Como é sabido, e já se afirmou inclusive, os *direitos dos trabalhadores* estão tipicamente inseridos na classe dos chamados *direitos sociais*, classe esta que melhor representa a Segunda Geração de Direitos Humanos.

A proteção fiscal que é concedida aos sindicatos dos trabalhadores tem por objetivo permitir que estes não sofram nenhum tipo de controle estatal através da tributação. Pretende-se, com a imunidade, permitir que as entidades sindicais desenvolvam, com liberdade, seu importante papel na sociedade, que é a busca por melhores condições de trabalho para seus associados, o que implica, diretamente, em melhores condições de vida para o trabalhador, sua família e toda a comunidade. Com a Constituição de 1988, operou-se o chamado desatrelamento das Entidades Sindicais em frente ao Estado (art. 17, e §§ da CF/88). A imunidade fiscal veio, ainda, como meio de garantir a absoluta não interferência do Estado nas atividades sindicais.

Os direitos sociais, além disso, estão inseridos no Título dos Direitos e Garantias Fundamentais, sob o Capítulo II, intitulado Dos Direitos Sociais (art. 6º ao 11, da CF/88).

Em conclusão, parece-me que a Imunidade das Entidades Sindicais dos Trabalhadores constitui *imunidade tributária propriamente dita*, vez que tem por objetivo proteger, garantir e efetivar alguns dos Direitos Humanos de Segunda Geração, quais sejam os direitos sociais dos trabalhadores[45].

---

44 Op. cit., p. 250. Isto porque o doutrinador não entende que os direitos sociais estejam inseridos na temática dos direitos humanos. *Data venia*, são, sim, direitos humanos de Segunda Geração, como pensa a grande maioria da doutrina.

45 O STF, no histórico julgamento da Adin nº 939-DF, entendeu inconstitucional a Emenda Constitucional nº 03, que afastou as imunidades tributárias da instituição do IPMF, estando, entre elas, a imunidade das entidades sindicais dos trabalhadores.

4.3.3 – Imunidade das Entidades de Assistência Social e de Educação

A imunidade tributária das entidades de educação e de assistência social, sem finalidades lucrativas, em nossa opinião, é, hodiernamente, *a mais importante das imunidades, em razão das condições econômico-sociais em que se encontra nosso país*. A *contrariu sensu*, é a regra imunizante que mais sofre investidas do Poder Fiscal, em absoluto desrespeito aos Fundamentos Constitucionais[46], conforme se verificará.

A imunidade das entidades de educação e assistência social tem por objetivo maior proteger, garantir, fomentar e efetivar Direitos Humanos de Segunda Geração. Protegem, entre outros, o *direito à educação, à cultura, à saúde e à assistência social*.

A Constituição Federal, em seu art. 6º, estabelece que "são direitos sociais a educação, a saúde, o lazer, a segurança, a previdência social, a proteção à maternidade e à infância, a assistência aos desamparados, na forma desta Constituição". *A imunidade, portanto, é o contraponto fiscal a todos estes direitos.*

Ao mesmo tempo, possível é afirmar que a imunidade destas entidades também protege os chamados direitos à "igualdade de chances", direitos humanos de primeira geração[47].

---

46 James Marins. "Imunidade tributária das instituições de educação e assistência social". Grandes questões atuais de direito tributário (Coord. Valdir de Oliveira Rocha), 3º volume, São Paulo: ed. Dialética, 1999, p. 174: "As autoridades tributárias vêm tolhendo, por diversas formas, os exercícios de garantias dos contribuintes, criando – de modo sistemático e crescente – embaraços artificiais, incompatíveis com o comando e a dicção de normas constitucionais".

47 Restringindo a imunidade à proteção de direitos humanos de primeira geração, ensina Ricardo Lobo Torres: "De feito, a imunidade visa a proteger os direitos da liberdade, compreendidos *no mínimo existencial, nas condições iniciais para a garantia da igualdade de chance*". Op. cit., p. 254.

Questão das mais polêmicas sobre a qual se tem debruçado doutrina, jurisprudência e fisco, é a relativa aos *requisitos a serem observados pelas entidades de educação e assistência social para gozarem do albergue imunizante.*
Segundo o art. 150, VI, *c, in fine,* da Constituição Federal, devem ser *atendidos os requisitos da Lei.*
Devem, portanto, todas estas entidades observar os requisitos previstos em Lei, para que incida a regra imunizante.
O que se tem muito discutido é se esta Lei, referida pela Constituição, seria uma Lei Ordinária, ou uma Lei Complementar.
O Fisco Federal, como não poderia deixar de ser, tem entendido que esta Lei é mera Lei ordinária, uma vez que o Constituinte não consignou, explicitamente, a expressão Complementar em seu Texto.
Ocorre que a Constituição Federal, em seu art. 146, II, estabelece, expressamente, que cabe à Lei Complementar disciplinar as *Limitações Constitucionais ao Poder de Tributar,* entre as quais se inserem, logicamente, as Imunidades Tributárias.
Parte da doutrina, acolhendo uma interpretação sistemática e teleológica do Texto Supremo, tem se posicionado ao lado da Lei Complementar, como única forma de estabelecer requisitos para a incidência do albergue imunizante.
Assevera Ives Gandra da Silva Martins que "(...) a lei a que se refere o constituinte não é a lei do próprio poder tributante, mas a lei complementar, que é lei nacional, obrigando os poderes tributantes, conformando, dando perfil ao sistema tributário, como *longa manus* do constituinte, e impedindo o legislador ordinário de aventurar-se a criar tributos para saciar a voracidade arrecadatória do governo, à margem da Lei Maior"[48].

---

48 E continua: "Não teria sequer sentido que a lei ordinária determinasse o nível da imunidade, as condições, os benefícios, visto que, se assim tivesse o constituinte disposto, à nitidez, não seria o legislador que se submeteria ao legislador constituinte, mas este que se submeteria ao legislador ordinário". Parecer intitulado "Imunidade de Contribuições So-

Da mesma forma pensa Sacha Calmon Navarro Coelho, entendendo que "não é nem poderia ser lei ordinária. A uma, porque a imunidade, restrição ao poder de tributar da União, dos Estados e dos Municípios, ficaria à mercê da vontade dos próprios destinatários da restrição, se lhes fosse dado regulá-la pela lei ordinária. (...) na medida em que pudessem variar as condições para fruição da imunidade, poderiam até mesmo frustrá-la. Assistiríamos ao absurdo de um valor posto numa Constituição rígida, para garantir certas categorias de pessoas contra a tributação, vir a ser manipulado, justamente, por aquelas a quem se proíbe o poder de tributá-las (...)"[49].

E não haveria mesmo razão para que pudesse o legislador ordinário regular uma limitação constitucional ao Poder de Tributar.

Ora, não seria razoável entender-se que, para todas as demais limitações constitucionais ao poder de tributar, inclusive as demais Imunidades Tributárias, fosse exigido Lei Complementar, e apenas para a imunidade das entidades previstas na alínea *c*, entre elas as de assistência social e de educação, fosse exigido Lei Ordinária.

Se entender-se possível a edição de Lei Ordinária para regular os requisitos para a fruição da imunidade, então se tem que admitir a edição de uma Lei Ordinária Federal, estabelecendo os requisitos para o gozo da imunidade dos impostos federais; 26 Leis Ordinárias Estaduais, regulando, com certeza de modo diverso, a imunidade para os impostos estaduais; e mais de 5.000 Leis Municipais, objetivando regular a imunidade dos impostos de competência dos Municípios. Sim, pois a competência para legislar sobre direitos tributário é competência concorrente, na forma do art. 24, I, da CF/88.

---

ciais – requisitos Exclusivos da Lei Complementar – Inteligência do art. 195, §7°, da Constituição federal, à Luz da Jurisprudência da Suprema Corte. *Revista Dialética de Direito Tributário*, n° 40, p. 89.
49 Op. cit., p. 349.

Daí por que somente a Lei Complementar, Lei de eficácia Nacional, à qual se submetem todos os Poderes Legislativos – Federal, Estadual e Municipal —, pode ser o instrumento legislativo cabível para a regulação dos requisitos a serem observados pelas entidades de educação e de assistência social, para que possam beneficiar-se da regra imunizante.

Possibilitar que o legislador ordinário estabeleça quaisquer requisitos para a fruição da imunidade é possibilitar fazer-se letra morta do Texto Supremo, e ignorar os nobres fundamentos que alicerçam o instituto da Imunidade Tributária, que são a proteção, garantia à efetivação dos Direitos Humanos.

A interpretação que se pode extrair deste conflito aparente de normas (art. 146, II, e art. 150, VI, c, da CF/88) é que a Lei Ordinária a que se refere a alínea c, é a Lei Ordinária que dispõe e regula a atividade civil das Escolas e das Entidades de Assistência Social (no campo das relações privadas, relativas à constituição e funcionamento destas entidades[50]), cabendo, à Lei Complementar, disciplinar os requisitos para a *fruição da Imunidade*.

Hoje, como já referi, os requisitos para que as entidades de educação e assistência social gozem da imunidade tributária estão previstos no art. 14 do CTN, I, II, III, e são: (I) não distribuírem qualquer parcela de seu patrimônio ou de suas rendas, a qualquer título[51]; (II) aplicarem, integralmente, no país, os seus

---

50 O STF já decidiu: "O art. 19, II, c, da Constituição federal não trata de isenção, mas de imunidade. A configuração desta está na Lei Maior. Os requisitos da lei Ordinária, que o mencionado dispositivo manda observar, não dizem respeito aos lindes da imunidade, mas àquelas normas reguladoras da constituição e funcionamento da entidade imune". RE nº 93.770, Ac. 1ª T., 17/03/1981, Rel. Min. Soares Muñoz, *Revista trimestral de Jurisprudência*, 102: 304.

51 Inciso I com nova redação que lhe ofereceu *Lei Complementar* nº 104/2001. Interessante observar que o Projeto de Lei Complementar pretendia impor profunda modificação nos requisitos para fruição da Imunidade. Não obstante, em sua redação final, restou modificado apenas o inciso I supra-referido.

recursos, na manutenção dos seus objetivos institucionais; e (III) manterem a escrituração de suas receitas e despesas em livros revestidos de formalidades capazes de assegurar sua exatidão.

Não obstante a preocupação da doutrina quase unânime[52], o Legislador Federal tem elaborado Leis Ordinárias restringindo, de modo manifestamente abusivo e inconstitucional, o campo de incidência da Imunidade Tributária das entidades de educação e assistência social.

Exemplos claros são as Leis nº 9532/97 e a Lei nº 9732/98, que alterou dispositivos da Lei nº 8212/91.

As regras infraconstitucionais ordinárias estabelecem diversos requisitos outros que não os previstos no art. 14 do CTN, *objetivando diminuir o albergue imunizante das respectivas entidades*.

O que se deve ter me mente é que a imunidade concedida a estas entidades tem por objetivo garantir que as mesmas continuem desenvolvendo uma *atividade complementar* à atividade do Estado. Sim, pois o Estado não tem condições suficientes para prestar, com eficiência, os serviços de educação, saúde e assistência social, necessitando que a atividade privada o complemente e ampare neste momento.

A diminuição do campo de incidência da imunidade das entidades de educação e de assistência social, que vem sendo operada por meio de Leis Ordinárias, padece de inconstitucionalidade tanto formal (instrumento legislativo inadequado), quanto material (posto que totalmente distante dos Princípios

---

52 Entendimento contrário tem Ricardo Lobo Torres, que apesar de entender necessária a presença dos requisitos para o gozo da imunidade em Lei Complementar, entende cabível a edição de Lei Ordinária para a regulação de outros requisitos necessários à fruição da imunidade, não considerando inconstitucional, por exemplo, a Lei nº 9532/97, que será infra-analisada, e que estabelece diversos outros requisitos para a fruição da imunidade.

Constitucionais que fundamentam as imunidades tributárias – a proteção dos Direitos Humanos).

Infelizmente, o Supremo Tribunal Federal, em sede de Ação Direta de Inconstitucionalidade intentada contra a Lei nº 9532/97[53], não concedeu *in totum* a medida liminar pleiteada, para declarar a inconstitucionalidade dos dispositivos que introduzem outros requisitos para a fruição da imunidade que não os previstos no art. 14, do CTN, acolhendo-a apenas parcialmente.

Já na ADin ajuizada contra a Lei nº 9732/98[54], a liminar foi totalmente deferida.

Entendo, assim, inconstitucionais as Leis Ordinárias que fixam requisitos para a fruição da imunidade tributária das entidades de educação e assistência social.

Os únicos requisitos a serem exigidos das respectivas entidades, para incidência do albergue imunizante são:

— *Ausência de finalidade lucrativa* (art. 150, VI, c, da CF/88) : o que não significa que a entidade não possa cobrar pelos serviços educacionais ou assistenciais que presta, e que não possa ter lucro ou superávit ao final de um exercício. O que importa é que, apresentando lucro, não o distribua, bem como não o reverta em benefícios outros que não os seus fins institucionais[55,56].

— *A Imunidade atinge somente o patrimônio, a renda e os serviços relacionados com as finalidades essenciais da entidade* (art. 150, § 4º da Cf/88 e art. 14, § 2º, CTN): a interpretação deve ser ampla, ou seja, desde que as entidades não se afastem de suas *finalidades essenciais*, estarão

---

53 Adin nº 1802-3 – Min. Rel. Sepúlveda Pertence.
54 Adin nº 2028-5 –Min. Rel. Moreira Alves.
55 Neste sentido, Leandro Marins de Souza. Op. cit. p. 76.
56 Discorda deste entendimento o insigne Ricardo Lobo Torres, *de lege ferenda*, por entender que a gratuidade *deveria* ser requisito constitucional para a fruição da imunidade.

protegidas pela imunidade. Desde que sejam lícitas as atividades prestadas, e desde que revertam para os fins sociais, incide a regra imunizante. Assim, a renda decorrente de aluguel de um imóvel[57], da venda de produtos, ou da prestação de serviços não essenciais (ingresso de cinema ou estacionamento de automóveis[58]), desde que seja aplicada nas finalidades da instituição, é protegida contra impostos. É esta a posição do Supremo Tribunal Federal;

— *Não distribuição de renda ou patrimônio a qualquer título*: A pedra de toque, deste requisito, é a não distribuição de renda ou patrimônio aos sócios da entidade. A percepção de lucro, pela entidade, não é empecilho para a fruição da imunidade (*supra*). O que é *vedado* é a *distribuição de eventual lucro entre os sócios* da entidade. Deve-se, porém, interpretar o presente requisito com cautela. Não permite a legislação a distribuição de renda ou patrimônio da sociedade entre seus sócios enquanto estes atuem na *simples qualidade de sócio, ainda que na gerência da entidade*. Esta a atividade que deve ser benevolente, forma de cooperação do particular para com o Estado e toda a sociedade. Não obstante, se o sócio trabalha na entidade, em cargo que não de diretor, *exercendo a sua profissão* (ex.: médicos, psicólogos, professores, entre outros), *perfeitamente possível ser remunerado pelo trabalho que presta, como qualquer outra pessoa*, permanecendo a imunidade da entidade. Assim ensina Ives Gandra da Silva Martins, afirmando que "o art. 14 do CTN apenas proíbe que os dirigentes, enquanto dirigentes de uma instituição sem fins lucrativos que goza de imunidade tributária de impostos e contribuições sociais, percebam remuneração por seu trabalho de direção. A atuação profissio-

---

57 RE 210742/MG, Ac. da 1ª T. do STF, 14/12/01. RE 217233/RH, Ac. da 1ª T. do STF, 14/09/01.
58 STF, RE 116.188, 1ª T., 20/10/1990. Rel. Min. Sydney Sanches. STJ, Resp. 26424, 1ª T, 04/11/1992, Rel. Min, Garcia Vieira.

nal diversa da de dirigente, pode, à evidência, ser remunerada, visto que não é naquela condição de gestor da instituição, que a pessoa está recebendo, mas de exercício legítimo da profissão"[59].

— *Manterem escrituração de suas receitas e despesas em livros revestidos de formalidades capazes de assegurar sua exatidão.*

Estes os únicos requisitos a serem exigidos das entidades de educação e assistência social, para fruição da imunidade a impostos.

4.3.4 – Imunidade dos Livros, Jornais e Periódicos, e do Papel Destinado à sua Impressão

A imunidade dos Livros, Jornais e Periódicos, e do papel destinado à sua impressão, surgiu com a Constituição de 1946, como resposta às restrições impostas pelo Governo getulista à importação de papel para a impressão de livros e jornais, através do aumento desproporcional da carga tributária, em especial do imposto de importação.

A imunidade dos Livros, Jornais e Periódicos tem por fundamento proteger e efetivar direitos humanos de primeira geração, consagrados expressamente, em nossa Lei Maior, entre os quais: a *liberdade de manifestação do pensamento, a liberdade de expressão*, a liberdade de manifestação da atividade intelectual, artística, científica e literária independentemente de censura ou licença (art. 5º), a liberdade de aprender, ensinar, pesquisar e divulgar o pensamento, a arte e o saber (art. 206)[60].

---

[59] "Imunidade de Contribuições Sociais – requisitos Exclusivos da Lei Complementar – Inteligência do art. 195, §7º, da Constituição federal, à Luz da Jurisprudência da Suprema Corte. *Revista Dialética de Direito Tributário*, nº 40, p. 101.
[60] Surpreendentemente, assim não pensa Ricardo Lobo Torres. Op. cit.

Trata-se de instrumento de concretização do Estado Democrático de Direito, regime em que o pluralismo político, a crítica e a oposição são instrumentos essenciais. A Imunidade dos Livros é imprescindível para a disseminação da informação, da cultura e da educação, representando a proteção e efetivação das liberdades públicas, como instrumento de crescimento intelectual de todo o povo brasileiro.

O Supremo Tribunal Federal entende como verdadeira imunidade a dos Livros Jornais e Periódicos, vedando sua supressão ainda que pelo Poder Constituinte Derivado (Adin nº 939-DF – IPMF, já tantas vezes referida). Nesta oportunidade, o Min. Marco Aurélio asseverou, em seu voto, que a imunidade dos Livros tem por objetivo proteger a "liberdade de manifestação de pensamento, a liberdade de expressão intelectual e a liberdade de informação"[61].

---

p. 282: "(...) não é vera imunidade. (...). O seu fundamento, como adiante se verá, está na idéia de justiça ou de utilidade. Categoriza-se melhor, portanto, como *privilégio constitucional*, podendo em alguns casos, como no dos jornais, assumir o aspecto de *privilégio odioso*".

61 Interessante observar que o Supremo Tribunal Federal também entende imune de impostos os periódicos que não se destinam à disseminação da cultura, servindo apenas como meio de veiculação de informações objetivas, como, por exemplo, as listas telefônicas. Por mais de uma vez, o Pretório Excelso já se manifestou pela imunidade das listas telefônicas (inclusive sobre o ISS decorrente da publicidade que veicula), sob o argumento de que: "se a norma constitucional visou facilitar a confecção, edição e distribuição do livro, dos jornais e dos periódicos, imunizando-os aos tributos, assim como o próprio papel destinado a sua impressão, é de se entender que não estão excluídos da imunidade os periódicos que cuidam apenas e tão-somente de informações genéricas ou específicas, sem caráter noticioso, literário, poético ou filosófico, mas de inegável *utilidade pública*, como é o caso das listas telefônicas", no RE 101441, Ac. Pleno, Rel. Min. Sydney Sanches, 19/08/1988 – RTJ 126:216. Não se pode esquecer que a imunidade tributária consiste também em regra de delimitação de competência, razão pela qual está solenemente declarada a incompetência dos Entes Públicos em instituir impostos sobre os *periódicos, conceito que alcança, perfeitamente, as listas telefônicas*".

A imunidade dos livros, jornais e periódicos é objetiva, isto é, aplica-se às coisas, e não às pessoas que os produzem. Alcança, ainda, a publicidade veiculada nos objetos, imunizando-as do ISS, como forme de baratear o custo dos produtos[62].

São dois os aspectos mais polêmicos acerca da chamada Imunidade dos Livros: 1º — a extensão da Imunidade aos insumos de produção (papel, destinado à impressão); 2º — a questão de a Imunidade alcançar, ou não, os disquetes de computador e CD-ROM.

Confira-se a questão dos insumos. A Constituição Federal, seguindo as demais Constituições anteriores, manteve, em sua literalidade, a extensão da imunidade dos Livros apenas *ao papel destinado à sua impressão*.

Como já afirmado, a inclusão do papel destinado à impressão no rol dos bens imunes deve-se ao momento histórico — no caso, a Constituição de 1946, após o Estado Novo de Getúlio Vargas — e teve como objetivo imediato impedir que a incidência de impostos, em especial o imposto de importação, prejudicasse a importação de papel destinado à impressão de livros e jornais.

O que se deve perguntar é: — Será que em 1988 ainda havia a necessidade de se dar tal proteção ao papel, com o único propósito de proteger o papel de uma política fiscal que prejudicasse a produção literária e intelectual? Será que o objetivo do Constituinte não foi mesmo proteger o papel como *verdadeiro insumo* da cadeia de produção literária, com o *verdadeiro intuito de baratear o preço final destes produtos*, buscando garantir e efetivar as liberdades públicas de manifestação do pensamento e de expressão?

Sem dúvida alguma que esta última parece-me ser a exegese mais consentânea com os objetivos pretendidos pelo legislador constituinte em 1988. O que propugno, portanto, é que a inter-

---

62 Cf. Misabel Abreu Machado Derzi, *in* Aliomar Baleeiro, *Direito Tributário Brasileiro* atualizado por Misabel Abreu Machado Derzi, 11ª ed., Rio de janeiro : ed. Forense, 1999, p. 149.

pretação da Imunidade dos Livros seja elaborada de forma ampla, para abarcar da melhor e maior forma possível os direitos humanos por ela protegidos.

Assim, a expressão "e o papel destinado à sua impressão" revela maior interesse histórico (Constituição de 1946), que jurídico. Para que se alcance o verdadeiro sentido da norma, é mister que se entenda o papel como um dos insumos da cadeia de produção, razão pela qual deve a *imunidade ser estendida a todo e qualquer insumo utilizado diretamente na cadeia de produção literária*, para que reste totalmente protegido o direito à liberdade de expressão.

Entendimento diverso "gera efeitos contrários aos desígnios constitucionais, encarece a produção e falseia a concorrência. (...). 1 — ficará mais elevado o custo produtivo, e, conseqüentemente, o preço final do produto, limitando-se o direito da grande massa pobre dos leitores nacionais. 2 — elevando-se o custo produtivo, apenas as grandes empresas de impressão, economicamente mais poderosas, suportam e suportarão os ônus dos impostos (...)".

Hugo de Brito Machado também entende desta forma: "A imunidade do livro, jornal, periódico, e do papel destinado à sua impressão, há de ser entendida em seu sentido finalístico. E o objetivo da imunidade poderia ser frustrado se o legislador pudesse tributar quaisquer dos meios indispensáveis à produção dos objetos imunes. Assim, a imunidade, para ser efetiva, abrange todo o material necessário à confecção do livro, do jornal e do periódico. Não apenas o exemplar deste ou daquele, materialmente considerado, mas o conjunto. Por isto nenhum imposto pode incidir sobre qualquer insumo, ou mesmo sobre qualquer dos instrumentos, ou equipamentos, que sejam destinados *exclusivamente à produção destes objetos*"[63].

---

63 *Curso de Direito Tributário*. 8ª ed., São Paulo : Ed. Malheiros, p. 196. Cf., ainda, sobre o assunto: Oswaldo Othon de Pontes Saraiva Filho. *Revista dos tribunais – Cadernos de Direito Tributário e Finanças Públicas* – ano 4, nº 14 de 1996, p. 78.

Penso ser melhor, portanto, a interpretação ampla, que teria o *papel* como indicação exemplificativa da extensão da imunidade aos insumos.

O Supremo Tribunal Federal, por apertada maioria, já teve a oportunidade de julgar, em Recurso Extraordinário, e estabelecer que "O *Benefício constitucional alcança não só o papel destinado diretamente na confecção dos bens referidos, como também insumos nela consumidos como são os filmes e papéis fotográficos*"[64].

Em outras oportunidades, e contra o entendimento ora esposado porém, o Supremo negou direito aos contribuintes de não pagarem impostos sobre outros insumos que não papel, filmes e papéis fotográficos[65], como tinta e solução de fonte concentrada[66].

Em recente decisão, julgando, sob a modalidade monocrática, o RE nº 253.747-1, o eminente Ministro Celso de Melo deu parcial provimento a recurso de um contribuinte para fazer incidir o alcance da imunidade apenas em relação aos filmes fotográficos, negando-a aos demais insumos da produção.

Digno de se registrar, apenas, que a decisão do ilustre Min. Celso de Melo seguiu a orientação jurisprudencial do Supremo Tribunal Federal apenas em homenagem e respeito ao princípio da colegialidade (pois que se utilizou do art. 557, §§, do Código de Processo Civil, para julgar o RE). Isto porque o entendimento do Min. Celso de Melo também é pela exegese extensiva da imunidade. Confira-se, *verbis*:

---

64 RE 174476-6 – SP, Ac. Tribunal Pleno, Rel. Min. Francisco Resek, 26/09/96 (votação por maioria de seis votos a cinco).
65 RE 203859-SP, Ac. Tribunal Pleno, Rel. Min. Maurício Corrêa, DJ 24/08/01: "além do próprio papel de impressão, a imunidade tributária conferida aos livros, jornais e periódicos somente alcança o chamado papel fotográfico – filmes não impressionados".
66 RE 205622-RJ, Ac. 1ª T., 03/06/97, Rel. Min. Ilmar Galvão, RTJ 164: 1144.

"Ocorre, no entanto, que o Supremo Tribunal Federal, ao interpretar, restritivamente, o alcance da cláusula inscrita no art. 150, VI, *d*, da Carta Política firmou entendimento no sentido de que a garantia constitucional da imunidade tributária, tratando-se de insumos destinados à impressão de livros, jornais e periódicos, estende-se, exclusivamente, a materiais que se mostrem assimiláveis ao papel, abrangendo em conseqüência, para esse efeito, os filmes e papéis fotográficos (RTJ 167/988, Rel. p/ o acórdão Min. Marco Aurélio — RE 178.863, Rel. Min. Carlos Velloso — RE 289.370, Rel. Min. Moreira Alves, *v.g.*)

Essa diretriz jurisprudencial — de que respeitosamente divirjo, como já assinalei no início desta decisão — exclui, do alcance tutela da garantia constitucional a que alude o art. 150, VI, *d*, da Lei Fundamental, quaisquer outros insumos, embora referentes ao processo de composição, impressão e publicação de livros jornais e periódicos RE 203.124, Rel. Min. Nelson Jobim), tais como tintas (Ag 307.932 (AgRg), Rel. Min. Néri da Silveira – RE 265.025, Rel. Min. Moreira Alves), maquinário e peças necessários à produção (RE 195.576, Rel. Min Marco Aurélio – RE 203.267, Rel. p/ o acórdão Min. Maurício Corrêa – RRE 213.688, Rel. Min. Marco Aurélio), equipamentos a serem utilizados no parque gráfico (RE 215.798, Rel. Min. Ilmar Galvão), tiras plásticas (fios de polipropileno) para amarração de jornais (RE 208.638, Rel. Min. Sepúlveda Pertence – RE 220.154, Rel. Min. Octávio Gallotti) e produtos à base de solução alcalina, para acelerar o processo de secagem da tinta, viabilizando, desse modo, a pronta distribuição das publicações (RE204.234, Rel. p/ o acórdão, Min. Maurício Corrêa) (...).

Não obstante minha pessoal convicção em sentido contrário, que acolhe a exegese extensiva a propósito do tema em discussão, tal como exposta no julgamento do RE 203.859-

SP, em voto parcialmente vencido que nele proferi, devo ajustar o meu entendimento à diretriz jurisprudencial prevalecente nesta Suprema Corte em respeito e atenção ao princípio da colegialidade[67]".

O segundo aspecto a ser abordado sobre a imunidade dos livros diz respeito à revolução tecnológica, que transformou os livros feitos de papel, em pedaços de metal, a serem acessados através de leitura óptica. Refiro-me, aqui, aos disquetes e CD-ROMs de computador.

A questão é saber se a teoria das imunidades pode ser aplicada aos disquetes e CD-ROMs que veiculem informações literárias.

Hoje, por todos sabido, é cada vez maior a confecção de CD-ROMs em substituição de livros e periódicos. Quase todas as grandes revistas jurídicas especializadas já disponibilizam seu material em CD-ROM, assim como as editoras começam a fazê-lo.

A Ricardo Lobo Torres não parece que "a doutrina da imunidade possa se extrapolar com tal facilidade para o mundo dos livros e enciclopédias 'eletrônicos' (...): o 'livro eletrônico', comercializado sob a forma de CD-ROM, é um hipertexto que – lógica, operacional e finalisticamente – difere do texto impresso em livro de papel; há possibilidade de obtê-lo diretamente na rede de informática (...)"[68].

Não me parece correto, *data venia*, o entendimento do ilustre tributarista.

Como defendido durante todo o trabalho, a imunidade tributária deve ser interpretada em seu sentido teleológico, finalís-

---

67 In *Revista Dialética de Direito Tributário*. Vol. 86. Novembro. 2002. p. 212 a 214.

68 Op. cit., p. 303/304. Neste sentido, de que a imunidade não se aplica aos CD-ROMs: Oswaldo Othon de Pontes Saraiva Filho. "A Não-Extensão da Imunidade aos chamados Livros, Jornais e Periódicos eletrônicos. *Revisa Dialética de Direito Tributário* 33: 114, 1998.

tico, como instrumento de proteção e efetivação das Liberdades Públicas. O que se busca com a imunidade dos livros é proteger a liberdade de manifestação e de expressão, objetivando o desenvolvimento da cultura e da educação de nosso povo. Será que o livro eletrônico ou a revista eletrônica não são instrumentos de consagração destes direitos humanos? Não se prestam à disseminação da cultura, da educação e da liberdade de manifestação? O que se altera ao se ler um livro no papel, ou na tela de um computador? Não há qualquer diferença. E se assim não se entender, estará a imunidade dos livros condenada a morrer brevemente, pois que, em um futuro bem próximo, nossa sociedade, certamente, utilizará o computador como principal instrumento de acesso à educação e à cultura, restando cada vez menos espaços para os livros em papel.

A interpretação da Constituição não pode estacionar no tempo. Ao contrário, deve seguir o homem em todos os seus passos, sob pena de se tornar um simples pedaço de papel, a não mais servir sequer para a 'incidência de impostos'.

José Souto Maior Borges argumenta que "impedir a aplicação do (Imunidade) art. 150, VI, 'd', aos produtos de informática é condená-la a uma esclerose precoce – dado que tudo leva à conclusão de que ela deve aplicar-se também aos produtos novos, que coexistem com o livro e demandam o mesmo tratamento tributário".

Mais que óbvio que a imunidade deve alcançar os livros, jornais e periódicos veiculados em meio eletrônico.

Hugo de Brito Machado ainda vai mais longe, para ele "(...) a imunidade alcança todas as operações, tanto com disquetes virgens, como com os conteúdos destes. Os disquetes equivalem, para todos os efeitos, ao papel destinado à impressão dos livros, jornais e periódicos. Os conteúdos, sejam personalizados, ou os não personalizados, equivalem aos livros, jornais e periódicos"[69].

---

69 "Não-incidência, Imunidade e Isenções no ICMS". *Revista Dialética de Direito Tributário*, nº 18, p. 34.

Para Schubert de Farias Machado: "a hipótese de imunidade tributária prevista na letra *d*, do inciso IV, do art. 150 da Constituição Federal é direito essencial do cidadão e da sociedade, e visa assegurar a ampla liberdade de expressão do pensamento, nela figurando o *livro* apenas como veículo para o livre pensar, sendo irrelevante seu material e forma, abrangendo assim o chamado *livro* eletrônico"[70].

Como forma de proteger a liberdade de expressão, a liberdade de crítica, de informação, de expansão da cultura, a imunidade tributária deve ser aplicada aos *livros, jornais e periódicos produzidos sob a forma de CD-ROM*, em nada importando a ausência de papel em sua fabricação, posto que, para nós, não importa o recipiente, mas sim o seu conteúdo.

5 – Conclusão

A Imunidade Tributária apresenta-se como um dos mais importantes instrumentos do Sistema Tributário Nacional disciplinado em nossa Constituição Federal.

Mais que simples regra de delimitação de competência impositiva tributária, a Imunidade é instituto que visa garantir a fruição, no dia-a-dia, na vida prática das pessoas, dos direitos humanos consagrados histórica e constitucionalmente.

As Imunidades Tributárias propriamente ditas, consagradas no art. 150, VI, *a, b, c, d*, da Constituição Federal, representam Cláusulas Pétreas de nossa Carta Magna, não podendo ser tocadas nem mesmo pelo Poder Constituinte Derivado, interpretação máxima albergada pelo Pretório Excelso, que lhe reconhece o devido *status* de princípio protetivo das Liberdades Públicas Individuais.

Imperioso, portanto, que todos, e em especial os Poderes Constituídos, reconheçam o valor, a importância e a relevância

---

[70] Em excelente artigo sobre o tema, intitulado "Imunidade do Livro em CD-ROM". *Revista Dialética de Direito Tributário*, nº 78, p. 96.

dos Princípios Imunizantes Constitucionais, para que estes possam, efetivamente, alcançar e servir o desiderato que lhes foi imposto pelo Legislador Constituinte Originário, qual seja: *instrumentos de garantia e efetivação dos direitos humanos*.

Bibliografia

BALEEIRO, Aliomar. *Direito Tributário Brasileiro* atualizado por Misabel Abreu Machado Derzi, 11ª ed., Rio de janeiro : ed. Forense, 1999.

BASTOS, Celso Ribeiro e MARTINS, Ives Gandra da Silva. *Comentários à Constituição do Brasil*, 1ª ed., 1990, São Paulo : Ed. Saraiva, vol. VI, Tomo I.

CARRAZA, Roque Antônio. *Curso de Direito Constitucional Tributário*, São Paulo: Ed. Malheiros, 1998.

CARVALHO, Paulo de Barros. *Curso de Direito Tributário*, 11ª ed., São Paulo: Ed. Saraiva, 1999.

MACHADO, Hugo de Brito. *Curso de Direito Tributário*, 18ª ed., São Paulo: Ed. Malheiros, 2000.

_____. Não-incidência, Imunidade e Isenções no ICMS. *Revista Dialética de Direito Tributário*, nº 18 : São Paulo.

MACHADO, Schubert de Farias. Imunidade do Livro em CD-ROM". *Revista Dialética de Direito Tributário*, nº 78 : são Paulo.

MARINS, Leandro de Souza. *Imunidade Tributária Entidades de Educação & Assistência Social*, Curitiba : ed. Juruá, 2001.

MARINS, James. Imunidade tributária das instituições de educação e assistência social. *Grandes Questões Atuais de Direito Tributário* (Coord. Valdir de Oliveira Rocha), 3º volume, São Paulo : ed. Dialética, 1999.

MARTINS, Ives Gandra da Silva. Imunidade de Contribuições Sociais – Requisitos Exclusivos da Lei Complementar – Inteligência do art. 195, §7º, da Constituição federal, à Luz da

Jurisprudência da Suprema Corte. *Revista Dialética de Direito Tributário*, n° 40 : São Paulo.

MORAES, Bernardo Ribeiro de. A imunidade tributária e seus novos aspectos. *Revista Dialética de Direito Tributário* n° 34, São Paulo : Revista Dialética.

MELO, José Eduardo Soares de. *Curso de Direito Tributário* São Paulo: Ed. Dialética, 1997.

NOGUEIRA, Ruy Barbosa. *Curso de Direito Tributário*, 15ª ed., São Paulo: Ed. Saraiva, 1999.

SARAIVA FILHO, Oswaldo Othon de Pontes. "A Não-Extensão da Imunidade aos chamados Livros, Jornais e Periódicos eletrônicos. *Revista Dialética de Direito Tributário*, n 33 : São Paulo.

TORRES, Ricardo Lobo. *Tratado de Direito Constitucional Financeiro e Tributário*, Vol. III, Os Direitos Humanos e a Tributação: Imunidades e Isonomia, Rio de Janeiro : Renovar, 1999.

Mecanismos para promoção da isonomia entre licitantes sujeitos a alíquotas distintas do ICMS e do ISS

Luiz Fernando Bandeira[1]

1. Introdução — 2. Caracterização do problema — 3. Colisões entre princípios e objetivos norteadores dos processos licitatórios — 3.1. O princípio da isonomia e sua positivação na Lei 8.666/93 — 3.2. Isonomia x autonomia dos entes federados — 3.3. A questão da compra pelo menor preço confrontada com os efeitos da tributação ficta — 4. ICMS e ISS: os impostos mais afeitos à diferença de alíquota — 4.1. O ICMS interestadual- histórico de sua regulamentação e a LC 87/96 — 4.1.1. Reflexos da normativa constitucional de 88 aplicada às licitações — 4.2. O problema do ISS — 5. Uma proposta para corrigir o problema — 5.1. Uma questão preliminar: a aritmética aplicável — 5.1.1. Quando a alíquota divergente for maior — 5.1.2. Outras metodologias aplicáveis — 5.2. Possível redação para a nova Lei de Licitações — 5.3. O texto para um eventual decreto — 5.4. A previsão no instrumento convocatório — 6. À guisa de conclusão — 7. Bibliografia citada

---

[1] Mestre em Direito pela Universidade Federal do Pará. Pós-graduado em Direito Civil e Direito Processual Civil pela Fundação Getulio Vargas. Advogado. Procurador do Estado do Pará.

1. Introdução

A oportunidade do presente texto deriva da discussão que se avizinha, no Congresso Nacional, da nova lei de licitações e contratos administrativos, cujo anteprojeto, já elaborado pelo Executivo e submetido a consulta pública, deve demonstrar uma maior preocupação do legislador com a aplicação ao procedimento licitatório dos princípios constitucionais e dos direitos fundamentais.

Se for possível estabelecer uma hierarquização entre os direitos fundamentais num Estado[2] democrático, um dos mais basilares é o direito à isonomia. Isonomia na aplicação das normas jurídicas, na disponibilização de oportunidades, nas relações do Estado com seus cidadãos.

O Estado, muito embora diminuído após a onda desestatizante acarretada pelo neoliberalismo, continua a ser um dos principais mecanismos propulsores do mercado, especialmente com seus gastos, que, seja ao adquirir gêneros alimentícios para a execução de programas sociais, seja ao contratar obras viárias, injetam vultosos recursos na economia, com a conseqüente geração de emprego e renda.

Tendo essa realidade em vista, necessário se faz garantir a isonomia nos processos licitatórios que irão definir aqueles que contratarão com o Poder Público a fim de que a igualdade de condições seja ampla e irrestrita.

Se em determinados contratos administrativos prescinde-se de uma isonomia mais rigorosa quanto às oportunidades de ser escolhido para contratar com a Administração Pública, às vezes em virtude de uma circunstância emergencial, outras vezes, em função de uma alta especificidade do serviço técnico contrata-

---

2 Por opção metodológica, tratar-se-ão sempre as unidades federadas denominadas estados com inicial em minúscula, ao passo que será reservada a forma Estado para o nacional, dotado de personalidade de Direito Público Internacional. Também para simplificar a leitura, quando forem feitas referências aos estados, serão as mesmas extensivas ao Distrito Federal, exceto quando expressamente ressalvado.

do, aliado à existência de poucos profissionais habilitados a operá-lo, o certo é que na grande maioria dos processos licitatórios a participação é aberta a uma ampla gama de eventuais interessados que, uma vez demonstrando sua capacidade de contratar com o Poder Público (através do procedimento da habilitação) oferecerão suas propostas para que a Administração avalie qual a mais interessante.

É justamente na elaboração deste juízo valorativo que se propõe um novo paradigma de isonomia, quando se tratar de licitação na modalidade menor preço. A melhor técnica abrange toda uma série de outras questões que não estão no escopo deste trabalho.

Assim, o que aqui se tentará demonstrar é que, dadas determinadas circunstâncias doravante identificadas, o próprio Estado (aqui considerado a reunião de todas as suas pessoas políticas de direito público — União, Estados, Distrito Federal e Municípios[3]) pode distorcer realidades que prejudiquem ou favoreçam injustificadamente determinados licitantes.

É o que ocorre quando um determinado licitante, geralmente por estar sediado em uma outra unidade da federação, submete-se a uma diferente carga tributária, o que acabará afetando seu preço final inevitavelmente.

Configura-se delimitado, portanto, o tema a ser trabalhado em seguida: propõe-se uma forma de, identificada a quebra à igualdade entre os licitantes em virtude de diferentes cargas tributárias aplicáveis a algum ou alguns deles, restabelecer a isonomia através de um processo ao qual chamaremos "tributação ficta".

2. Caracterização do problema

O Brasil, como é de conhecimento notório, organiza-se internamente no sistema de unidades federadas, dotadas de auto-

---

3 Cf. KELSEN, Hans. *Teoria Geral do Direito e do Estado*. São Paulo: Martins Fontes, 1995, p. 309.

nomia dentro das normas gerais traçadas pela União, pessoa jurídica distinta e (ao menos supostamente) congregadora dos interesses coletivos das unidades (que não são mera soma dos individuais).

No que tange à definição de alíquotas de tributos, os estados e o Distrito Federal estão adstritos à resolução do Senado Federal que determina a alíquota do ICMS interestadual (Res. SF 02/89), por força do art. 155, § 2º, IV da CF/88, assim como poderão estar sujeitos às definições de alíquotas internas mínima e máxima a serem estabelecidas, facultativamente, pelo Senado Federal, na forma do art. 155, § 2º, V também da Carta Magna.

Quanto aos Municípios, a Constituição apenas prevê a fixação de teto referente à alíquota máxima do ISS, por meio de lei complementar, de acordo com o art. 156, § 3º, I (com redação determinada pela Emenda Constitucional 3/93).

Ou seja, ainda que o Senado Federal defina que a alíquota do ICMS incidente sobre operações internas, por exemplo, poderá ser de até 20%, caberá aos estados e ao Distrito Federal situá-la no ponto que entenderem mais confortável para suas finanças enquanto órgãos arrecadadores e para o desenvolvimento da economia interna, de forma a não inibir o desenvolvimento e o comércio dentro de suas fronteiras.

Tome-se então o caso de Pernambuco, que tem alíquota de 17%, e o de São Paulo, que opera com alíquota de 18%. Os estabelecimentos comerciais paulistas são taxados de forma mais onerosa que os pernambucanos. Quando uma empresa pernambucana, por exemplo, vende uma mercadoria para um consumidor paulista pelo mesmo preço que o estabelecimento local, estará tendo uma margem de lucro maior e, alternativamente, poderá baixar em 1% seu preço de venda a fim de ampliar sua clientela.

Não se cogite aqui de que nestes casos aplicar-se-á a alíquota interestadual uniforme de 12% determinada pela Resolução 02/89 do Senado Federal, pois ela só diz respeito a vendas efetuadas para contribuintes daquele imposto, conforme será explicado em capítulo específico mais adiante. Quando a venda se dá para consumidores diretos ou para pessoas não-contribuintes do imposto, a alíquota a ser aplicada é a interna de cada estado, na forma do art. 155, § 2º, VII e VIII da CF/88.

No caso apresentado, a diferença foi de apenas 1%. Mas deve ser recordado que, devido à autonomia dos estados-membros para fixar as suas alíquotas, determinados produtos podem receber incentivos que verdadeiramente criarão uma disparidade desleal quando competirem no mercado com produtos oriundos de outras localidades.

Trabalhemos com uma hipótese. Admita-se que Pernambuco queira incentivar seu mercado têxtil e para isso baixe para 5% as alíquotas do ICMS para roupas produzidas no estado. Se os produtores da indústria têxtil pernambucana quiserem vender no mesmo mercado paulista, terão uma brutal diferença de custo da ordem de 13%.

Esses mecanismos existem dentro de qualquer sistema federativo, onde as diferentes unidades, visando a atrair investimentos ou a gerar empregos e divisas, operam os instrumentos tributários de forma a atingir os fins cominados.

Não há mal algum nisso, desde que a chamada "guerra fiscal" não seja levada além dos limites da razoabilidade e restrinja-se a setores considerados estratégicos na política desenvolvimentista de cada unidade federada.

Qual, entretanto, deve ser a postura das diversas unidades da Administração Pública frente a este comportamento? Imagine-se que a Secretaria de Educação da Prefeitura de São Paulo desejasse adquirir fardamento escolar para os alunos da rede pública de ensino e, no processo licitatório, os licitantes pernambucanos adquirissem visível vantagem em função dos benefícios fiscais já referidos? Deve a Administração Pública paulistana ceder à lei do menor preço ou utilizar mecanismos tendentes a atenuar a diferença acarretada por diferentes políticas tributárias?

Está-se diante de um caso em que o tributo, cuja função é a de buscar distribuir a riqueza e gerar homogeneidade, adquire feição inversa, quebrando a cadeia isonômica desejável.

Não é o caso de se argumentar que, na hipótese apresentada, a diferença ocasionada busca um fim de homogeneização mediato, que é o equilíbrio das indústrias paulista e pernambucana. Esse argumento é falacioso, porque em verdade os estados mais ricos também podem utilizar-se dos mesmos instrumentos e, em verdade, são até os que têm mais condições de fazê-lo, em virtude de poder compensar mais facilmente uma renúncia fiscal com outros setores de uma economia mais pujante.

O que se busca aqui é propor um sistema de equalização em processos licitatórios, fundamentado na melhor doutrina, que elimine os impactos oriundos das práticas retromencionadas, o que julgamos conveniente já que está em pleno curso no país um novo projeto de legislação licitatória.

3. Colisões entre princípios e objetivos norteadores dos processos licitatórios

Na abordagem que será feita neste trabalho, princípios e objetivos do processo licitatório estarão em rota de colisão: de um lado, o princípio da ampla competitividade, que abre possibilidade de participação no certame a qualquer pessoa física ou jurídica que preencha as condições de habilitação; de outro, o objetivo ou finalidade de obter-se a melhor compra para o Estado, que orienta o procedimento licitatório no sentido de buscar sempre adquirir o produto ou serviço pelo menor preço. A balizar os dois, teremos o princípio da isonomia ou igualdade entre os licitantes, que busca eliminar condições que beneficiem um em detrimento de outro ou vice-versa.

Se deve o agente público ter em mente buscar a maior afluência de licitantes possível, deve tomar medidas que a torne viável, rejeitando circunstâncias que efetivamente afastem concorrentes do certame licitatório. É exatamente o caso de estabelecer um sistema de freios aos eventuais subsídios dados por meio de alíquotas tributárias mais graciosas a alguns licitantes.

Por outro lado, a busca da melhor compra para o Estado tende a simplificar sempre a análise das propostas, indicando, dentre aquelas habilitadas, a de menor preço. Mas será que esta compra atingiria os fins desejáveis pelo Estado? Estaria ele adotando uma postura isonômica, conforme desejado? A isonomia em verdade torna-se argumento de ambos os lados: aquele prejudicado por uma eventual política tributária predatória pode requerer uma postura isonômica para equiparar as realidades; de modo inverso, aquele que se beneficia do processo pode exigir que o procedimento licitatório em si seja isonômico, desprezando elementos estranhos à sua essência, e tendo como reforço a este seu argumento forte respaldo legal, como veremos adiante.

3.1. O princípio da isonomia e sua positivação na Lei 8.666/93

O princípio da isonomia é erigido na Lei de Licitações ao patamar mais elevado, confundindo-se mesmo com um dos fins daquela, segundo a redação de seu art. 3º, *caput* e § 1º, I:

"Art. 3º. A licitação destina-se a garantir a observância do princípio constitucional da isonomia e a selecionar a proposta mais vantajosa para a Administração e será processada e julgada em estrita conformidade com os princípios básicos da legalidade, da impessoalidade, da moralidade, da igualdade, da publicidade, da probidade administrativa, da vinculação ao instrumento convocatório, do julgamento objetivo e dos que lhe são correlatos.
§ 1º. É vedado aos agentes públicos:
I — admitir, prever, incluir ou tolerar, nos atos de convocação, cláusulas ou condições que comprometam, restrinjam ou frustrem o seu caráter competitivo e estabeleçam preferências ou distinções em razão da naturalidade, da sede ou domicílio dos licitantes ou de qualquer outra circunstância impertinente ou irrelevante para o específico objeto do contrato;"

Perceba-se que, para a efetivação do princípio da isonomia, entendeu por bem o legislador proibir distinções em função da naturalidade, sede ou domicílio do licitante. Isso significa que licitantes de diferentes unidades da federação deverão submeter-se às mesmas regras, sob pena de nulidade do edital convocatório. A lei, entretanto, não se refere aos casos em que uma eventual diferenciação preexistisse ao edital convocatório, hipótese em que, conseqüentemente, impor uma necessária igualdade de condições em verdade significaria manter aquelas distorções.

A preocupação do legislador ao confeccionar o supracitado inciso foi o de evitar que os órgãos da Administração favorecessem desarrazoadamente seus conterrâneos, por assim dizer, de forma a manter os recursos em sua circunscrição.

O fato é que uma hermenêutica literal necessariamente afastaria qualquer mecanismo de abrandamento das distorções que aqui nos propomos a tentar solucionar. Como criar distintos critérios se a lei expressamente os proíbe?

É o conflito hierárquico entre princípios e regras[4], devendo aqueles sempre prevalecer, enquanto idéia organizadora do sistema jurídico. O debate sobre o método isonômico e sua implantação não é novo e podemos vê-lo implantado em diversas searas. Não consiste em necessariamente tratar igualmente os desiguais; pode, antes, buscar igualá-los, mesmo que à custa de normas que os distingam. A isonomia processual, por exemplo, vê-se parcialmente derrogada na Justiça do Trabalho em função desta idéia.

Lapidar o ensinamento de Celso Antônio Bandeira de Mello quando afirma que "o que o princípio da igualdade/isonomia

---

4 Aqui se utilizou o conceito de regra de Dworkin (cf. DWORKIN, Ronald. *Taking Rigths Seriously*. 7ª reimp., London: Duckworth, 1994, pp. 71-80.), que é espécie, juntamente com os princípios, do gênero norma. Tal posição também é abraçada por Alexy (cf. ALEXY, Robert. *Teoria de Los Derechos Fundamentales*. Madrid: Centro de Estudios Constitucionales, 1997, pp. 86-115.)

interdita é que se desequiparem situações sem que exista uma justificativa racional prestante embasando a relação entre o fator de discrímene e o tratamento discrepante a elas atribuído"[5].
Nos parece que a isonomia não se pode limitar ao processo. Ela deve pautar-se na essência. De nada adianta uma isonomia formal, procedimental, com uma desigualdade a corroer-lhe as entranhas.

A matéria foi muito bem tratada por John Rawls[6], quando demonstrou que a justiça puramente procedimental deve encontrar sua aplicação naqueles casos em que não se tem um critério independente do que seria justo[7]. Em outras palavras, quando não é possível definir de forma prévia e independente do caso específico em análise o que seria justo, a única forma de atingir-se um resultado aceitável é através do desenvolvimento de um procedimento rigorosamente de acordo com normas preestabelecidas, que irá legitimar a decisão meramente por ter sido seguido à risca.

Rawls cita como exemplo os jogos de azar, muito embora possamos estender este raciocínio a qualquer espécie de jogo. Antes de iniciar-se a partida, não se pode afirmar quem deve ser o vencedor. Tal afirmação somente será possível após seguir-se o procedimento da partida, atendendo rigorosamente às regras pré-definidas. O atendimento às regras, sem trapaças ou interpretações tendenciosas, é que conferirá legitimidade ao resultado. Este é um exemplo de justiça puramente procedimental.

Não é do que se trata esta abordagem. Aqui, sabemos o que é justo: partindo-se dum ideal de igualdade entre os licitantes,

---

5 BANDEIRA DE MELLO, Celso Antônio. "Parecer". *In: Revista de Direito Administrativo*. Rio de Janeiro: Renovar — FGV, v. 222, out./dez. de 2000, p. 314. Para maior profundidade, poderá ser consultado, do mesmo autor, O *conteúdo jurídico do princípio da igualdade*, RT, 1978

6 RAWLS, John. *A Theory of Justice*. Oxford: Oxford University Press, 1990. cap. II.

7 Idem, Ibidem, p. 86.

deverá ser vencedor aquele que oferecer os bens ou serviços à Administração pela menor contraprestação. Este é um juízo apriorístico, independentemente de quem participará ou de como se processará o certame licitatório. Ocorre que, muito embora exista um critério independente para estabelecer qual o resultado justo, o procedimento para apurá-lo pode eventualmente apresentar falhas. É o que Rawls chamou de justiça procedimental imperfeita[8].

É exatamente para evitar que o procedimento inviabilize a busca do resultado sabidamente justo (em virtude de não garantir o ponto de partida da igualdade entre os licitantes) que se impõe a idéia da tributação ficta. Adaptar-se-á o procedimento a fim de atender ao critério de justiça previamente estabelecido.

No caso que estamos trabalhando, é o próprio Estado — aqui considerado hipoteticamente uma unidade coletiva apenas dividida para fins gerenciais — quem sedimenta as diferenças. Onde está a isonomia se dois licitantes de custo de produção primário[9] idêntico participam de uma licitação, onde muito embora o licitante A, mesmo oferecendo-se a contratar com margem de lucro de 10%, terá um preço final superior ao licitante B, que operará com margem de 15%, simplesmente porque B paga menos tributos sobre seus produtos/serviços em seu domicílio fiscal? Se enxergarmos o Estado como um todo, é a própria

---

8 *Idem, Ibidem,p. 85*. A justiça procedimental perfeita seria aquela em que, além de haver um critério independente do que seria justo, ainda existiria um procedimento livre de falhas, dados determinados pressupostos. O autor cita o exemplo da divisão de uma torta, em que o responsável pela divisão será o último a escolher. Ali, sabe-se que o justo é que todos ganhem fatias iguais, e o que fizer a divisão trabalhará neste sentido sob pena de restar-lhe o menor pedaço. O autor reconhece, todavia, que a aplicação prática deste tipo de justiça é limitada.

9 Aqui trabalhamos com o conceito de custo de produção primário como sendo aquele intrínseco ao bem ou serviço, equivalente à soma dos recursos gastos com a obtenção da matéria-prima, pagamento de mão-de-obra e custeio de infra-estrutura, anteriormente à tributação.

Administração quem está concedendo aquela vantagem operacional a B e por isso mesmo cabe a ela contrabalançá-la quando for utilizar o preço como critério para suas próprias contratações.

Entendemos, assim, que se o Estado, em sua unidade gerencial autônoma constituída por uma outra pessoa de direito público, entende necessário subsidiar determinada atividade em sua circunscrição, esse subsídio já será efetivo no mercado convencional, que não se rege por ideais igualitários, mas por suas próprias e bem conhecidas leis. O Poder Público não pode ter a mesma postura, sob pena de sacrificar duplamente o licitante que não gozar de tais benefícios, o que consistiria nitidamente, no dizer de Ricardo Lobo Torres, privilégio odioso em favor dos demais licitantes.[10]

Assim, deve-se interpretar o mandamento legal do art. 3º, § 1º, I da Lei 8.666/93 dentro dos limites de sua *intentio legis*, sopesando sua aplicação de acordo com a realidade fática, buscando uma isonomia de forma mais completa — e mais teleológica — que a simplista maneira encontrada pelo legislador. De fato, o princípio da isonomia orienta um feixe de direitos subjetivos do contribuinte, constituindo verdadeiro direito fundamental, compondo o que se poderia chamar de Estatuto Mínimo do Contribuinte[11] e em face dele devem ser interpretadas as demais normas de direito positivo.

---

10 "Privilégio odioso é a autolimitação do poder fiscal, por meio da Constituição ou da lei formal, consistente na permissão, destituída de razoabilidade, para que alguém deixe de pagar os tributos que incidem genericamente sobre todos os contribuintes ou receba, com alguns poucos, benefícios inextensíveis aos demais." Cf. TORRES, Ricardo Lobo. *Tratado de Direito Constitucional Financeiro e Tributário*. V. III — Os Direitos Humanos e a Tributação: Imunidades e Isonomia. Rio de Janeiro: Renovar, 1999, p. 351.

11 Sobre o assunto, conferir SCAFF, Fernando Facury. "O Estatuto Mínimo do Contribuinte". *Anuário dos Cursos de Pós-Graduação em Direito*. nº 11, Recife: UFPE — Faculdade de Direito do Recife, 2000, p. 89.

Ainda que essa argumentação não prevalecesse, ou seja, não se entendesse que fosse possível derrogar expresso mandamento legal quando em confronto interno com princípios, acreditamos ser ainda plenamente autorizada uma outra hermenêutica da citada norma legal, que advoga no mesmo sentido em que hora nos posicionamos.

A bem da verdade, aplicar um procedimento de equiparação de eventuais distorções tributárias, como já defendido, não é uma distinção que tenha por base a naturalidade, a sede ou o domicílio dos licitantes. Não é a condição de ser um licitante do Amapá, por exemplo, que determinará ou não a aplicação de critério diverso de julgamento da proposta de preços. A questão de fundo é a tributação a que estará sujeito o licitante em sua localidade de origem, pouco importando se é ou não a sede do órgão, se é ou não um estado vizinho ou algum distanciado por milhares de quilômetros.

A localidade, sede ou domicílio do licitante é mera questão acessória. O critério no qual se fundamentará qualquer procedimento da Comissão de Licitação tendente a dirimir as distorções do sistema tributário em determinado caso encontrará respaldo em outro fundamento, que é a diferença na taxação, que terá em seu contexto uma diferença de localidade, mas que não será em nada decisiva para a questão, não se aplicando a este caso, portanto, o mandamento do art. 3º, § 1º, I da Lei 8.666/93.

3.2. Isonomia x autonomia dos entes federados

Uma questão cuja discussão se impõe é a da autonomia dos entes federados para estabelecer suas políticas tributárias. Os conflitos aqui trabalhados surgirão somente quando houver licitantes de diferentes estados ou, no mínimo, de diferentes municípios. Tentar-se-á equilibrar as situações tributárias de cada um para fins de produzir um cenário mais isonômico entre os licitantes. Surge então uma pergunta imediata: não estaria um estado (ou um município), ao anular incentivos tributários concedidos por outro a um determinado setor de sua indústria, por exemplo, interferindo em sua autonomia, aplicando-se também o mesmo raciocínio quando fosse a União, direta ou indiretamente, o órgão licitante?

Sabe-se que a forma federativa de Estado pressupõe uma autonomia dos entes federados, desde que haja uma necessária adequação da normativa estadual à Constituição Federal[12].

Muito embora possam os estados promulgar suas próprias constituições, não serão admissíveis choques entre estas e a Carta Magna da União, especialmente em relação aos elementos fundamentais e principiológicos desta, conforme nos ensina o prof. Pinto Ferreira[13]. No dizer do constitucionalista José Afonso da Silva[14], a autonomia estadual deve ser compreendida como o "governo próprio dentro do círculo de competências traçadas pela Constituição Federal".

Ora, a Constituição Federal, em seu art. 37, inciso XXI, estabelece que:

"Art. 37. (...)
XXI — Ressalvados os casos especificados na legislação, as obras, serviços, compras e alienações serão contratados mediante processo de licitação pública que assegure igualdade de condições a todos os concorrentes, com cláusulas que estabeleçam obrigações de pagamento, mantidas as condições efetivas da proposta, nos termos da lei, a qual somente permitirá as exigências de qualificação técnica e econômica indispensáveis à garantia do cumprimento das obrigações."

---

12 DALLARI, Dalmo. *Elementos de Teoria Geral do Estado.* 19ª ed. São Paulo: Saraiva, p. 218.
13 FERREIRA, Pinto. *Curso de Direito Constitucional.* 11ª ed. São Paulo: Saraiva, 2001, p. 245.
14 SILVA, José Afonso da. *Curso de Direito Constitucional Positivo.* 10ª ed. São Paulo: Malheiros, 1995, p. 102.

Percebe-se, então, que a igualdade de condições entre os concorrentes é mandamento constitucional, de forma que a recusa da Administração em modificar a situação de fato quando existirem desigualdades é inconstitucional. Da mesma forma, resta inadmissível ao estado-membro sustentar a sua política de benefícios fiscais em procedimentos licitatórios, sob pena de infringir a supramencionada norma.

Não se trata de intervencionismo federal sobre a esfera de competência estadual, mas sim de verdadeira delimitação da feição do regime licitatório feito por meio do instrumento hábil, qual seja, a Constituição Federal. Como denuncia o prof. Paulo Bonavides[15], este tipo de limitação à autonomia estadual não tarda a gerar inflamados protestos dos defensores de uma ultrapassada teoria federativa, distante da realidade contemporânea.

O que ocorre é uma limitação, um recorte na autonomia do estado-membro. Muito embora ele possa estabelecer sua política tributária, não poderá sustentá-la quando dessa política advierem nefastos efeitos que venham a resvalar em procedimentos licitatórios.

Além disso, por ter em mente que a Federação implica uma atitude de cooperação entre os estados-membros, ainda que no exercício de sua autonomia, os estados e municípios não podem interferir na relação de seus congêneres com o meio privado. Poder-se-ia até admitir que, na abrangência territorial de um determinado estado ou município fossem permitidas algumas espécies de benefícios fiscais, mas desde que não afetassem a relação de outros estados ou municípios com as empresas privadas[16].

Vamos à análise de um caso hipotético. Imagine-se que o estado de Pernambuco decida adquirir novas viaturas para aparelhar sua Polícia Militar. Habilitam-se à licitação para venda

---

15 BONAVIDES, Paulo. *Teoria Geral do Estado*. 3ª ed., 2ª tiragem. São Paulo: Malheiros, 1999, p. 81.
16 Cf. HORTA, Raul Machado. *A autonomia do Estado-Membro no direito constitucional brasileiro*. Belo Horizonte: UFMG, 1964, p. 67.

direta a Volkswagen, cuja fábrica de automóveis situa-se na região do ABC paulista, e a Ford, que venderá os carros produzidos na sua unidade fabril situada na Bahia, onde goza de fortes incentivos fiscais concedidos pelo governo local, entre eles a isenção do ICMS. Conseqüentemente, a Volkswagen já partiria com uma pesada diferença de custo da ordem de 20% que, mesmo comprimindo ao máximo sua margem de lucro, acabaria de certo por mostrar-se insuperável.

Desta forma, a política fiscal baiana interferiu diretamente na aquisição de veículos promovida pelo governo pernambucano, além de ter atrapalhado através de uma concorrência desleal a produção no estado paulista.[17]

Este seria um caso por excelência para aplicação da por nós denominada "tributação ficta", através da qual seria acrescido à proposta da empresa beneficiária de isenção fiscal o valor da alíquota que seria incidente caso ela estivesse sujeita à mesma tributação da empresa paulista. Se mesmo após a adição da alíquota fictícia esta empresa continuasse com a melhor proposta, ela seria vencedora do processo licitatório, devendo, por óbvio, sua mercadoria ser comprada com base no preço originalmente ofertado; no entanto, se a outra empresa, após a operação sugerida, resultar ganhadora do certame, deverá ser a escolhida, sendo remunerada também pelo preço oferecido. O processo da tributação ficta apenas serviria para comparar as propostas, mas não as alteraria para fins de contratação.

A reação natural do leitor é pensar: no segundo caso, ou seja, quando a licitante cuja proposta original seja mais cara em virtude da maior incidência de imposto, e após o processo da tribu-

---

17 A referência ao mencionado exemplo, acompanhada deste evidente juízo de valor, não tem qualquer conotação política ou regionalista específica, até mesmo porque quase todos os estados brasileiros vêm hodiernamente concedendo privilégios fiscais às indústrias sediadas em seu território. Qualquer julgamento axiológico expressado neste trabalho pelo autor tem como ponto de referência unicamente a quebra da isonomia no processo licitatório em virtude dos problemas aqui estudados.

tação ficta saia vencedora, a Administração na prática estará pagando "mais caro" para obter um bem que poderia conseguir por "menor preço" comprando à outra licitante. É isso que será abordado em seguida.

3.3. A questão da compra pelo menor preço confrontada com os efeitos da tributação ficta

É de praxe pensar-se que o principal objetivo da licitação é possibilitar à Administração Pública a aquisição dos bens ou serviços pelo menor preço. Muito embora isso seja desejável, não é uma finalidade inexorável.

A opção pelo menor preço, em verdade, é diversas vezes mitigada pela própria Lei 8.666/93, que estabelece inclusive modalidades de licitação específicas nas quais o preço terá peso menor ou mesmo irrelevante no julgamento das propostas. São as licitações de técnica e preço e as de melhor técnica[18].

A necessidade desta flexibilidade quanto à escolha pelo menor preço é óbvia, pois de forma contrária o procedimento inclusive prescindiria de uma comissão licitante: um autômato mais evoluído conduziria perfeitamente o processo, que se restringiria a verificar as condições de habilitação e posteriormente a comparar os preços.

Deve existir, como existe de fato, também uma preocupação com outros fatores, como o da qualidade. Nem sempre compra melhor quem compra mais barato. Assim, existem na Lei de Licitações permissivos para que se opte por melhores propostas técnicas, ainda que por elas seja exigível um preço maior.

---

18 Sobre o assunto, conferir: MEIRELLES, Hely Lopes. *Licitações e Contratos Administrativos*. 6ª ed. São Paulo: Malheiros, 1998, pp. 48-55 e JUSTEN FILHO, Marçal. *Comentários à Lei de Licitações e Contratos Administrativos*. 4ª ed, São Paulo: Dialética, 1999, pp. 132-149.

O próprio procedimento de habilitação visa a exigir um mínimo de qualidade dos licitantes, que se presume atrelado à sua idoneidade jurídica e fiscal e saúde financeira. Sem dúvida, possivelmente empresas que são declaradas inabilitadas para participar de processos licitatórios dia após dia ofereceriam preços menores, dos quais a Administração sequer toma conhecimento, devolvendo ao licitante, ainda lacrados, os envelopes com as propostas.

Mas nossa discussão aqui não está necessariamente ligada à qualidade dos produtos ou serviços a serem adquiridos, mas à isonomia entre os licitantes. A digressão anterior foi proposta apenas para mostrar que a busca pelo menor preço pode — e em algumas circunstâncias deve — ser relativizada.

Como já foi demonstrado anteriormente, o princípio da isonomia é um dos principais — se não o principal, juntamente ao da legalidade — a reger os processos licitatórios. O que temos em mãos é o confronto entre um princípio e um objetivo, desejável, por certo, mas diversas vezes relativizado, como demonstrado.

O argumento da melhor compra para a Administração, portanto, não pode prosperar. Seria a aplicação, no direito administrativo, da idéia do "fim que justifica os meios", o que seria inadmissível.

Ademais, não é verdade que o Estado (novamente considerado uma entidade única, independentemente de suas divisões gerenciais) esteja sendo financeiramente prejudicado com a opção realizada após feitas as devidas correções através da tributação ficta. Veja-se, a propósito, uma demonstração com valores hipotéticos:

Proposta A:
Preço oferecido: R$ 1.000,00
Alíquota ICMS: 0%
Custo do bem para o Estado: R$ 1.000,00
Proposta B:
Preço oferecido: R$ 1.100,00
Alíquota de ICMS: 17%
Custo para o Estado: (1.100,00 — 187,00) = R$ 913,00

Como se percebe, em face da reversão de parte do preço ao próprio Estado a título de imposto (independentemente da unidade administrativa que o estiver recebendo), o custo real do produto ou serviço será menor que na hipótese em que um dos licitantes apenas apresentava o menor preço em virtude de gozar de uma situação fiscal mais favorável. Esta relação sempre será verdadeira, independentemente dos valores oferecidos, quando a operação da tributação ficta alterar o resultado da licitação.

Resta provado, portanto, que mesmo que fosse imperiosa a necessidade de adquirir a mercadoria ou serviço sempre pelo menor preço — o que já se demonstrou não ser verdade —, esse maior custo para o Estado seria meramente aparente, devendo ser realizada a operação da tributação ficta exatamente para retirar esta aparência enganadora.

4. ICMS e ISS: os impostos mais afeitos à diferença de alíquota

Para o trabalho aqui proposto, é de fundamental importância a análise, ainda que perfunctória em virtude das dimensões deste trabalho, da estrutura de funcionamento do ICMS e do ISS, em virtude de suas próprias naturezas.

Os impostos federais, por mandamento constitucional insculpido no art. 151, I, devem ter sua incidência uniforme em todo o território nacional, de forma que dificilmente encontraríamos situações díspares entre licitantes no tocante a eles.

Em relação aos demais impostos estaduais (tais como o IPVA e a transmissão *causa mortis*) e municipais (a exemplo do IPTU e da transmissão *inter vivos*), suas hipóteses de incidências não se dão sobre o objeto da licitação (ao menos não diretamente). Assim, a menos que se deseje partir para uma especulação de abstração indesejável, não há que se considerarem os reflexos indiretos desses tributos sobre as propostas dos licitantes.

Já o ICMS e o ISS afetam diretamente o preço do bem ou serviço licitado, com efeitos imediatos. Em relação a eles, é possível com relativa facilidade mensurar e comparar os efeitos de distintas políticas tributárias dos estados ou municípios onde estiverem situados os domicílios fiscais dos licitantes.

4.1. O ICMS interestadual — histórico de sua regulamentação e a LC 87/96

A polêmica envolvendo as alíquotas interestaduais não é nova, e já na vigência do regime constitucional anterior mostrava-se capaz de gerar problemas. Conforme nos relata o prof. Hugo de Brito Machado[19], os estados adotavam a conduta de aplicar as alíquotas interestaduais de acordo com o perfil tributário dos adquirentes de mercadorias ou serviços em outra unidade da Federação. Se fosse contribuinte do ICMS, aplicar-se-ia a alíquota interestadual; caso contrário, seria utilizada a alíquota interna, pois era negada a este segundo tipo de operação a natureza de interestadual.

O Supremo Tribunal Federal, em julgamento que acabou por consolidar-se na Súmula nº 569[20], entendeu ser inconstitucional esta prática, determinando que deveria ser levada em consideração a finalidade da operação (revenda ou consumo/incorporação). Tal determinação, no entanto, restou desatendida pelos estados, através da celebração de convênios à época. Argumentavam os estados que não podiam taxar de acordo com a alegada finalidade da operação, pois muitas vezes consumidores de outros estados, a fim de se beneficiarem da alíquota interestadual mais reduzida, alegavam que a mercadoria destinava-se

---

19 MACHADO, Hugo de Brito. *Aspectos Fundamentais do ICMS*. 2ª ed. São Paulo: Dialética, 1999, pp. 99 — 102.

20 "É inconstitucional a discriminação das alíquotas do Imposto de Circulação de Mercadorias nas operações interestaduais, em razão de o destinatário ser, ou não, contribuinte."

para incorporação ao ativo fixo. Como os Fiscos dos estados vendedores não tinham como exercer fiscalização sobre as empresas compradoras, a única solução era repartir a receita com o Fisco local, na hipótese de ser o comprador contribuinte do ICMS, ou cobrar-lhe logo a alíquota interna, na hipótese de não o ser[21].

Os estados acabaram por ver seu desejo consubstanciado na alteração formulada no art.23, § 5º da Carta da época, por meio da Emenda Constitucional 23/83. Na Carta de 1988, a mesma disposição foi mantida, desta vez no art. 155, § 2º, VII e VIII.

Os citados dispositivos encontram-se redigidos da seguinte forma:

"Art. 155. Compete aos Estados e ao Distrito Federal instituir impostos sobre:
(...)
II — operações relativas à circulação de mercadorias e sobre prestações de serviços de transportes interestadual e intermunicipal e de comunicação, ainda que as operações se iniciem no exterior;
(...)
§ 2º O imposto previsto no inciso II atenderá ao seguinte:
(...)
VII — em relação às operações e prestações que destinem bens e serviços a consumidor final localizado em outro Estado, adotar-se-á:
a) a alíquota interestadual, quando o destinatário for contribuinte do imposto;
b) a alíquota interna, quando o destinatário não for contribuinte dele;
VIII — na hipótese da alínea *a* do inciso anterior, caberá ao Estado da localização do destinatário o imposto correspondente à diferença entre a alíquota interna e a interestadual;"

---

21 MACHADO, Hugo de Brito. *Aspectos Fundamentais do ICMS*. 2ª ed. São Paulo: Dialética, 1999, p. 100.

4.1.1. Reflexos da normativa constitucional de 88 aplicada às licitações

Após conhecer a disposição dada à matéria pela CF/88, percebe-se que a forma escolhida pelo constituinte na verdade traz dois problemas à isonomia dos processos licitatórios: o primeiro, quando a uma mesma licitação atenderem licitantes de diferentes estados, nos quais as alíquotas internas para o objeto licitado forem diversas; e o segundo, quando o órgão promotor da licitação for ele próprio contribuinte do ICMS.

Na primeira hipótese, a ambos os licitantes aplicar-se-ia a alíquota interna de seus respectivos estados e então ter-se-ia a quebra de isonomia no momento em que estas alíquotas fossem diversas, pois um licitante estaria suportando uma carga tributária, digamos, de 7%, enquanto o outro pagaria, por exemplo, 17%.

Na segunda hipótese, ocorrida quando o próprio órgão licitante for contribuinte do ICMS (como é o caso, por exemplo, de sociedades de economia mista como a Petrobras), o licitante que estivesse sediado em outra unidade da federação pagaria a alíquota interestadual[22], enquanto aquele que estivesse situado no mesmo estado arcaria com o pagamento da alíquota interna, que deverá sempre ser superior àquela, conforme nos ensina Gustavo Cavalcanti Costa[23].

Para os estados este geralmente é um mau negócio, pois quando as empresas sediadas em seu território prejudicam-se, em última análise são os próprios estados que sofrem os reflexos deste fato, em virtude de serem tais empresas os próprios contribuintes do imposto a ser recolhido. Se a empresa vencedora da licitação é de outro estado, será aquela outra entidade pública que recolherá o tributo, o que faria com que as divisas terminassem por sair da unidade federativa. Há inclusive registro de

---

22 Cf. CARRAZZA, Roque Antônio. *ICMS*. 8ª ed. São Paulo: Malheiros, 2002, p. 332.
23 COSTA, Gustavo de Freitas Cavalcanti. *Federalismo & ICMS*. Curitiba: Juruá, 2001, p. 139.

diversas empresas que, interessadas em beneficiar-se das eventuais diferenças de alíquotas existentes em relação aos produtos que comercializavam, abriam filiais fantasmas em outro estado para de lá simplesmente emitirem as notas fiscais e com isso conseguir às vezes até 10% ou 15% a mais sobre os valores comercializados[24].

Cientes desta realidade, diversos estados editaram decretos regulamentando o critério de julgamento das propostas de preço de forma a anular as desigualdades detectadas, como foi o caso de Pernambuco, no Decreto 19.690/97. No entanto, a maciça concessão de liminares em mandados de segurança[25] suspendendo a aplicação dos dispositivos do referido decreto demonstra que o Judiciário, ao menos no caso pernambucano, ainda entende que, a despeito de todo o demonstrado, seria necessária a edição de lei para regular a matéria. Partindo deste dado informado pela *práxis* jurídica é que traçaremos sugestão legislativa para solucionar o problema apresentado.

4.2. O problema do ISS

O ISS apresenta-se menos problemático que o ICMS, em virtude de não haver em seu contexto discussão em relação à

---

24 RESENDE, Fernando. O *Processo da Reforma Tributária*. In: Seminário sobre Federalismo Fiscal, Bahia: Ministério da Fazenda, CONFAZ e ESAF, 1995, pp. 9-10.

25 Apenas como exemplo meramente ilustrativo da realidade pernambucana, conferir os autos do mandado de segurança 001.2002.010418-0, que tramita(ou) perante a 8ª Vara da Fazenda Pública da Capital. Com entendimento contrário, temos os mandados de segurança 001.2002.010417-1, 001.2002.015039-4 e 001.2002.008637-8, todos da 1ª Vara da Fazenda Pública da Capital, onde foram indeferidas as liminares requeridas, muito embora tenham sido tais decisões posteriormente reformadas pelo TJ-PE, em sede dos agravos de instrumento 83463-3 (rel. des. Joaquim de Castro) e 83324-7 (rel. des. Etério Galvão).

compensação dos créditos ou à "intermunicipalidade" dos serviços. O Superior Tribunal de Justiça, para evitar fraudes, tem decidido que é competente para cobrar o ISS o município da localidade onde ocorre o fato gerador, ou seja, o município onde é prestado o serviço[26].

Assim, para efeitos do nosso estudo, como quase sempre os serviços serão prestados em determinado município segundo o interesse do órgão da Administração Pública, independentemente da sede do licitante, a alíquota do imposto será na mesma freqüência igual para todos.

Haverá casos, entretanto, em que o serviço será realizado na sede da empresa licitante, hipótese em que seria competente para a arrecadação do tributo o município onde a mesma estiver situada. Assim, abre-se margem para eventuais diferenças de alíquotas entre os licitantes, o que geraria a mesma situação de desigualdade já abordada anteriormente.

Aqui, como alhures, dever-se-á adotar o procedimento da tributação ficta, pelas mesmas razões demonstradas.

Ressalte-se, no entanto, que a probabilidade de isto vir a acontecer será reduzida, em virtude da relativa uniformização das alíquotas do imposto municipal em 5%, teto outrora definido pelo Ato Complementar 34/67[27]. Muito embora o Supremo Tribunal Federal já tenha decidido que este limite não se aplica na ordem constitucional vigente, poucos são os municípios que decidiram extrapolá-lo.

5. Uma proposta para corrigir o problema

Após discorrer sobre o tema, uma noção mais clara da situação se apresenta, envolvendo os elementos legais e principiológicos pertinentes à questão.

---

26 Cf. MACHADO, Hugo de Brito. *Curso de Direito Tributário*. 14ª ed. São Paulo: Malheiros, 1998, p. 302.
27 Exceto para a execução de obras hidráulicas e construção civil, limitadas a 2% e jogos e diversões públicas, cujo teto foi definido em até 10%.

O que nos cabe aqui é esboçar, na medida do possível, uma proposta que sirva como sugestão à elaboração da nova Lei de Licitações e Contratos Administrativos que será discutida brevemente pelo Congresso Nacional, como também ao administrador público na redação dos editais licitatórios.

5.1. Uma questão preliminar: a aritmética aplicável

Antes de tratar da forma como será propriamente regulada a tributação ficta adiante sugerida, faz-se necessária uma abordagem matemática preliminar[28]. Isto porque se um licitante cuja alíquota do ICMS for de 10% e outro de 15%, e quisermos igualar os efeitos da taxação para ambos, não se tratará simplesmente de aumentar em 5% o preço de venda sugerido pelo primeiro.

Vejamos: o que se quer é atingir, através do procedimento de tributação ficta, um valor do preço de venda que seria equivalente ao ofertado pelo licitante favorecido por benefícios fiscais na hipótese de ele estar sujeito à mesma alíquota que os demais. Ou seja, se o licitante ofereceu um preço X, pagando sobre ele 10% a título de imposto, restando para si após a tributação devida o valor Y, deseja-se obter o valor hipotético Z que, sujeito à alíquota regular (igual a dos demais licitantes), que no nosso exemplo é de 15%, resulte o mesmo valor Y líquido[29].

Vamos a um exemplo prático para tentar esclarecer o problema: imagine-se uma licitação cujo objeto seja a aquisição de

---

28 Ao leitor que se assustar com uma "questão preliminar" levantada a esta altura do trabalho, ressalte-se que ela não é preliminar ao tema como um todo, mas tão-somente à apresentação da proposta trazida neste item 5.

29 A este valor Y atribui-se a nomenclatura de "resultado primário", ou seja, o valor obtido, faturado, após o pagamento dos tributos. Apenas a título de esclarecimento, se deste "resultado primário" subtrairmos o "custo primário" conceituado na nota 8, teremos como resultado o lucro obtido naquela venda ou prestação de serviço.

suprimentos de informática no estado de Minas Gerais, onde a alíquota do ICMS incidente sobre tais produtos fosse de 17%. Digamos que a esta licitação, além de dois licitantes mineiros, atendeu uma empresa pernambucana, onde a alíquota interna sobre este tipo de produto é de 7%. Imaginemos que tivéssemos as seguintes propostas de preço:
Empresa A (MG — alíq. 17%): R$ 12.200,00
Empresa B (MG — alíq. 17%): R$ 13.150,00
Empresa C (PE — alíq. 7%): R$ 11.000,00

Se simplesmente aplicássemos ao preço final da empresa pernambucana os 10% de diferença no ICMS, atingiríamos o preço final de R$ 12.100,00, o que a manteria em primeiro lugar. Observe-se, entretanto, que o resultado primário, ou seja, o valor líquido que resta para a empresa após o pagamento do imposto, foi alterado:
1ª situação: 11.000,00 — 7% = 10.230,00
2ª situação: 12.100,00 — 17% = 10.043,00

Ou seja, a operação matemática não foi correta, pois se a empresa estivesse sujeita à tributação de 17%, para que tivesse o resultado primário de R$ 10.230,00, necessitaria vender seu produto por mais de R$ 12.100,00, pois esta quantia sob a tributação de 17% rendeu-lhe apenas R$ 10.043,00.

Na verdade, a fórmula a ser aplicada é um pouco mais complexa, mas nada que não possa ser calculado por qualquer planilha de cálculo existente nos principais pacotes de *software* de escritório à venda no mercado.

Como foge um pouco ao escopo jurídico deste trabalho, será evitada aqui a demonstração da obtenção da fórmula[30], que pode ser traduzida em notação matemática por:

---

[30] Os interessados, entretanto, poderão verificá-la no *site* pessoal do autor, no endereço: http://www.lfband.com.br/academia/demo-tribficta-isonomia.pdf

$$P_{final} = \frac{P_{oferecido} \times \left(1 - \frac{A_{origem}}{100}\right)}{1 - \frac{A_{destino}}{100}}$$

Onde:

§P_{final} é o preço que deverá ser levado em consideração para fins de comparação com os preços oferecidos pelos demais licitantes;
§$P_{oferecido}$ é aquele que consta na proposta do licitante cuja alíquota tributária diverge da dos demais;
§A_{origem} é a alíquota aplicável na localidade de origem do licitante, diversa da dos demais;
§$A_{destino}$ é a alíquota aplicável na localidade sede da licitação.

Assim, no exemplo dado, a fórmula sugerida apresentar-se-ia da seguinte forma:

$$P_{final} = \frac{11.000 \times \left(1 - \frac{7}{100}\right)}{1 - \frac{17}{100}} \therefore \frac{11.000 \times 0,93}{0,83} \therefore 12.325,30$$

E verificamos que, de fato:
12.325,30 — 17% = 10.230,00

5.1.1. Quando a alíquota divergente for maior

Conforme já nos posicionamos anteriormente, possui direito a uma tributação isonômica não só o licitante do mesmo estado do órgão promotor da licitação que se sinta prejudicado por eventuais benefícios fiscais concedidos a licitantes de outras unidades da federação, mas também o licitante "de fora", cujo estado de origem aplique taxação mais pesada que os demais.

Nesse caso, também, a fórmula apresentada funcionaria sem necessidade de alteração de seus termos.

5.1.2. Outras metodologias aplicáveis

Obviamente, existem outras metodologias aplicáveis e justamente por isso entendemos que deva ser deixado para o edital regular a matéria, eis que de acordo com algumas circunstâncias próprias de cada licitação, um ou outro meio possa ser mais adequado.

Ao desenvolver este trabalho, tivemos acesso a alguns editais que previam como forma para proceder ao julgamento das propostas de preço sujeitas a diferentes alíquotas tributárias simplesmente a subtração do percentual do ICMS do preço total oferecido, o que nos levaria ao já referido resultado primário.

O único problema é que, para que essa metodologia sirva para efeitos de comparação, deverá ser aplicada sobre os preços de todos os licitantes. A fórmula apresentada no item 5.1 será mais útil quando forem menos os licitantes com alíquotas divergentes, de forma a evitar um excessivo trabalho de cálculos.

5.2. Possível redação para a nova Lei de Licitações

Certamente, a aplicação da metodologia da tributação ficta aqui proposta pode alterar o julgamento de diversas licitações, prejudicando eventualmente interesses daqueles beneficiados por alíquotas mais favoráveis. Assim, para que fosse evitada a excessiva interposição de mandados de segurança[31] contra os

---

31 Vide nota nº 25 retro, por ocasião de explanação no item 3.1.1.

atos das Comissões de Licitação, seria sem dúvida desejável a existência de expressa previsão legal a endossá-los, muito embora tais procedimentos sejam possíveis, como já demonstrado, apenas com base nos princípios gerais do direito licitatório.

Por outro lado, também seria aconselhável a edição de texto legal para vincular a própria Administração Pública, pois conforme discutido no item 3.3, a aplicação da tributação ficta pode levar a uma falsa impressão de que a Administração estaria adquirindo "mais caro" os bens ou serviços licitados após a aplicação do procedimento aqui sugerido. Assim, para evitar que os próprios órgãos administrativos evitassem prever a tributação ficta nos editais convocatórios, a imposição legal conferindo expressamente o direito subjetivo aos licitantes mostrar-se-ia desejável.

Não se faria necessário, entretanto, descer a meandros da regulamentação que neste trabalho será proposta, de forma que ao texto legal poderia perfeitamente caber apenas a previsão da majoração dos preços eventualmente beneficiados por alíquotas reduzidas. Uma dicção possível para a norma legal seria:

> *"Art. (xx). O instrumento convocatório deverá conter previsão para aplicar-se operação aritmética tendente a equilibrar as condições dos licitantes, na hipótese de incidirem diferentes alíquotas tributárias sobre os valores dos produtos ou serviços oferecidos por algum ou alguns dos licitantes em relação aos demais."*

Da forma como está proposto, o artigo de lei geraria uma previsão a ser incluída nos editais — que poderia muito bem ser padronizada — gerando a obrigação tendente a proteger a isonomia entre os licitantes. Deixaria em aberto, no entanto, para que cada Administração escolhesse a forma mais adequada para efetivar a obrigação aqui colocada, deixando à regulamentação infralegal o detalhamento da questão.

5.3. O texto para um eventual decreto

Na hipótese do artigo de lei ser regulamentado em nível federal, estadual ou municipal, deve-se cogitar de um maior detalhamento, que poderia adotar a seguinte forma:

"*Art. (xx). Para os fins de que trata o art. (xx) da Lei (xx/xx), o instrumento convocatório da licitação, ao descrever cada item objeto do certame, deverá indicar, ao lado do preço máximo admitido para cada item, se for o caso, a alíquota interna do ICMS incidente.*
Parágrafo único. Na hipótese de algum item não estar sujeito à tributação pelo ICMS, mas sim pelo ISS, e caso sua prestação não ocorra em local a ser determinado pela Administração Pública, deverá ser expressa a alíquota do ISS vigente no município onde estiver localizado o órgão licitante."

5.4. A previsão no instrumento convocatório

Será no edital ou carta-convite que os detalhes deverão ser esmiuçados, de forma a regular a forma exata como deverão ser julgadas as propostas de preço. Aqui será essencial exigir do licitante que declare, para cada produto, a alíquota do ICMS ou ISS aplicável, respondendo penal e administrativamente por eventuais condutas danosas ao processo licitatório, caso faça declarações divergentes da realidade para fins de beneficiar-se da metodologia aplicada.

Com esses dados, a Comissão de Licitação poderá verificar se ocorre, em relação a um ou mais licitantes, diferença de alíquota tributária, a ser dirimida através da fórmula aqui apresentada ou de alguma outra, para efeitos de comparação de preços, na forma prevista pelo instrumento convocatório.

O edital pode preferir poupar trabalho à Comissão Licitante e determinar que os licitantes já ofereçam os preços para cada item desmembrados em preço base, valor do ICMS/ISS e preço final, tornando mais imediata a comparação. Recomendamos a observância do item 5.1.2 deste trabalho na escolha da metodologia a ser aplicada.

6. À guisa de conclusão

O que se buscou neste trabalho não foi apresentar um tema completamente inédito à discussão jurídica. Muito embora o sistema da tributação ficta, ou qualquer coisa que a ele se assemelhe, seja relativamente pouco usado nas licitações nacionais atualmente, é comum utilizar-se um arremedo de sistema de equivalência quando se trata de licitações internacionais, seguindo o que determina o art. 42, § 4º da Lei 8.666/93.

Pretendeu-se com este trabalho demonstrar, de uma forma sistematizada, a necessidade de equilibrar as diferentes situações tributárias em que se enquadrem licitantes de diversos estados ou municípios, especialmente porque não se pode confundir a dinâmica das compras protagonizadas pelos particulares no mercado livre com as compras realizadas pelo Estado.

É neste diapasão que podemos elencar, como conclusões deste trabalho, as seguintes assertivas:

1) Não se pode conceber a busca da compra pelo menor preço como um princípio das licitações no Brasil, mas apenas como objetivo. Como tal, deverá ser compatibilizado com as exigências de condições isonômicas no processo licitatório;

2) A isonomia não poderá se limitar ao processo, mas deverá adentrar na realidade ínsita das relações do Estado com o licitante;

3) Se é o próprio Estado (concebido como entidade una) que onera mais um licitante, favorecendo outro, caberá também a ele, com fins de promover a isonomia nos seus processos licitatórios, corrigir as disparidades;

4) Ao corrigir estas disparidades, entretanto, dentro de algumas circunstâncias, será possível que a Administração Pública seja levada a contratar com um licitante que ofereça em sua

proposta um preço numericamente maior, muito embora isto não signifique que o dispêndio do Estado (naquela concepção una) seja maior;

5) Tais circunstâncias em que isso poderá ocorrer não estarão, entretanto, inseridas num juízo de discricionariedade do administrador público, devendo estar necessariamente autorizadas pelo sistema jurídico;

6) O sistema jurídico atualmente vigente no Brasil já autoriza que a Comissão de Licitação promova operações aritméticas sobre os preços oferecidos visando ao equilíbrio das condições de tributação incidentes sobre cada um dos licitantes, ao que denominamos tributação ficta;

7) A despeito disso, é desejável que o legislador regulamente, expressamente, a forma como a tributação ficta deverá ser operada, até mesmo para obrigar os administradores públicos a implementá-la em suas licitações;

8) Essa regulamentação deve ser efetivada em diferentes níveis de especificidade, partindo das determinações gerais contidas no diploma legislativo, regulamentado por eventuais decretos, que serão concretizados, já num nível bem mais detalhado, por ocasião do instrumento convocatório;

9) Deve-se atentar sempre para peculiaridades matemáticas na hora de promover a equalização das propostas de preço, independentemente da metodologia adotada, a fim de evitar a criação de novas distorções.

Assim, e especialmente no contexto de uma revisão da lei de licitações brasileira, é que este trabalho busca a efetiva implementação da isonomia entre os particulares nas suas relações com o Estado.

O que deve se ter em mente é a finalidade da tributação, que é promover a igualdade, e não acentuar as desigualdades eventualmente já existentes. O mecanismo da tributação ficta aqui sugerido, ou qualquer outro que se prefira utilizar, desde que leve aos mesmos fins, irá efetivar o direito fundamental à isonomia, que de forma alguma pode ser ignorado pelo Estado ao exercer sua competência tributária, especialmente no âmbito das licitações.

7. Bibliografia citada

BANDEIRA DE MELLO, Celso Antônio. "Parecer". *Revista de Direito Administrativo*. Rio de Janeiro: Renovar — FGV, v. 222, out./dez. de 2000.

___. *O conteúdo jurídico do princípio da igualdade*. São Paulo: RT, 1978.

BONAVIDES, Paulo. *Teoria Geral do Estado*. 3ª ed., São Paulo: Malheiros, 1999.

CARRAZZA, Roque Antônio. *ICMS*. 8ª ed., São Paulo: Malheiros, 2002.

COSTA, Gustavo de Freitas Cavalcanti. *Federalismo & ICMS*. Curitiba: Juruá, 2001.

DALLARI, Dalmo. *Elementos de Teoria Geral do Estado*. 19ª ed., São Paulo: Saraiva.

FERREIRA, Pinto. *Curso de Direito Constitucional*. 11ª ed., São Paulo: Saraiva, 2001.

HORTA, Raul Machado. *A autonomia do Estado-Membro no direito constitucional brasileiro*. Belo Horizonte: UFMG, 1964.

JUSTEN FILHO, Marçal. *Comentários à Lei de Licitações e Contratos Administrativos*. 4ª ed., São Paulo: Dialética, 1999.

KELSEN, Hans. *Teoria Geral do Direito e do Estado*. São Paulo: Martins Fontes, 1995.

MACHADO, Hugo de Brito. *Aspectos Fundamentais do ICMS*. 2ª ed., São Paulo: Dialética, 1999.

___. *Curso de Direito Tributário*. 14ª ed., São Paulo: Malheiros, 1998.

MELO, José Soares de. *ICMS — Teoria e Prática*. 3ª ed., São Paulo: Dialética, 1998.

MEIRELLES, Hely Lopes. *Licitações e Contratos Administrativos*. 6ª ed., São Paulo: Malheiros, 1998.

RAWLS, John. *A Theory of Justice*. Oxford: Oxford University Press, *1990*.

RESENDE, Fernando. O *Processo da Reforma Tributária*. In: Seminário sobre Federalismo Fiscal, Bahia: Ministério da Fazenda, CONFAZ e ESAF, 1995, pp. 1-16.

SCAFF, Fernando Facury. O *Estatuto Mínimo do Contribuinte*. *Anuário dos Cursos de Pós-Graduação em Direito*. nº 11, Recife: UFPE — Faculdade de Direito do Recife, 2000, pp. 75-105.

SILVA, José Afonso da. *Curso de Direito Constitucional Positivo*. 10ª ed., São Paulo: Malheiros, 1995.

TORRES, Ricardo Lobo. *Tratado de Direito Constitucional Financeiro e Tributário*. v.3. Rio de Janeiro: Renovar, 1999

O direito humano ao desenvolvimento e o princípio tributário da capacidade contributiva

Jean Carlos Dias[1]

Sumário: 1. Introdução. 2. O problema conceitual. 3. A densidade jurídica dos direitos humanos. 4. O direito ao desenvolvimento como direito humano. 5. O direito fundamental da capacidade contributiva como manifestação do direito humano ao desenvolvimento. 6. Conclusões. 7. Referências Bibliográficas.

1. Introdução e colocação do problema

Os direitos humanos, cada vez mais, são reconhecidos pelas ordens jurídicas nacionais, que estão se tornando permeáveis à construção desse conjunto de garantias inerentes ao ser humano no âmbito internacional.

---

1 Advogado. Doutorando e Mestre pela Universidade Federal do Pará. Professor e Coordenador da pós-graduação em Direito do Centro Universitário do Pará — CESUPA e da Faculdade de Macapá — FAMA.

O conteúdo de tais direitos tem sido investigado e há um franco reconhecimento, na comunidade internacional, de que todos os Estado devem buscar sua observância, instituindo, sob este aspecto uma dogmática humanista global.

Os direitos considerados humanos estão, por sua vez, sendo ampliados, formando um leque cada vez mais amplo, à medida que a própria evolução das sociedades determina essa expansão.

Esses direitos também merecem grande reflexão porque, ao mesmo tempo que se apresentam como prescrições que sublimam o âmbito local, exigem uma explicação quanto aos seus fundamentos de obrigatoriedade extrapolando o âmbito das nacionalidades.

Em certo sentido, buscar a coercitividade, ou melhor, o fundamento da coercitividade de tais direitos é investigar o próprio sentido e valor do *status* humano no mundo jurídico.

De outro ponto de vista é preciso reconhecer que o Direito não é construído por dados exclusivamente jurídicos, no sentido de que outras forças provindas de diversas áreas do conhecimento o informam, influenciam e condicionam.

Nesse sentido, é preciso identificar se é possível a formulação de um conjunto político de prescrições gerais que devam ser observadas como decorrência natural da existência humana. E mais que isso, é preciso construir uma argumentação suficientemente capaz de justificar essa possível coercibilidade, isto porque como bem anota Hart: "que muitas medidas visando coibir a desobediência à lei se mostram inócuas, ou frustrantes, porque a obediência pretendida é difícil ou impossível."[2]. Nessa direção há necessidade de uma ampla justificação que seja apta a tornar sua observância possível e tanto quanto isso desejável.

Nessa direção, o presente estudo pretende, dentro de suas limitações, perscrutar acerca dos direitos humanos, e mais espe-

---

[2] Hart, Herbet L. A. *Direito, Liberdade, Moralidade*. P. 77. Porto Alegre: Fabris. 1987.

cificamente ao reconhecimento do direito ao desenvolvimento como sendo dessa categoria.

É evidente que, no evoluir do tema, será preciso desafiar o próprio conceito de desenvolvimento, e para tanto será necessário entender o conceito do ponto de vista das diversas correntes da teoria econômica quanto a esse fenômeno, ainda que em caráter superficial.

Reconhecida a caracterização desse direito como humano (ou fundamental), nosso esforço será em demonstrar que esse conteúdo pode e deve ser invocado como informador e delimitador de um princípio tributário de fundo constitucional: a capacidade contributiva.

Ficará patente no curso da leitura que muitos conceitos e idéias precisaram ser revistos e reposicionados a fim de permitir o encadeamento lógico de nosso estudo.

Evidentemente, a maioria das possíveis refutações não foram consideradas e não tomamos isso por necessário, uma vez que não podemos afirmar a existência científica de uma teoria geral dos direitos humanos, que tenha por fundamento a definição de princípios e objetos específicos construídos epistemologicamente.

De todo o modo, segue a ressalva de que se trata de um tema fronteiriço e de vanguarda no conjunto dos novos conhecimentos jurídicos, e sem dúvida alguma sujeito a múltiplas abordagens construtivas, revelando, assim, a sua natureza eminentemente zetética.

2. O problema conceitual

Os direitos denominados humanos ainda sofrem uma certa imprecisão terminológica. Há, ainda, na doutrina uma relevante e insolvida discussão quanto à sua perfeita conceituação e real alcance.

É importante, de início, ter em vista que os direitos humanos possuem definições diversas em função do prisma que se emprega para estudá-los. Dependendo da formação e, até certo ponto, das opções ideológicas e sociológicas do pesquisador, teremos conceituações sensivelmente diversas.

Não parece haver nesse campo um consenso acerca da real densidade jurídica desses direitos. É preciso reconhecer que os mesmos têm uma construção histórica extremamente importante, mas que nem por isso é suficientemente ampla para abranger o conteúdo jurídico que se poderia esperar reconhecer.

De modo fundamental é preciso compreender que os direitos humanos vêm sofrendo uma ampla revolução conceitual exatamente a partir da busca da expressão de seu conteúdo em relação ao direito político.

No momento em que o Estado se vê obrigado a reconhecer uma determinada área de proteção dos direitos dos indivíduos, começa a surgir uma nova concepção de direito não ligada estritamente à patrimonialidade, nem ao aspecto material da vida individual, mas a um outro conjunto de valores e interesses transcendentes.

A transcendência desses direitos decorre de valores que sublimam a localidade cultural, ou pelo menos, tentam assim ser vistos pelos seus teóricos, pretendendo, desse modo, uma formulação extranacional de valores jurídicos.

Em certo sentido, essa crise de localidade e a via da criação (consolidação) de um sistema jurídico internacional, já havia sido pressentida no estudo do direito, como uma perspectiva irrefutável, como anota Goyard-Fabre.[3]

Isso somente é possível à medida que se reconheça que existem certos *quanta* éticos que podem ser reconhecidos universalmente.

---

3 Goyard-Fabre, Simone. *Os princípios filosóficos do direito político moderno*. p. 449. São Paulo: Martins Fontes. 1999.

Exatamente, pensando refletir essas virtudes éticas é que as declarações internacionais de direitos humanos tendem a eleger prioridades não baseadas fundamentalmente nos interesses individuais, mas em um certo critério de proteção universal ao ser humano independentemente do Estado em que vive.

Nesse sentido, as declarações, ainda que sem efetividade, moldam, para um determinado intervalo de sociedades, um patamar mínimo de *standards* que passam a ser vistos como produção da comunidade humana universal e que podem ser tomados como objetivos de elaboração de sistemas de regulação localizada.

Evidentemente, trata-se de um processo, e as diversas fases foram sendo internalizadas pelas ordens jurídicas locais.

Os direitos, cujo reconhecimento são proclamados e designados como liberdades públicas, foram denominados, por uma terminologia mais consentânea com a ciência desse processo de resignificação, direitos humanos de primeira geração, e, via de regra, estabelecem um conjunto de possibilidades de oposição ao poder estatal.

Esses direitos, reconhecidos como de primeira geração, são, de certa forma, tomados como a base do ideário liberal que inicialmente estruturou o conjunto de direitos humanos, mas não se confundem e nem resumem todo o conjunto. É preciso deixar claro que os direitos humanos, em nossos dias, ganharam uma evolutiva importância conceitual que sublima a simples concepção de direito de oposição ao Estado.[4]

Nesse exato sentido, a doutrina tem feito uma série de esforços de reflexão para tentar identificar a definição adequada de direitos humanos.

Ao lado das liberdades individuais (públicas), reconhecidas como direitos humanos de primeira geração, foram aceitos os direitos sociais, culturais e econômicos que receberam o reco-

---

4 Goyard-Fabre, Simone. O*s princípios filosóficos de direito político moderno*. São Paulo: Martins Fontes. 1999.

nhecimento sob a forma de uma nova geração de direitos: a segunda.

Enquanto a primeira geração é calcada basicamente nas liberdades individuais, como uma zona de proteção à da individualidade do cidadão oponível ao Estado, essa segunda categoria explicita uma proteção mais ampla, ligada fundamentalmente à proteção do indivíduo enquanto parte das relações de produção econômica.[5]

Além desta primeira e segunda leva, uma nova onda integrativa de direitos humanos foi reconhecida sob a denominação terceira geração. Essa terceira geração contempla os direitos humanos ligados à solidariedade, e se apresenta como proteção tanto em relação ao Estado em que cada indivíduo está inserido, como também nas relações internacionais.

Há, ainda, a construção de uma teoria dos direitos humanos de quarta geração, que se destinaria a proteger as gerações futuras, exigindo das gerações presentes a observância de um conjunto de medidas que tenha por finalidade assegurar a continuidade dos meios necessários à sobrevivência dos indivíduos ainda por nascer.

Feita essa breve remissão das vagas históricas de surgimento de direitos considerados humanos, é preciso identificar de forma clara qual o seu conteúdo real, qual seu conceito jurídico aceitável e, ainda mais, tratar de certas relações conceituais que sem dúvida alguma serão importantes para o objeto de nosso estudo.

Antes de mais nada, é preciso reconhecer que vários conceitos têm sido colocados doutrinariamente como denotativos dos direitos humanos.

O primeiro conceito geralmente associado ao de direitos humanos é o das liberdades individuais, havendo na doutrina

---

5 Almeida, Fernando Barcellos de. *Teoria geral dos direitos humanos.* p. 55. Porto Alegre: Sérgio Fabris. 1996.

quem os associe sem qualquer ressalva⁶ (a não ser como preferencial de alguma corrente doutrinária).

Porém, esse não parece ser o caso, o estudo mais preciso leva à conclusão de que existe uma relação de continência entre as liberdades individuais e os direitos humanos. As liberdades se apresentam como limites à ação do Estado por isso são às vezes designados como direitos negativos do cidadão.⁷ Os direitos humanos por sua vez evidentemente possuem natureza positiva no sentido em que determinam uma ação real do Estado visando a preservação e tutela desses interesses juridicamente reconhecidos.

Assim, enquanto as liberdades estão ligadas ao não fazer parte do Estado os direitos humanos se apresentam como um fazer, como um dever estatal, mostrando assim uma faceta ligada à predisposição institucional de proteção a esses valores.

Além da associação com o conceito de liberdade individual, os direitos humanos têm sido também associados aos direitos fundamentais. Na doutrina, porém, existe a demonstração da impossibilidade de associação irrestrita entre os dois conceitos. Nessa concepção, os direitos fundamentais seriam os direitos humanos positivados, sejam em instrumentos internacionais de natureza normativa, tais como tratados, convenções, etc., ou, ainda, nas constituições de cada Estado.

Tomado sob este prisma, a diferença entre direitos humanos e direitos fundamentais residiria no grau de concreção positiva.⁸

É preciso, nesse sentido, relembrar a lição de Canotilho ao pontuar que somente podem ser considerados direitos fundamentais os que se encontram reconhecidos nas constituições e

---

6 Torres, Ricardo Lobo. *Tratado de Direito Constitucional Financeiro e Tributário*. p. 11. Rio de Janeiro. Renovar. 1999.
7 Almeida, Fernando Barcellos de. Obra citada. p. 29.
8 Alvarenga, Lúcia Barros Freitas de. *Direitos humanos, dignidade e erradicação da pobreza*. Brasília: Brasília Jurídica. 1998.

por isso são capazes de gerar conseqüências jurídicas em nível interno.⁹

Mesmo nesse aspecto, o da operacionalidade, não parece haver uma comunhão de opiniões já que muitos apontam como um dos conflitos doutrinários a possibilidade de invocação de direitos humanos (ou fundamentais) para subsidiar demandas individuais.¹⁰

Nesse tópico, em especial, não nos parece haver qualquer divergência sustentável, não há como pensar os direitos humanos positivados (fundamentais) senão quando dotados de eficácia e efetividade.

Nesse exato sentido, é de se pontuar que essa afirmação é plenamente compatível com o sentido de direito já pacificado no campo da dogmática e exposto por Kelsen, para quem o direito é reconhecido como um poder concedido pelo ordenamento jurídico a alguém, autorizando a exigência de submissão de outrem ao seu titular.¹¹

Posto desse modo, independentemente do substrato que o informa, o conjunto de direitos fundamentais não somente é operativo, como se apresenta como prescrições positivas simultaneamente oponíveis aos indivíduos, à sociedade e ao Estado, sendo dotados dos mesmos fatores de eficácia e efetividade dos demais direitos reconhecidos pela ordem jurídica.

Pois bem, exposta a divergência conceitual, é preciso identificar quais os conceitos acima serão utilizados nesta análise.

O conceito de liberdades individuais, exatamente por sua feição negativa, em consonância com a sua geração histórica (de direito humano de primeira geração), não nos serve na medida em que estamos procurando um fundamento razoável para a

---

9 Canotilho, J.J. Gomes. *Direito constitucional e teoria da constituição*, p. 353. Coimbra-Portugal:Almedina.2000.
10 Serpa, José Hermílio Ribeiro. *A política, o Estado, A Constituição e os direitos fundamentais*. p. 165. Porto Alegre: Sérgio Fabris, 2000.
11 Kelsen, Hans, *Teoria Geral do Direito*. p. 117. São Paulo: Martins Fontes. 2000.

compreensão do direito ao desenvolvimento como um objetivo institucional do Estado, tendo assim um caráter positivo que extrapola aquele conceito.

A pretensão do presente estudo é encontrar um fundamento juridicamente denso que seja suficiente para justificar o direito ao desenvolvimento como operante e traduzido constitucionalmente pelo princípio da capacidade contributiva.

Posto desse modo, o cerne de nosso tema tem uma finalidade puramente transcendente em relação ao campo da dogmática tradicional, mas ao mesmo tempo tem a finalidade de estabelecer um ponto preliminar de partida para se repensar os conteúdos de direito constitucional tributário.

À guisa de alerta, e acordo semântico, utilizaremos neste trabalho a expressão direitos humanos e direitos fundamentais de forma distinta, conforme o âmbito de positivação a que estivermos nos referindo, atendendo, assim, a preocupação posta por vários doutrinadores.

3. A densidade jurídica dos direitos humanos

Superar a questão terminológica é fundamental para se ter sempre em vista a intenção de conferir uma densidade jurídica adequada aos direitos tidos por humanos como referencial metodológico.

Após a sublimação do conflito semântico, é preciso enfrentar as questões ligadas à densidade jurídica dos direitos humanos.

A primeira grande questão é saber até que ponto pode-se reconhecer a juridicidade dos direitos humanos, isto é, até que ponto é possível dar uma densidade jurídica cientificamente aceitável a esses direitos.

De início, é preciso deixar claro que os direitos humanos somente existem na medida em que pode-se identificar um valor externado por uma regra que conceda ou reconheça a proteção do indivíduo (enquanto tal) em relação à sociedade em que vive e também ao próprio Estado.

A proteção a que nos referimos significa isolar uma determinada esfera de juridicidade e atribuir-lhe uma imunidade em relação às ingerências externas, sejam decorrentes, ou melhor, derivadas dos aparelhos institucionais de poder ou mesmo dos influxos sociais.

Ao tratar do tema, a doutrina tem apontado que os direitos humanos asseguram um modelo básico de proteção em relação ao estado e uma garantia de dignidade humana.[12]

Ao dizermos que os direitos humanos representam uma limitação ao poder estatal, estamos reconhecendo que o Estado possui limites, e que esses limites estão ligados (limitados) à existência do indivíduo humano. Atribuir ao indivíduo direitos, entendidos como poderes de exercício de determinadas faculdades, acaba por conferir-lhe um fator delimitativo dos poderes institucionais.

Destarte, a existência humana digna já se mostra como uma diretriz negativo-positiva em relação ao Poder Institucionalizado, sendo, assim, representativa de um campo de ação/omissão que adentra o espaço público.

Esses direitos aderem à pessoa humana, independentemente de qualquer reconhecimento pela ordem jurídica, e por isso mesmo podem ser oponíveis tanto ao Estado como à comunidade internacional, e ainda aos demais indivíduos do grupo social.

Nesse sentido, os direitos humanos funcionam como uma verdadeira zona de proteção ao indivíduo. E aqui é preciso fazer uma remissão ao fato de que o indivíduo que é titular dos direitos humanos não pode ser entendido como o mesmo indivíduo que é o centro da teoria liberal. O titular de direitos individuais na teoria liberal podia se opor ao Estado porque ele mesmo era, de certa forma, a medida do campo de atuação dos poderes

---

12 Moraes, Alexandre de. *Direitos Humanos Fundamentais*. p. 41. São Paulo: Atlas. 2000.

institucionais. Os direitos humanos representam um deslocamento da individualidade centrada nas expectativas patrimoniais de cada membro da sociedade para um outro campo: o da universal dignidade humana.

Para compreender esse deslocamento é que foi necessário antes demonstrar que os direitos humanos vêm sofrendo uma paulatina evolução conforme o andar das sociedades, passando dos direitos simplesmente obstativos para uma nova categoria de direitos fundados no reconhecimento de um patamar mínimo e universal de dignidade humana.

Assim, em certo sentido, pensar a dignidade é pensar a densidade jurídica dos direitos humanos. A questão não é simples, na medida em que se reconhece que os direitos humanos não resultam de uma concessão da sociedade, e por resultado, do sistema institucional por ela concebido, mas sim de algo que a antecede e que estabelece um valor fundamental que pautará todos seus fluxos e influxos.

Eis por que há na doutrina quem reconheça que é um dever da sociedade consagrar e garantir os direitos humanos[13].

Exatamente por conferir aos titulares um conceito de dignidade, é preciso entender qual é o real alcance dos direitos humanos quando contrapostos à vida da sociedade e sua relação com a universalidade dos indivíduos.

Para ter essa visão universalista (humanista) é preciso tomar como premissa que os indivíduos de uma sociedade, qualquer que seja ela, têm direito a determinadas condições mínimas de existência que lhes conferem o *status* de pessoa humana.

O *status* de pessoa humana somente pode ser atribuído na medida em que determinados conteúdos mínimos da vida são assegurados aos indivíduos.

Nessa direção, o conteúdo dos direitos humanos aponta para a inserção do homem em um ambiente natural, social, político e cultural suficientemente adequado para promover não

---

13 Herkenhoff, João Batista. *Curso de Direitos Humanos.* São Paulo: Livraria Acadêmica. 1994.

somente a sua vida, entendida como mera sobrevivência no tempo, mas também garantir um patamar superior derivado da noção de dignidade.

Nesse exato sentido, a vida digna, que é formada e decorrente do ambiente estabelecido em consonância com a observância dos direitos humanos, é de certo modo o resultado teleológico desses direitos.

A densidade jurídica, portanto, dos direitos humanos não se estabelece *a priori*, mas sim e unicamente na medida em que é possível a cada grupo social estabelecer um sentido de dignidade possível e que deva ser perseguido.

Porém, isso não significa que os direitos humanos não têm uma aplicabilidade universalmente reconhecida, mas apenas que determinados valores informativos do conceito de dignidade poderão ser localizados.

Nesse sentido, parece extremamente significativa a posição de Weiss quando afirma que nesse campo, mais que tudo, há a finalidade de "consolidar a noção atualizada de dignidade fundamental do ser humano, fonte de seus direitos positivados".[14]

A par dessa possível localidade de alguns valores formadores da dignidade humana para efeito de atribuição finalista dos direitos humanos, é preciso deixar claro que determinados valores tendem a ser considerados de forma absoluta. Isto se dá principalmente a partir do reconhecimento e tutela estatal dos direitos humanos de primeira e segunda geração.

É a partir dessa base que é possível construir um conceito de dignidade humana mínima reconhecida universalmente.

No momento que se reconhece que os direitos humanos possibilitam a resistência aos poderes institucionalizados e ao mesmo tempo visam assegurar a existência digna, se verifica a consolidação do sentido jurídico desses direitos.

Tais direitos, portanto, não somente têm importância no campo social, moral, ou filosófico, mas ganham significado jurí-

---

14 Weiss, Carlos. *Os direitos humanos contemporâneos*. p. 110. São Paulo: Malheiros. 1999.

dico à medida que podem ser invocados como substrato para a tutela individual das pessoas humanas.

Ao mesmo tempo também ganham densidade jurídica à medida que se retiram do campo puramente especulativo e se apresentam sob a forma de regras de direito internacional ou mesmo são positivados nas cartas constitucionais.

Esse fenômeno em particular, o da positivação dos direitos humanos, em certo sentido, aponta para o reconhecimento de uma ordem jurídica não escrita anterior, mas plenamente eficaz e efetiva, que com a positivação ganha apenas a concretude técnica necessária para viabilizar a defesa daqueles direitos em termos de oponibilidade geral.

Nesse diapasão, reconhecer a positivação significa de certo modo apreender a preexistência dos direitos humanos a um ambiente normativo estabelecido. Isso porque, relembrando, entre outros, as lições de Cossio[15], não podemos deixar de vislumbrar na norma o seu caráter ético-cultural, fruto dos processos sociais.

Então, para a configuração, apontam-se alguns caracteres essenciais dos direitos humanos: a universalidade, a indivisibilidade e interdependência e a transnacionalidade.[16]

A universalidade está fundada na idéia de inerência dos direitos humanos, ou seja, que a condição de ser humano assegura um conjunto de direitos que independem do reconhecimento formal do Estado, da Sociedade ou mesmo dos demais indivíduos.

Por sua natureza difusa[17], os interesses humanos são indivisíveis não podendo, assim, ser cotizados e apropriados indivi-

---

15 *Apud* Diniz, Maria Helena. *Ciência jurídica*. p. 56. São Paulo: Saraiva.1998.
16 Weiss. Obra citada. P. 121.
17 Os direitos humanos são difusos quanto a sua titularidade, apresentando, além da indivisibilidade, outros caracteres significadores: São valores transativos e mutáveis no tempo e espaço. São *indeterminados, pois* não há como estabelecer um critério subjetivo de determinação dos pos-

dualmente. A indivisibilidade própria dos interesses difusos se aplica perfeitamente aos direitos humanos, não há como parti-los em cotas que possam ser distribuídas a todos jurisdicionados, pelo contrário, esse objeto pauta-se pela espécie de comunhão que determina que seu cumprimento ou descumprimento afeta todo o conjunto da coletividade.

São *interdependentes* à medida que a efetividade de um direito humano depende (ou pode depender) de um outro direito ou de um conjunto de direitos, gerando, assim, uma simultânea realização de todos quando um deles for suscitado.

A *transnacionalidade* está ligada à sublimação dos limites territoriais-políticos quanto ao reconhecimento da existência desses direitos estritamente ligados ao próprio conceito de dignidade humana que cada sociedade irá compor. Esses direitos são assegurados a qualquer pessoa independentemente de sua cidadania ou nacionalidade.

Então, em síntese, podemos afirmar que os direitos humanos possuem uma dimensão jurídica assente, seja pelo reconhecimento de sua influência nos ordenamentos no campo da interpretação jurídica como informativa de valores básicos do ser humano, seja como decorrência de sua positivação em instrumentos internacionais normativos ou ainda nas próprias Constituições de cada Estado.

---

síveis titulares, seu conteúdo por definição indepede de qualquer vínculo jurídico que possa agregar os sujeitos em decorrência de situações de fato contingenciais. De outro lado, não se pode desconhecer que há um processo de construção contínua desses valores que irão determinar o sistema de valoração axiológica de cada sociedade, detendo, em sua essência, um conflito permanente baseado nas interações e reações dos diversos grupos e suas respectivas cosmovisões. Esse processo contínuo de elaboração e superação de valores em função da dinâmica social demonstra a intrínseca *conflituosidade* que é característica essencialmente reconhecida pela doutrina dos direitos e interesses difusos. Isso decorre em grande parte do processo de elaboração daquele conteúdo e sua permanente revisão pelos grupos sociais em embate contínuo.

4. O direito humano ao desenvolvimento

Precisamos, agora, verificar se o direito ao desenvolvimento pode ser enquadrado como humano ou fundamental, conforme a classificação que antes enunciamos.

O primeiro sentido parece bastante evidente, na medida em que os instrumentos internacionais têm reconhecido o direito ao desenvolvimento como integrante do rol dos humanos. A declaração sobre o direito de desenvolvimento editada pela ONU em 1986 no art. 1º, é clara:
"O direito a desenvolvimento é um direito humano inalienável em virtude do qual toda pessoa humana e todos os povos estão habilitados a participar do desenvolvimento econômico social e cultural e político, a ele contribuir e desfrutar, no qual todos os direitos humanos e liberdades fundamentais possam ser plenamente realizados"[18].

A existência de normas internacionais que expressamente reconhecem o desenvolvimento como um direito humano coloca a questão, desde logo, para além da pressuposição.

As normas internacionais desde logo lhe dão um caráter jurídico evidente, ao ponto em que estabelecem os sujeitos, conteúdo e fundamento jurídico.

Nesse sentido, mesmo no conceito restrito de direitos humanos (dependente de normatização em instrumentos internacionais), não há dúvida da qualificação do desenvolvimento como tal.

Aliás, mesmo que não houvesse qualquer disposição nesse sentido, o direito seria operante na medida em que a condição digna determina a possibilidade de evolução na satisfação das necessidades básicas inerentes à própria vida, gerando, assim, pela interdependência o reconhecimento dessa categoria de direito humano.

Por outro lado é de se conhecer que no caso específico do Brasil não há na Constituição Federal um dispositivo expresso

---

18 Delgado, Ana Paula Teixeira. Obra citada. P. 91.

que reconheça o desenvolvimento como um direito fundamental. Se a positivação constitucional é o fator diferenciador entre as duas categorias (fundamental ou humano), no caso da Constituição brasileira não parece haver a garantia nominal do direito ao desenvolvimento, porém, vários direitos fundamentais em especial de natureza tributária são desdobramentos daquele.

É de se pontuar, contudo, que o artigo que trata dos Direitos Fundamentais na nossa Carta Constitucional assegura a proteção a direitos que embora não tenham sido expressos sejam decorrentes do regime, princípios ou instrumentos internacionais de que o Brasil seja parte. (CF, art. 5º, § 2º)

Desse ponto de vista é possível afirmar, como veremos adiante, que o direito ao desenvolvimento foi consagrado à nossa constituição através da positivação de alguns dos seus efeitos decorrentes.

Por hora, no entanto, é preciso deixar claro o sentido e significado do direito ao desenvolvimento.

O direito de desenvolvimento foi conceituado como sendo "por um lado, um direito individual, inerente a todas as pessoas, por outro, um direito dos povos. E é um direito que se põe em relação ao Estado a que a pessoa está vinculada, como em relação a todos os Estados da comunidade internacional"[19]

Esse conceito, contudo, não expressa a idéia central do direito, que é exatamente a fixação do conceito de desenvolvimento.

Na doutrina econômica o desenvolvimento é visto como um aumento da riqueza de um país, sendo, nesse sentido, associado ao crescimento econômico como uma situação de crescente elevação de renda do indivíduo, e, por fim, como o aumento das capacidades dos indivíduos.

O primeiro sentido parece abandonado pelos teóricos econômicos mais modernos que vislumbram de forma precisa a

---

19 Ferreira Filho, Manoel Gonçalves. *Direitos humanos fundamentais*. p. 60. São Paulo: Saraiva. 1999.

diferença entre crescimento e desenvolvimento. O primeiro conceito é puramente quantitativo (aumento da quantidade de riqueza de um país) enquanto o segundo é qualitativo (a melhoria das condições de vida dos indivíduos).

O segundo sentido, muito em voga ainda hoje, centra o desenvolvimento no aumento da renda individual, como fator designativo do desenvolvimento econômico.

Porém o fenômeno do desenvolvimento não é identificado apenas por esse aspecto devendo ser acompanhado por: a) crescimento do bem-estar econômico, b) diminuição dos níveis de pobreza, desemprego e desigualdade, c) melhoria das condições de saúde e nutrição e educação e moradia e transporte.[20]

Portanto, pensar o desenvolvimento significa reconhecer a possibilidade de concreção dos direitos humanos (ou fundamentais) por meio dos instrumentos econômicos existentes em determinado Estado.

Existe assim uma estreita ligação entre os direitos humanos e desenvolvimento. Aqueles são os princípios informadores que determinam as finalidades que hoje os instrumentos econômicos devem alcançar, e, mais que isso, representam o conjunto sistemático de valores que a sociedade (inclusive internacional) produz para funcionar como sistema regulador de condutas estatais e individuais.

O desenvolvimento econômico, destarte, apresenta-se como resultado natural do sistema institucionalizado de exercício do poder estatal bem regulado e pautado por uma conduta ética voltada para a preservação dos direitos humanos.

Porém, é preciso avançar ainda mais no sentido de definir o sentido do desenvolvimento que poder ser invocado como núcleo axiológico de qualquer disposição protetiva.

Nessa direção é fundamental a compreensão do direito ao desenvolvimento sob a ótica das capacidades entendidas como liberdades subjetivas. Para Amartya Sen a capacidade "é um

---

20 Milone, Paulo César. *Manual de Economia*. Equipe de Professores da USP. p. 514. São Paulo: Saraiva. 1998.

tipo de liberdade: a liberdade substantiva de realizar combinações alternativas de funcionamentos (ou, menos formalmente expresso, a liberdade para ter estilos de vida diversos)."[21]

A capacidade dos indivíduos, isto é, sua liberdade de escolher o estilo de vida que mais se lhe apresenta como valioso, reposiciona o estudo do desenvolvimento ao ponto que se afasta do ponto de vista puramente utilitarista e mesmo das idéias de eqüidade de Rawls.

O desenvolvimento econômico deve ser medido e entendido não apenas pela renda individual dos cidadãos de um determinado Estado, mas também pelo nível de vida que ele pode optar diante do seu contexto específico.

Por essa razão, ao analisar a pobreza como uma privação de capacidades e, portanto, de liberdades subjetivas, acrescenta Sen: "O que a perspectiva da capacidade faz na análise da pobreza é melhorar o entendimento da natureza e das causas da pobreza e privação desviando a atenção principal dos meios (e de um meio específico que geralmente recebe atenção exclusiva, ou seja, a renda) para os fins que as pessoas têm razão para buscar e, correspondentemente, para as liberdades para poder alcançar esses fins."[22]

Nesse sentido, o desenvolvimento implica no oferecimento aos cidadãos de um sistema de capacidades (liberdades substantivas) que possam ser eficazes na busca dos fins individualmente eleitos por cada um.

Evidentemente, o conceito instrumental das capacidades é mais abrangente que o de renda porque outros instrumentos, que não esta, podem ser incrementados visando a melhoria de vida, e, por isso, determinando uma revolução real na situação humana.

Deste ponto de vista, a liberdade substantiva – que significa o efetivo acesso de condições mínimas de vida – possuem um

---

21 Sen, Amartya. Desenvolvimento como liberdade. p. 95. São Paulo: Companhia das Letras. 2000.
22 Obra citada. p. 112.

conteúdo jurídico bastante expressivo dos valores representados pelos direitos humanos. Não é à toa que o próprio Sen aponta que "O que as pessoas conseguem positivamente realizar é influenciado por oportunidades econômicas, liberdades políticas, poderes sociais e por condições habilitadoras como boa saúde, educação básica e incentivo e aperfeiçoamento de iniciativas"[23]

As capacidades, por assim dizer, apresentam-se como os meios institucionais de operatividade de um conjunto de valores e conceitos que são denotativos dos direitos humanos.

Nesse sentido, o desenvolvimento significa assegurar aos cidadão instrumentos adequados de atuação prática de determinados valores (jurídicos e extrajurídicos) possibilitando, assim, que cada indivíduo possa desfrutar de um padrão de vida adequado a suas percepções de vida, sem privações dos meios de satisfação de necessidades básicas.

Esse tipo de desenvolvimento determina que o Estado ponha a disposição ou aja no sentido de proporcionar um ambiente socialmente capaz de gerar tais efeitos, sendo, assim, uma forma especial de responsabilidade política que extrapola o mero conceito de crescimento econômico.

Quando se tem em vista que o direito ao desenvolvimento é de natureza humana e, portanto, extensível a todos, se percebe que há também uma responsabilidade internacional no sentido de assegurar que o sistema econômico global seja capaz de assegurar esse mesmo resultado nas relações entre os povos.

No campo do nosso estudo, é preciso vislumbrar que o desenvolvimento se apresenta como uma finalidade pública, e que deve ser perseguida pelo Estado enquanto legítimo representante dos interesses sociais.

Deste ponto de vista, o direito humano ao desenvolvimento determina de forma positiva um agir estatal visando oferecer melhores condições estruturais, capazes de aumentar as oportunidades sociais dos indivíduos de uma dada sociedade.

---

23 Obra citada. p. 19.

Essas condições passam necessariamente por uma dúplice forma de ação de natureza alternativa: ou o Estado oferece essas condições de forma direta, ou, não impede que os indivíduos por si só as produzam individualmente.

Em qualquer dos dois modos, há a garantia de eliminação das privações de capacidades. Evidentemente, no primeiro caso, o conceito de renda não é determinante, pois mesmo com pequena renda, os meios sociais adequados podem ser suficientes para produzir uma oferta social de oportunidades; no segundo caso, porém, a renda é importante porque de certo modo, se constitui no meio exclusivo de produção dessas mesmas oportunidades quando as condições estruturais estatais são particularmente ineficazes.

Esses pontos de vista são fundamentais porque nos colocam em posição de analisar criticamente um outro aspecto: até que ponto a exigência de participação dos indivíduos nos gastos públicos pode se configurar numa violação do direito humano ao desenvolvimento?

Ora, o cidadão precisa satisfazer suas necessidades básicas (estamos no campo do direito à vida), e, mais que isso, precisa assegurar os meios necessários a consecução e desenvolvimento de suas capacidades e mesmo, modos de oferecê-las aos demais[24]. Todas as vezes que o Estado invade esses meios de aquisição de capacidades, expropriando-as, sem reoferecê-las de modo socialmente ostensivo, impõe ao indivíduo uma forma de privação que impede objetivamente seu desenvolvimento.

Nesse sentido, a exigência de participação dos indivíduos nos gastos públicos possui um limite claro: não pode gerar privações das oportunidades sociais dos indivíduos sob pena de violação do direito humano ao desenvolvimento.

Retirando os meios de produção de capacidades o Estado está deliberadamente agindo no sentido de impor uma privação dos meios necessários à melhoria social do padrão de vida.

---

24 Sen, Amartya. Obra citada. p. 265.

Então há, assim, uma relação obrigatória de proporcionalidade entre o nível individual de contribuição e as capacidades estruturalmente asseguradas pelo Estado.

Com isso queremos dizer que não se pode contribuir tanto que a própria possibilidade de desenvolvimento – aquisição e conservação de capacidades – esteja comprometido.

Essa premissa determina no âmbito dos direitos humanos diversos desdobramentos com base no princípio da interdependência, como vimos antes, mas especialmente nos ordenamentos constitucionais pode determinar uma relação adequada de possibilidade e obrigatoriedade de contribuição.

Há, assim, um campo dos direitos do indivíduo que está imune à ação fiscal, exatamente porque devem ser garantidas a todo o ser humano a condição mínima de existência e a possibilidade de alcançar patamares mais dignos de vida.

Esse campo negativo de atuação fiscal recebe a tutela sob a forma de uma imunidade que é anterior ao fenômeno constitucional, e sobre o que afirmar Lobo Torres: "A proteção do mínimo existencial no plano tributário, sendo pré-constitucional como toda e qualquer imunidade, está ancorada na ética e se fundamenta na liberdade, ou melhor, nas condições iniciais para o exercício da liberdade, na idéia da felicidade, nos direitos humanos e nos princípios da igualdade."[25]

Esse mínimo essencial tem uma conexão direta e palpável com o direito ao desenvolvimento como aponta o mesmo autor[26], mas também possui uma conexão estreita com o princípio da capacidade contributiva.

A capacidade contributiva não diz respeito apenas ao sentido de justiça fiscal, pelo contrário, o seu sentido realmente concreto se afigura como verdadeiro instrumento de proteção ao mínimo existencial que, enfim, informa o direito humano ao desenvolvimento.

---

25 Torres, Ricardo Lobo. Obra citada. p. 147.
26 Torres, Ricardo Lobo. Obra citada. p. 143.

Em que pese a opinião de Lobo Torres a respeito, afirmando haver apenas uma tênue relação entre os temas, ao nosso ver a capacidade contributiva ganha uma imensa importância à medida que, interpretada sob o ponto de vista humanista, pode ser compreendida como uma garantia eficaz à liberdade.

Sob este enfoque, a capacidade contributiva poderia determinar uma verdadeira proteção ao direito humano ao desenvolvimento.

Posto desse modo, precisamos analisar essa possibilidade procurando estabelecer o tratamento dado até aqui a esse princípio e verificar se, de fato, podemos enxergar nele uma possível conexão fundamentadora com aquele direito humano.

5. A capacidade contributiva como manifestação do direito humano ao desenvolvimento

Ao analisar o tema da capacidade contributiva em relação ao mínimo existencial (que guarda íntima relação com o direito humano ao desenvolvimento), Lobo Torres aponta que o segundo foi desinterpretado e travestido sob o fundamento da capacidade contributiva.[27]

Se foi assim, é preciso tentar reinterpretar a própria capacidade contributiva para chegar à garantia daquele.

A Constituição Federal estabelece no art. 145, § 1º o conceito da capacidade contributiva, como sendo a garantia de que sempre que for possível os impostos deverão ser graduados conforme a capacidade econômica de cada um dos obrigados.

É de se pontuar que a alegação de que a expressão "impostos" é delimitativa apenas de uma certa espécie tributária, já foi superada pelo próprio SUPREMO TRIBUNAL FEDERAL, ao decidir: "O critério utilizado pelo legislador para a cobrança dessa taxa de polícia busca realizar o princípio da capacidade contributiva, também aplicável a essa modalidade de tributo,

---

27 obra citada. P. 164.

notadamente quando a taxa, tem, como fato gerador, o exercício do poder de polícia."[28]

Nesse sentido, a capacidade contributiva é regra principiológica aplicável de forma genérica a todas as espécies tributárias determinando uma relação de proporcionalidade e adequação entre a disponibilidade econômica do contribuinte e a imposição fiscal.

Por outro lado, a expressão "sempre que possível" não traz uma carga de discricionariedade ao Administrador Público, pelo contrário, seu posicionamento é vinculado, todas as vezes em que for possível, os impostos deverão ser graduados de forma a preservar a capacidade econômica dos contribuintes.

A possibilidade nesse caso, diz respeito à natureza de cada espécie de tributo quanto à possibilidade de identificação de seu caráter pessoal para fins de aplicação da regra da capacidade contributiva.

Aliás, O SUPREMO TRIBUNAL FEDERAL de forma clara se inclinou a reconhecer a aplicabilidade geral da regra da capacidade contributiva ao reconhecer que essa é a regra vinculante e imponível ao Fisco, no RE 234.105-3, onde o Relator, Ministro Carlos Velloso aponta: "Todos os impostos, entretanto, estão sujeitos ao princípio da capacidade contributiva, mesmo os que não tenham caráter pessoal."[29]

Nesse sentido, não parece haver dúvida com relação à universalidade de aplicação do princípio da capacidade contributiva.

Resta saber se o princípio da capacidade contributiva pode ser entendido como uma manifestação do direito humano ao desenvolvimento, que, sob a ótica que acima abordamos visa a preservação das capacidades dos indivíduos, que, em verdade, significam liberdades substanciais.

---

28 AGRRE-216259/CE. J. 09/05/2000. DJ 19.05.2000.P 00018./ RTJ 174-3.P.911.
29 RE 234.105-3/ SP. DJ 31/03/2000.

Ora, se o direito ao desenvolvimento é, de fato, um direito a exercer liberdades substanciais, um direito fundamental que preserva essas mesmas liberdades (à medida que limita o campo da ação fiscal) não pode ser visto unicamente sob o ponto de vista da justiça tributária.

É preciso deixar claro que o fundamento dessa limitação é a preservação das condições mínimas de sobrevivência e a possibilidade de exercício das liberdades substanciais.

Posto desse modo, a relação entre a capacidade contributiva e o mínimo existencial afigura-se muito mais profunda do que aponta Lobo Torres.[30]

É evidente que o deslocamento de pressupostos, da justiça fiscal para o direito humano ao desenvolvimento, traz uma nova significação ao princípio da capacidade contributiva. Ele passa a ser visto não como uma regra de igualdade e justiça, mas como um método de preservação dos direitos à vida digna e mesmo ao desenvolvimento como aquisição de capacidades.

Em sendo deste modo, podemos ver na regra contributiva uma verdadeira regra de coerência entre a ação fiscal e o retorno social, determinando uma nova forma de interpretação da autorização para o exercício do poder político dada pela sociedade.[31]

Trata-se de uma nova forma de responsabilidade do Estado, buscando a preservação de um núcleo mínimo de liberdades substanciais capazes de assegurar uma existência digna.

Essa existência digna que, enfim, é o objetivo de todas as liberdades substanciais somente se torna factível na exata medida que se assume como dever institucional a adoção de meios e

---

30 Obra citada. p. 163.

31 "O ponto de partida da reflexão sobre o desenvolvimento é a apreensão da realidade social; mais precisamente, a identificação das entidades que assumem as novas formas. Essa realidade é apreendida, por um lado, como algo estruturado e, por outro, desdobrando-se no tempo, vale dizer, como um processo. Furtado, Celso. *Introdução ao Desenvolvimento*. p. 41. São Paulo: Paz e Terra. 2000.

procedimentos estatais capazes de produzi-lo ou de permitir que os indivíduos o façam.

No primeiro caso, a oferta das oportunidades sociais determinam um agir positivo e eficiente do Estado, e, nessa direção o conceito de renda deixa de ser fundamental, pois as liberdades substanciais tornam-se disponíveis à medida em que o Estado as oferece de forma ostensiva, não dependendo sua consecução, assim dos próprios indivíduos.

No segundo caso, há a premissa de inexistência de oportunidades sociais garantidas pelo Estado, trata-se de uma atuação deficiente e incapaz de assegurar as liberdades substanciais, nesse quadro o sentido de disponibilidade de renda é fundamental porque sem ela não há como promover-se a obtenção daquelas.

Nos dois casos, o fundo jurídico é o mesmo, o desenvolvimento é um direito assegurado a todos os indivíduos por sua própria condição de existência.

Resta saber qual tem sido a posição do Supremo Tribunal Federal quanto à tutela dos direitos humanos, em especial, os direitos de liberdade, entre os quais, como acima vimos, se insere o direito ao desenvolvimento.

Em um pedido de extradição, o SUPREMO TRIBUNAL FEDERAL foi claro ao decidir que os direitos de liberdade devem ser respeitados pelo Estado brasileiro e devem ser protegidos pelo seu órgão judiciário máximo, o próprio tribunal ressaltando que: "A essencialidade da cooperação internacional na repressão penal aos delitos comuns não exonera o Estado brasileiro – e, em particular o Supremo Tribunal Federal – de velar pelo respeito aos direitos fundamentais (...). É que o Estado brasileiro — que deve obediência irrestrita à própria Constituição que lhe rege a vida institucional – assumiu nos termos desse mesmo estatuto político o gravíssimo dever de sempre conferir prevalência aos direitos humanos (art. 4°, II)"[32]

---

32 EXT 633/ CH. DJ 06.04.01. P. 00067.

Em outra decisão, em que foi Relator o Ministro Sydnei Sanches, o SUPREMO TRIBUNAL FEDERAL decidiu no sentido de reconhecer que a ação estatal não pode gerar violação aos direitos humanos, notadamente aqueles que estão dispostos em instrumentos normativos internacionais: "A tortura constitui a negação arbitrária dos direitos humanos, pois reflete — enquanto prática ilegítima, imoral e abusiva — um inaceitável ensaio de atuação estatal tendente a asfixiar e, até mesmo, a suprimir a dignidade, a autonomia e a liberdade com que o indivíduo foi dotado, de maneira indisponível, pelo ordenamento positivo."[33]

Deste modo, podemos afirmar que a posição do SUPREMO TRIBUNAL FEDERAL tem sido em favor do reconhecimento da tutelabilidade dos direitos humanos de liberdade, incluindo, assim, o direito ao desenvolvimento.

Havendo essa forma de reconhecimento da proteção a liberdade, e, assim, ao desenvolvimento há inegável necessidade de se revisitar a ação fiscal procurando fixar um campo de atuação mais consentâneo com uma abordagem humanista.

Aliás, de certo modo, a ação jurídica como um todo comporta uma revisão para procurar novos fundamentos para além das barreiras nacionais, estabelecendo uma nova dogmática.

Essa nova dogmática precisa fundar-se em uma nova cultura jurídica de cunho humanista. Nesse sentido é lapidar o sentimento de Daury César Fabriz: "Os Direitos Humanos e seus aspectos que envolvem sua proteção devem constar da pauta, na orientação seminal de uma nova cultura jurídica humanista, através de uma ótica cultural que venha a transcender a seara e domínios do próprio campo jurídico estatal, expandindo-se e disseminando-se internacionalmente"[34]

---

33 HC 70389/SP. DJ 10.08.01. P. 0003. EMENT. VOL 2038/186. J. 23.06.94.
34 Fabriz, Daury César. *A estética do direito*. p. 227. Belo Horizonte: Del Rey. 1999.

6. Conclusões

O Estado enquanto modelo de gestão do interesse público cada vez mais se mostra em crise.

Essa crise se torna evidente pela incapacidade de efetividade das ações estatais no sentido de estabelecer uma pauta mínima de valores que deva ser perseguida como objetivo de políticas públicas.

A ação estatal cada vez mais distancia-se do homem-mulher que lhe outorgaram a gestão de seus interesses enquanto membros de uma coletividade que precisa gerenciar-se também de forma coletiva.

Essa crise não aponta para o fim do Estado, mas como aponta Bobbio,[35] para o fim de um determinado modelo de Estado, onde as complexas relações sociais não encontram mais eco e mais que isso, onde se pode verificar a oposição entre ele e sociedade que o construiu.

A agenda desse Estado em crise coloca a sociedade tão-somente como um fator econômico, despersonaliza os seus membros e estabelece um código de escolha fundado não no ser humano, mas no mercado.[36]

Esse Estado em crise coloca-se como destinatário de uma força que se reconstrói e se ressignifica buscando opor a ele o indivíduo existente, a dignidade da vida, um conjunto outro de valores que se choca com a sua agenda político-econômica.

Essa força humanista repõe a necessidade de buscar o sentido de existência para além da materialidade, como indica Bentham: "El objeto esencial, el fin ultimo de las leyes es la felicidad pública: la libertad, la igualdad, la justicia, el poder, la riqueza, las buenas costumbres y la religión misma no son en realidad

---

35 Bobbio, Norberto. *Estado, governo, sociedade*. p. 126. São Paulo: Paz e Terra. 2000.
36 Baumant, Zygmunt. *Em busca da política*. p. 81. Rio de Janeiro: Zahar. 1999.

más que objetos subordinados, medios más o menos necesarios para conseguir aquel fin"[37]

O próprio Estado tem por finalidade a busca do bem, da felicidade dos indivíduos e, a partir, dessa idéia é preciso construir um novo código de agendamento, desta feita levando em consideração o ser humano em si.

Nessa visão, o ser humano para ter uma existência digna precisa de determinadas condições mínimas, que integram as necessidades fisiológicas (alimento, descanso, etc.) e de outras condições que já não estão ligadas a esse patamar mínimo mas que integram um determinado *standard* civilizatório onde cada indivíduo está inserido.

O direito ao desenvolvimento, assim deve ser visto como um regra eficaz e efetiva de proteção aos estados evolutivos de cada homem/mulher quanto à aquisição de liberdades substanciais.

Esse direito pode ser invocado de forma autônoma pelo princípio da interdependência quando posta em pauta a questão da liberdade, mas pode também servir de novo fundamento algumas regras constitucionais.

Especialmente no campo da capacidade contributiva não parece haver dúvida quanto à possibilidade de vê-la como um delimite assecuratório daquele desenvolvimento que tomamos por base neste estudo.

De certo modo, as posições do Supremo Tribunal Federal caminham no reconhecimento isolado dos conceitos que agrupados e articulados, em última instância, constituem o cerne da densidade jurídica daqueles valores.

Essa nova cultura humanista, que deve ser jurídica, mas também política determina um novo modelo de Estado e de relações entre os homens.

---

37 In Cabrero, Jose Luis Bermejo. *Leciones de Derecho Público Constitucional*. XXVII. Madri (Espanha): Centro de Estudos Constitucionales. 1982.

7. Referencias bibliográficas

ALMEIDA, Fernando Barcellos de. *Teoria geral dos direitos humanos*. Porto Alegre: Sérgio Fabris. 1996.

ALVARENGA, Lúcia Barros Freitas de. *Direitos humanos, dignidade e erradicação da pobreza*. Brasília: Brasília Jurídica. 1998.

BAUMANT, Zygmunt. *Em busca da política*. Rio de Janeiro: Zahar. 1999.

BOBBIO, Norberto. *Estado, governo, sociedade*. São Paulo: Paz e Terra. 2000.

CABRERO, Jose Luis Bermejo. *Leciones de Derecho Público Constitucional*. Madri-Espanha: Centro de Estudos Constitucionales. 1982.

CANOTILHO, J. J. Gomes. *Direito constitucional e teoria da constituição*, Coimbra-Portugal : Almedina. 2000.

DINIZ, Maria Helena. *Ciência jurídica*. São Paulo: Saraiva.1998

FERREIRA FILHO, Manoel Gonçalves. *Direitos humanos fundamentais*. São Paulo:Saraiva. 1999.

FURTADO, Celso. *Introdução ao desenvolvimento*. São Paulo: Paz e Terra. 2000.

FABRIZ, Daury César. *A estética do direito*. Belo Horizonte: Del Rey. 1999.

GOYARD-FABRE,Simone. *Os princípios filosóficos do direito político moderno*. São Paulo: Martins Fontes. 1999.

HART, Herbet L. A ., *Direito, Liberdade, Moralidade*. Porto Alegre: Fabris. 1987.

HERKENHOFF, João Batista. *Curso de Direitos Humanos*. São Paulo:Livraria Acadêmica. 1994.

KELSEN, Hans, *Teoria geral do direito*. São Paulo: Martins Fontes. 2000.

MILONE, Paulo César. *Manual de dconomia*. Equipe de Professores da USP. São Paulo: Saraiva. 1998

MORAES, Alexandre de. *Direitos humanos fundamentais*. São Paulo: Atlas. 2000.

SEN, Amartya. *Desenvolvimento como liberdade*. São Paulo: Companhia das Letras. 2000
SERPA, José Hermílio Ribeiro. *A política, o Estado, A Constituição e os Direitos Fundamentais*. Porto Alegre: Sérgio Fabris, 2000.
TORRES, Ricardo Lobo. *Tratado de Direito Constitucional Financeiro e Tributário*. v. III Rio de Janeiro. Renovar. 1999.
WEISS, Carlos. *Os direitos humanos contemporâneos*. São Paulo: Malheiros. 1999.

O Estado brasileiro e seu dever de realizar o direito social à alimentação

Alexandra Beurlen

SUMÁRIO? *Introdução* — *1. Direitos sociais e normas programáticas: eficácia* — *1.1. Contexto sociojurídico em que surgem os direitos sociais, econômicos e culturais* — *1.2. Normas programáticas - natureza e eficácia: desenvolvimento da teoria no Brasil* — *1.3. Os direitos sociais previstos em normas programáticas geram dever jurídico para o Estado?* — *2. Reconhecimento do direito à alimentação pelo Estado brasileiro:* — *2.1. Constituições brasileiras* — *2.2. Documentos internacionais* — *2.3. Direito à alimentação como direito social fundamental* — *Conclusão: O direito à alimentação é oponível ao Estado brasileiro* — *Bibliografia*

Introdução

Os direitos econômicos, sociais e culturais, embora reconhecidos positivamente pelos instrumentos internacionais desde as primeiras décadas do séc. XX, ainda não lograram dos Estados o respeito que merecem. A sua realização, por demandar, na grande maioria das vezes, uma prestação estatal, geralmente, é negligenciada.

O direito à alimentação, reconhecido internacionalmente como direito social desde a Declaração Universal dos Direitos Humanos, tem sido alvo de inúmeras discussões jurídicas e políticas, vez que mais de 800 milhões de pessoas passam fome no mundo.[1]

A situação brasileira não é diferente da mundial. O déficit médio de energia/dia das pessoas subnutridas era, entre 1996/1998, de 250 Kcal, dando ao Brasil o quarto maior índice da América Latina e Caribe[2], o que indica que o direito à alimentação no Brasil não é efetivamente assegurado a todos.

As questões jurídicas pertinentes ao direito à alimentação ganham importância atual face à situação de miséria em que se encontra a maioria da população brasileira e da necessidade, em razão disto, de se descobrir se a realização deste direito pode ser judicialmente exigida do Estado brasileiro.

Neste sentido, iremos analisar o contexto sociojurídico em que surgem, internacionalmente, os direitos sociais, como o direito à alimentação, e tentar perceber as razões pelas quais se consolidaram as doutrinas dogmáticas que questionaram até mesmo a sua juridicidade.

Feito isso, mister se faz avaliar a repercussão dos documentos internacionais na legislação brasileira. Para tanto, tentaremos fazer um panorama dos tratados, pactos e declarações ratificadas pelo Brasil e das Constituições brasileiras até a atualidade, identificando sinais da presença do direito à alimentação em nosso ordenamento jurídico.

Verificaremos se o Estado brasileiro vem comungando com o pensamento internacional sobre o direito à alimentação e se o constitucionalizou. Se acaso identificarmos o direito social à ali-

---

1 World Food Summit. *Rome Declaration on World Food Security*. Roma: FAO, 1996.
2 FAO. *El Estado de la inseguridad alimentaria en el mundo*. Roma: FAO, 2000.

mentação como direito positivamente assegurado pela ordem constitucional, observaremos a natureza das normas que o prevêem e a sua capacidade de gerar ou não obrigação jurídica para o Estado.

Limitar-nos-emos, no entanto, a vislumbrar se o direito à alimentação é reconhecido pelo Estado brasileiro e se corresponde a uma obrigação de realização por parte deste, fazendo uma leitura da doutrina nacional sobre a eficácia jurídica das normas que porventura o contenham, sem pretensões de esgotar o tema ou de analisar os instrumentos jurídicos, políticos e sociais de garantia porventura postos pela Constituição à disposição do ser humano para assegurá-lo.

1. Direitos sociais e normas programáticas: eficácia

1.1. Contexto sociojurídico em que surgem os direitos sociais

Após a declaração de independência dos Estados Unidos da América e as Revoluções Inglesa e Francesa, criou-se no mundo uma política de tutela às liberdades individuais. O liberalismo econômico se refletiu em uma tendência teórico-jurídica de assegurar o respeito do Estado aos chamados direitos individuais. Para isso, fez-se necessária a eliminação da concentração das funções do Estado nas mãos de uma só pessoa.

Com a "separação dos Poderes" do Estado, na clássica tripartição proposta por Montesquieu, concentrou-se no Poder Legislativo, eleito pelo "povo", através de voto censitário, por isso "legítimo", a esperança de imposição de limites ao administrador. As teorias acerca da necessidade de elaboração de Constituição escrita, com dificuldades no processo de alteração, supremacia constitucional e Poder Constituinte, também colaboraram para fazer prevalecer o pensamento liberal-burguês.

Desenvolveram-se teorias jurídicas exegéticas, historicistas e positivistas, todas sobressaltando o Direito enquanto forma, cujo objetivo era o de garantir o primado da supremacia da legalidade, a prevalência do direito estatal (especialmente o escrito), posto que fruto do Poder Legislativo. Com isto, manteve-se o novo padrão social adquirido com a ascensão da burguesia ao Poder.

O final do século XIX e o início do século XX foram marcados por um crescimento econômico muito grande, com concentração de riqueza nas mãos de poucos. O processo de industrialização e a exploração da mão-de-obra barata parecem ter despertado a população trabalhadora para a inexistência de uma real liberdade.

Neste contexto, começaram a surgir as doutrinas sociais, algumas mais nocivas ao liberalismo econômico e outras menos radicais, mas todas questionando a miséria humana e a falta de dignidade com a qual os trabalhadores vinham sendo tratados. Passou-se a indagar o que seria exatamente a "vontade geral" que a lei pretendia representar; as distorções entre as normas e a realidade social; a necessidade de conscientização da força da sociedade e de sua organização para o exercício do poder[3].

A formação dessas doutrinas sociais, contestando a omissão do Estado e a legitimidade deste, fomentou as lutas pelo sufrágio universal[4], pela representação partidária dos trabalhadores e, notadamente, pelos direitos trabalhistas e colocaram em situação de risco tanto a liberdade econômica quanto o próprio capitalismo. Providências eram necessárias para que se mantivesse o poder nas mãos de quem o detinha.

As teorias mais moderadas, que admitiam a necessidade de se observar a realidade social, mas que entendiam merecer prevalecer o formalismo que caracterizava a ciência jurídica como ciência do dever-ser, começaram a surgir e agradar aos governantes[5].

---

3   LASSALLE, Ferdinand. *A Essência da Constituição*. Rio de Janeiro: Lumen Juris, 2000, pp. 10, 12, 14, 34, 37 e 40.
4   Mesmo que nem tão universal assim, já que excluía as mulheres.
5   HESSE, Konrad. *A força normativa da Constituição*. Trad. Gilmar Ferreira Mendes. Porto Alegre: Sergio Antônio Fabris Editor, 1991, p. 25.

Os direitos sociais almejados não surgiram de uma hora para a outra, como uma concessão milagrosa e espontânea. Os documentos produzidos pelo constitucionalismo clássico dos fins do século XVIII e início do século XIX, nada obstante imbuídos do espírito individualista, já faziam referência a alguns deles, embora sem os tratar como "direitos sociais" e com pequena (ou nenhuma) repercussão do ponto de vista teórico. Como exemplo, podemos citar as Constituições francesas de 1793 e 1848, e a brasileira de 1824.[6]

O novo modelo de constitucionalismo, que exigia a regulação da vida econômica e social, em contraposição ao liberalismo, surgiu progressivamente, até tornar-se uma constante nos Estados contemporâneos (mesmo influenciados pelo neoliberalismo globalizante).

Alguns marcos são referidos pelos autores como fontes dos primeiros direitos sociais, dentre eles: A Constituição do México de 1917, a qual trouxe um rol de direitos trabalhistas em seu Título VI (embora ainda de pequena repercussão no mundo europeu, dito "civilizado"); a declaração russa de 1918, que pretendia trazer o proletariado ao Poder; e o Tratado de Versalhes, de 1919, no qual se constituiu a Organização Internacional do Trabalho e, conseqüentemente, consagraram-se os direitos do trabalhador.[7]

Observa-se que os direitos sociais, econômicos e culturais, apesar de terem surgido como limites a alguns direitos individuais consagrados nas primeiras declarações de direitos (liberdade e propriedade, por exemplo), não os excluem.

A partir do período pós-guerra, houve um crescimento da teoria jurídica, deixando-se um pouco de lado o formalismo. Ao menos alguns juristas assim o fizeram, para trabalhar com os valores constitucionais, com o elemento axiológico da norma

---

6   SARLET, Ingo Wolfgang. *A eficácia dos direitos fundamentais*. Porto Alegre: Livraria do advogado, 2001, p. 51.
7   FERREIRA FILHO, Manoel Gonçalves. *Direitos Humanos Fundamentais*. São Paulo: Saraiva, 1998, pp. 45-47.

jurídica.[8] O conceito de dignidade humana, envolvendo o direito de acesso ao trabalho e ao trabalho em condições humanas, o direito à educação, à saúde e muitos outros de dimensão coletiva, fez com que alguns autores pensassem, novamente, na "justiça" como integrante do Direito.

Paralelamente, formou-se, contudo, uma discussão sobre os "tipos" de normas constitucionais, já que os direitos sociais, econômicos e culturais exigiam uma postura diferente da que o Estado adotara ao respeitar os direitos individuais liberais, bem como impunham uma limitação a direitos até então absolutos, de titularidade de uma classe que detinha a capacidade de influir no processo legislativo, vez que abastada.

Se é certo que a juridicidade das normas constitucionais que reconheciam direitos sociais, econômicos e culturais foi questionada (e ainda hoje o é), não menos certo é afirmar, a partir do escólio do Prof. Paulo Bonavides[9], que com as primeiras Declarações de Direitos (liberais, individuais e burguesas), também se indagou acerca da juridicidade de algumas normas, mesmo que sutil e perfunctoriamente.

Diferem estes momentos, em nosso entender, sob dois aspectos fundamentais: Primeiramente, as declarações liberais atendiam à necessidade da classe econômica que dominava o exercício do Poder, ao passo que os direitos sociais a afrontavam diretamente, por exigir gasto com a população que não tinha condições de, por si só, alcançar uma existência digna. Como conseqüência, e em segundo lugar, as primeiras teorias não só foram esvaziadas por serem minoritárias, como não chegaram seus autores a elaborar qualquer tese jurídica que aprofundasse os diferentes níveis de eficácia das normas, enquanto as teorias jurídicas do século XX trataram de distinguir severamente as normas jurídicas constitucionais, das regras políticas e das nor-

---

8 VERDÚ, Pablo Lucas. *Teoría de la Constitución como ciencia cultural*. Madrid: Dykinson, 1997, pp. 40 e 41.
9 BONAVIDES, Paulo: *Curso de Direito Constitucional*. São Paulo: Malheiros, 1997, p.517.

mas que não estavam aptas à produção de efeitos, embora situadas na Constituição.

Ou seja, nada obstante tenham sido reconhecidos os direitos sociais, econômicos e culturais pela Declaração Universal dos Direitos do Homem, pelo Pacto de Direitos Econômicos, Sociais e Culturais, entre outros, e, mais tarde, alguns Estados os tenham incluído em suas Constituições, eles tiveram a sua natureza jurídica questionada e sua força eficacial posta à prova pelos teóricos do Direito.

No Brasil, a primeira Constituição a dar destaque aos direitos econômicos, sociais e culturais, incluindo-os em uma "Ordem Econômica e Social", foi a de 1934. A Constituição Federal de 1988 distingue a Ordem Econômica da Social e traz direitos sociais prescritos nos direitos e garantias fundamentais[10], apesar de não os reconhecer como intangíveis, como o faz com os direitos civis e políticos, numa autêntica violação, dentre as muitas ocorridas na CF/88, à indivisibilidade dos direitos humanos.

Destaque-se que a indivisibilidade dos direitos humanos é referida pelos constitucionalistas em geral[11] que recusam a classificação dos direitos humanos em gerações, porque estas dão idéia de substituição de um grupo de direitos pelo outro, ao invés da complementariedade que lhes é própria. A indivisibilidade, interdependência e complementariedade dos direitos foi reconhecida pelo Brasil e demais Estados independentes com a subscrição da Declaração Universal dos Direitos Humanos, da Proclamação de Teerã e da Convenção Americana de Direitos Humanos, pois não fizeram quaisquer distinções entre os direitos civis, políticos, sociais, econômicos ou culturais.[12]

---

10 HORTA, Raul Machado. *Direito constitucional*. Belo Horizonte: Del Rey, 1999, p.254.

11 A título de exemplo: Paulo Bonavides, Ingo Wolfgang Sarlet, Antônio Augusto Cançado Trindade, Flávia Piovesan, dentre outros.

12 DIAS, Clarence J. "Indivisibility" *in* Anais do *Seminário Direitos Humanos no Início do Século XXI* realizado no Rio de Janeiro, em 10 e 11 de setembro de 1998. Brasília: Instituto de Pesquisa de Relações Internacio-

A *contrario sensu*, identifica-se, na prática, não apenas no Brasil, mas internacionalmente, um distanciamento entre os direitos civis e políticos e os direitos sociais, econômicos e culturais, tanto que foram reconhecidos através de pactos internacionais de proteção de direitos humanos distintos, demonstrando então um conflito político-ideológico que sempre influenciou a realização dos direitos econômicos, sociais e culturais.[13]

Esta análise inicial do contexto sociojurídico em que são reconhecidos os direitos sociais, econômicos e culturais como categoria de direitos humanos é necessária para que se perceba que, mais do que para atender aos anseios da população trabalhadora, este reconhecimento formal reflete uma opção do poder político, amparado por uma teoria jurídica que vincula a sua natureza à idéia de norma de eficácia limitada e a sua efetividade à de viabilidade econômica.

1.2. Normas programáticas – natureza e eficácia: desenvolvimento da teoria no Brasil

Muitos autores estrangeiros do começo do século XX negaram o caráter jurídico de algumas normas constitucionais, aduzindo que se tratavam de meros programas políticos e valores norteadores do exercício do Poder, sem qualquer vínculo de obrigatoriedade que permitisse a exigência de sua implementação e sem sequer constituírem princípios constitucionais[14].

Afirmaram não se tratar de imperativos jurídicos, dentre outros motivos, por não possuírem previsão de sanção corres-

---

nais, Ministério das Relações Exteriores. www.mre.gov.br/ipri/abertura.htm.

13 LIMA Jr., Jayme Benvenuto. "O caráter expansivo dos direitos humanos na afirmação de sua indivisibilidade e exigibilidade". *In* o mesmo *et al*. *Direitos Humanos Internacionais – avanços e desafios no início do século XXI*. Recife: Gajop, 2001, pp.75-76.

14 BONAVIDES, Paulo: *Curso de Direito Constitucional*. São Paulo: Malheiros, 1997, p.207.

pondente ao seu descumprimento e, por conseguinte, serem inaptas a gerar obrigações exigíveis do Estado ou de terceiros a quem se dirigiam. Até hoje há quem mantenha tal posicionamento: São juristas habituados ao modelo formal de manifestação da norma jurídica.

O italiano Vezio Crisafulli, embora reconhecesse a existência de normas com um conteúdo valorativo acentuado, demasiadamente vago ou indeterminado, que não permitem identificar uma regra de conduta e fazem alguns questionarem a juridicidade do seu objeto, ressalta que tais normas, quando expressas na Constituição, servem, no mínimo, como limite negativo da atuação do Estado e da Sociedade e, conseqüentemente, devem ser consideradas jurídicas.[15]

As normas constitucionais que prescrevem modelos e metas de atuação às pessoas que exercem o poder estatal, embora não possuam em seu corpo sanção, valem-se das demais regras e princípios existentes no ordenamento jurídico para se impor. A sua juridicidade está localizada na sua integração e adequação ao sistema jurídico. Isto nem Kelsen discute.[16] Insertas na Constituição, funcionam, no mínimo, como norte para a hermenêutica e limite de constitucionalidade da atuação do poder estatal. Logo, são normas jurídicas, inclusive sob o aspecto formal.

Quanto ao fato de serem dotadas de um conteúdo valorativo mais forte, tal aspecto não exclui a sua juridicidade, pois toda norma jurídica tem, como conteúdo, um valor social. A discussão quanto à importância, ou não, do estudo desses valores para a ciência jurídica, apesar de importante, não é objeto desta monografia.

Atualmente, no entanto, após a discussão sobre normas materialmente e formalmente constitucionais[17] – que não vem ao

---

15 CRISAFULLI. Vezio. *La Costituzione e le sue disposizinoni di principio*. Milão: Dott. A. Giuffrè, 1952. p. 36 e nota de rodapé s/n pp.36 e 37.
16 KELSEN, Hans. *Teoria Pura do Direito*. São Paulo: Martins Fontes, 1987, pp. 59-62.
17 MIRANDA, Jorge. *Manual de Direito Constitucional*, T. II. Coimbra:

caso ser resgatada neste momento – reconhece-se a todas as normas contidas na Constituição, inclusive ao preâmbulo, a juridicidade e a supremacia peculiares à Lei Maior[18].

Superado o tema da juridicidade de todas as normas previstas na Constituição, a doutrina passou a impugnar a aplicabilidade e eficácia das normas que se traduziam em comandos ao administrador e ao legislador, notadamente das fixadoras de políticas públicas sociais.

A princípio, os juristas brasileiros se utilizavam das teorias estrangeiras de classificação das normas constitucionais para distingui-las quanto à sua eficácia. Rui Barbosa e Pontes de Miranda, referidos na grande maioria das obras que tratam do tema[19], sofreram influência das doutrinas norte-americana e italiana, respectivamente, e classificaram as normas constitucionais, conforme sua eficácia, em auto-executáveis e não auto-executáveis, o primeiro, e bastantes em si e não bastantes em si, o segundo. Não reconheceram carga eficacial nas normas que, dirigindo-se ao Poder Público, só se aperfeiçoavam com a atuação deste.

Em síntese, dividiam as normas constitucionais entre aquelas que geravam direitos subjetivos passíveis de cobrança contra o Estado, imediatamente, e aquelas outras que somente gerariam direito após a interferência do legislador ordinário ou da atuação do Poder Executivo.

Coimbra Editora Limitada, 1983, pp. 9-12. SILVA, José Afonso da: *Aplicabilidade das normas constitucionais*. São Paulo: Malheiros, 2.000, p. 153.
18 MIRANDA, Jorge. *Manual de Direito Constitucional*, T. II. Coimbra: Coimbra Editora Limitada, 1983, p. 217.
19 BONAVIDES, Paulo: *Curso de Direito Constitucional*. São Paulo: Malheiros, 1997, p.215; SILVA, José Afonso da: *Aplicabilidade das normas constitucionais*. São Paulo: Malheiros, 2.000, pp. 68, 73-74, 137; BARROSO, Luís Roberto. *Interpretação e aplicação da Constituição*. São Paulo: Saraiva, 1999, p. 238;

J.H. Meirelles Teixeira criou uma designação específica para tratamento do tema e desvinculou-se dos limites impostos pelas doutrinas estrangeiras, nada obstante tenha analisado criticamente a lição dos norte-americanos e italianos. Separou as normas constitucionais em duas categorias: eficácia plena e eficácia limitada e estas em normas programáticas e normas de legislação[20].

Todavia, verifica-se no professor paulista a influência da doutrina italiana de Vezio Crisafulli, reconhecendo nas normas programáticas carga eficacial diminuída, ante à ausência de disciplina integral da matéria que regula. Registre-se, no entanto, que ambos concordam que são motivos políticos que fazem com que o constituinte faça opção pela programaticidade de uma norma.

Grande destaque nacional acerca do tema "conceito e eficácia das normas constitucionais" tem a teoria do prof. José Afonso da Silva, a qual, além de fazer uma releitura das teorias estrangeiras e nacionais existentes e analisá-las criticamente, foge da bipolaridade, comum até então, e classifica as normas constitucionais em:

a) normas constitucionais de eficácia plena;
b) normas constitucionais de eficácia contida; e
c) normas constitucionais de eficácia limitada (declaratórias de princípio institutivo e declaratórias de princípio programático).[21]

Mantendo a cisão das normas, quanto à eficácia, em normas de eficácia plena e normas de eficácia limitada (como já se discorria), distingue destas, inusitada e coerentemente, as normas

---

20 TEIXEIRA, J. H. Meirelles. *Curso de Direito Constitucional*. Rio de Janeiro: Forense Universitária, 1991, pp. 317 e 323.
21 SILVA, José Afonso da: *Aplicabilidade das normas constitucionais*. São Paulo: Malheiros, 2.000, p. 86.

de eficácia contida ou restringível como preferem outros[22]. Ingo Sarlet, posiciona-se em sentido contrário. Criticando a tripolaridade, aduz que a restringibilidade é nota característica de qualquer direito fundamental, já que não são absolutos, de sorte que o fato de a norma prever, expressamente, a possibilidade de restrição futura não justificaria a formação de uma categoria diferente.[23]

Para José Afonso da Silva, as normas constitucionais programáticas, surgidas com o constitucionalismo socioeconômico, traduzem o conteúdo social da Constituição e sua eficácia depende muito de seu enunciado, dirigindo-se, muitas vezes, ao legislador, outras ao Poder Público em geral e outras, à ordem econômico-social, mas o fato de depender da atuação do Estado não implica, de forma alguma, na inexistência de carga eficacial e tampouco no impedimento de constituírem direito subjetivo.[24]

Embora outros autores nacionais tenham discorrido acerca do tema e proposto nomenclaturas distintas das oferecidas pelo Prof. José Afonso da Silva para designar as normas jurídicas que, sem chegarem a ser consideradas princípios, definem objetivos, metas e programas, dirigindo-se aos Poderes de Estado, para concretização de seus preceitos, denominando as normas que ele chamou de programáticas de normas-objetivo (correspondente ao *indirizzo politico* de Crisafulli)[25], ou de normas de

---

22 DINIZ, Maria Helena. *Norma constitucional e seus efeitos*. São Paulo: Saraiva, 1993, p.101. TEMER, Michel. *Elementos de Direito Constitucional*. São Paulo: Malheiros, 1997, p. 24.
23 SARLET, Ingo Wolfgang. *A eficácia dos direitos fundamentais*. Porto Alegre: Livraria do Advogado, 2001, p. 230.
24 SILVA, José Afonso da: *Aplicabilidade das normas constitucionais*. São Paulo: Malheiros, 2000, pp. 136, 137, 140, 141, 142, 147-150, 152 e 155.
25 GRAU, Eros Roberto. *A ordem econômica na Constituição de 1988*. São Paulo: Malheiros, 2000, p. 181.

menor densidade normativa[26]; ou ainda acrescido à classificação das normas constitucionais as normas de eficácia absoluta (normas constitucionais intangíveis)[27], entendemos satisfatória a conclusão do autor, de sorte que será utilizada, nesta monografia, sua classificação.

As normas constitucionais programáticas, então, são normas jurídicas que estabelecem comandos que orientam a atuação do Estado, definindo em que sentido pode e deve dirigir suas ações. Apesar de localizadas entre as normas de "eficácia limitada", são dotadas de aplicabilidade e eficácia imediata no tocante à vinculação do poder estatal.

"Pela prioridade que, sem dúvida, caracteriza o endereço político, com respeito ao desenvolvimento das outras funções estatais, a começar pela função legislativa, deve-se reconhecer que todas as normas constitucionais programáticas são, em primeiro lugar, preceptivas e vinculantes do seu próprio endereço político que, para explicá-las, será adotado pelo órgão competente, para ser posteriormente, realizado através de norma apropriada a ulterior ação, em sentido amplo, executiva ou de administração do aparato estatal."[28]

---

26 SARLET, Ingo Wolfgang. *A eficácia dos direitos fundamentais*. Porto Alegre: Livraria do Advogado, 2001, p. 243.
27 DINIZ, Maria Helena. *Norma Constitucional e seus efeitos*. São Paulo: Saraiva, 1993, p. 98.
28 CRISAFULLI, Vezio. La Costituzione e le sue disposizinoni di principio. Milão: Dott. A. Giuffrè, 1952, p. 68: "Per la priorità che indubbiamente caratterizza l'indirizzo politico rispetto allo syolgimento delle altre funzioni statali, a comiciare della funzione legislativa, deve riconoscersi che tutte le norme costituzionali programatiche sono anzitutto precettive e vincolanti proprio sull'indirizzo politico, che, in esplicazione di esse, verrà di volta in volta adottato dagli organo competenti, por esssere poi realizzato attraverso apposita normazione l'ulteriore azione lato sensu esecutiva o di amministrazione dell'apparato statale".

1.3. Os direitos sociais previstos em normas programáticas geram dever jurídico para o Estado?

Que as normas programáticas são jurídicas e produzem alguns efeitos imediatos, embora estejam incluídas entre as normas de eficácia limitada, já ficou demonstrado, resta-nos indagar se dentre estes efeitos está o de gerar obrigação jurídica estatal correspondente aos direitos nelas porventura contidos.

Interessante destacar, no que tange à configuração de direitos subjetivos, a lição dogmática do mestre maior do normativismo jurídico Hans Kelsen[29]. O escólio kelseniano não só admite a existência das normas jurídicas não-autônomas, que não prevêem sanção em seu próprio corpo, mas também reconhece nestas normas a capacidade de gerar dever jurídico para o Estado.

Estariam estas normas incluídas na categoria capaz de gerar direitos subjetivos por ele nomeados "direitos políticos", cujos fundamentos de existência seriam a rigidez constitucional e o controle de constitucionalidade disponível ao indivíduo. À época, o autor citou como exemplo os direitos da liberdade, contudo, a regra, para quem a aceita, deve ser aplicável a qualquer norma jurídica e a qualquer direito que atenda tais fundamentos.

Embora tenhamos percebido que a norma programática tem esta potencialidade, à medida que o ordenamento jurídico oferece, em outras normas, instrumentos políticos, judiciais e sociais aptos a assegurar o atendimento à sua prescrição, entendemos importante registrar a existência de opiniões divergentes.

Alguns autores aduzem que a inexistência de uma ação judicial própria que assegure a contraprestação do dever estatal correspondente ao direito previsto pela norma é a nota caracterís-

---

[29] KELSEN, Hans: *Teoria pura do direito*. São Paulo: Martins Fontes, 1987, pp. 59-62, 153, 155-157.

tica da norma programática.[30] Outros, embora defendam a possibilidade de identificação, nas normas programáticas, de um direito subjetivo em sentido negativo, questionam a existência de um direito subjetivo em sentido positivo, oponível ao dever de realização pelo Estado.[31]

Na realidade, ao definir o *modus operandi* do Estado, a norma programática, por ser norma jurídica, produz inúmeros efeitos imediatos e gera para o cidadão o direito de exigir do Estado que aja conforme os ditames constitucionais[32], notadamente porque é parâmetro de controle de constitucionalidade[33]. Oferece mecanismos jurídicos e políticos para que se obrigue a parcela inerte do Estado a cumpri-la, a exemplo das ações de controle de constitucionalidade, do mandado de injunção, da argüição de descumprimento de preceito fundamental, da participação da sociedade na formulação de políticas públicas, entre outros. Se estes instrumentos são utilizados ou não, ou se a eles é dada toda a dimensão exigida pelo princípio da efetividade das normas constitucionais, é outra questão.

A problemática da possibilidade de geração de direito subjetivo correspondente ao dever estatal previsto nos "programas" eleitos pelas normas constitucionais, atinge diretamente ao nosso interesse neste estudo porque a grande maioria dos direitos sociais prestacionais está prevista em normas constitucionais programáticas, embora o constituinte nacional de 1988 tenha-se utilizado tanto de normas de eficácia limitada de princípio programático como de normas de eficácia plena para reconhecer direitos sociais.

---

30 BARROSO, Luís Roberto. *Interpretação e aplicação da Constituição*. São Paulo: Saraiva, 1999, p. 244.
31 SARLET, Ingo Wolfgang. *A eficácia dos direitos fundamentais*. Porto Alegre: Livraria do Advogado, 2001, p.274.
32 CANOTILHO, J.J. Gomes. *Constituição dirigente e vinculação do legislador*. Coimbra: Coimbra Editora Limitada, 1994. pp. 343 e 368.
33 MIRANDA, Jorge. *Manual de Direito Constitucional*, T. II. Coimbra: Coimbra Editora Limitada, 1983, pp. 219-220.

Por outro lado, verificamos que, mesmo com menor variação, a Constituição Federal de 1988, na definição dos direitos civis e políticos também se utilizou de normas programáticas e, nem por isso, os autores questionam a sua capacidade de gerar direitos subjetivos, o que nos leva a crer que, além da discussão teórico-dogmática sobre a "eficácia" das normas programáticas, existem outras questões envolvidas na identificação dos direitos sociais como direitos subjetivos.

    O ponto central da celeuma sobre a capacidade das normas constitucionais programáticas que reconhecem direitos sociais gerarem direitos subjetivos e obrigações estatais, entendemos, não se localiza na natureza técnico-jurídica da regra que o contém, como insistem a doutrina e jurisprudência pátrias, que mantêm-se numa postura extremamente conservadora e tradicionalista, mas no conteúdo ideológico do direito fundamental nela previsto e na conveniência política de sua implementação.

    O tema remete ao debate sustentado por Ferdinand Lassalle, Carl Schmitt, Konrad Hesse, Vezio Crisafulli e tantos outros em torno da imperatividade da própria Constituição e efetividade de suas normas, levando-nos a assumir que são os fundamentos sociais e políticos, muito mais que os técnico-jurídicos, que fazem com que algumas normas constitucionais sejam eficazes e efetivas e outras não.

    Teorias consideradas extremistas afirmaram prevalecer sobre o jurídico o caráter político ou social da Constituição, desmerecendo a própria juridicidade da Lei Maior[34]. Outras, tentaram conciliar a influência da realidade sociopolítico-econômica sobre a Carta Constitucional, com a ingerência desta, enquanto texto jurídico, na vida política e social de um Estado[35].

---

34 LASSALLE, Ferdinand. *A Essência da Constituição*. Rio de Janeiro: Lumen Juris, 2000.
35 HESSE, Konrad. *A força normativa da Constituição*. Trad. Gilmar Ferreira Mendes. Porto Alegre: Sergio Antônio Fabris Editor, 1991, p. 25. Op. Cit..

Normas constitucionais tidas pelos juristas como de eficácia plena ou auto-executáveis, ou bastantes em si, ou qualquer outro termo que se pretenda utilizar para designar as normas que não delegam ao Estado a competência de constituir o meio de realização do direito, e que disciplinam direitos civis e políticos como a vida e a segurança, carregam o mesmo grau político e jurídico de aplicabilidade e eficácia de normas ditas programáticas, quando estas reconhecem direitos sociais como os direitos à alimentação, à saúde e à educação, em virtude do teor do art. 5, § 1º da CF/88.[36] Logo, tanto quanto elas, devem ser reconhecidas como aptas a produzir direito subjetivo. Esta é a tendência natural da evolução dos direitos humanos[37].

O fato de a norma constitucional do art. 6º da Constituição Federal, ao reconhecer os direitos à saúde e à educação, remeter a outras normas constitucionais e estas (arts. 196 e 205, por exemplo) os tornarem dependentes de políticas públicas que os promovam, não torna esses direitos menos jurídicos ou eficazes que o direito à vida ou à segurança, pelo simples fato destes últimos estarem previstos pelo *caput* do art. 5º (norma tida como de eficácia plena e aplicabilidade imediata).

É que o *caput* do art. 5º da CF/88 não esclarece o conteúdo dos direitos nela referidos e tampouco exclui a necessidade de políticas públicas que os promovam, tanto que a própria Constituição trata, em outros dispositivos, da segurança pública e também remete ao legislador ordinário alguns pormenores (arts. 142, 143 e 144 da Lei Maior brasileira, a título de ilustração).

Se é certo que a grande maioria das normas que tratam dos direitos sociais delegam ao legislador ordinário, expressamente, o desenvolvimento dos seus mecanismos de efetividade, não é errado asseverar que, na declaração dos direitos civis e políticos

---

36 GRAU, Eros Roberto. *A ordem econômica na Constituição de 1988*. São Paulo: Malheiros, 2000, p. 325.
37 BONAVIDES, Paulo: *Curso de Direito Constitucional*. São Paulo: Malheiros, 1997, p.518.

e suas garantias isto também ocorre (art. 5°, XXVIII, XXIX, XLIII, LXXVI, entre outros, da CF/88). O fato é que ainda não se desenvolveu no Brasil uma história de respeito à Constituição como um todo. Mesmo os princípios constitucionais, que não tutelam situações jurídicas subjetivas e, por isso mesmo prescindem de regulamentação, são desrespeitados[38].

Normas de eficácia plena e aplicabilidade imediata são violadas pelo próprio Estado, corriqueiramente, apesar de reconhecidas, unanimemente, pela doutrina e jurisprudência como capazes de gerar direitos subjetivos e sendo dotadas de instrumentos judiciais de proteção[39]. A ausência de realização deste direito, de forma integral, no entanto, não faz com que se lhes negue a juridicidade ou a eficácia.

O problema não é o desrespeito, em si, a um princípio constitucional ou a uma regra constitucional de eficácia plena ou limitada. A grande questão é por que normalmente são violadas as normas que têm conteúdo social mais latente? E mais: Por que o desatendimento ao seu preceito leva os constitucionalistas a formular teorias jurídicas justificadoras, ao invés de procurar as soluções jurídicas que permitam assegurar a aplicação da Constituição?

O direito à vida é incluído no ordenamento jurídico brasileiro por norma constitucional de eficácia plena e aplicabilidade imediata indiscutível e é dotado de várias garantias previstas em normas constitucionais com a mesma natureza. Todavia, tem a sua dimensão social constantemente violada. Logo, a norma que o reconhece, apesar de ser classificada juridicamente como de eficácia plena (ou até mesmo absoluta), é inefetiva.

Se há distinção técnica na elaboração das normas e umas remetem a disciplina da matéria ao legislador ordinário e outras

---

38 CANOTILHO, J.J. Gomes. *Direito Constitucional e Teoria da Constituição*. Coimbra: Almedina, 1998, p. 1035.
39 SARLET, Ingo Wolfgang. *A eficácia dos direitos fundamentais*. Porto Alegre: Livraria do Advogado, 2001, p. 58.

não, claro que se deve reconhecer a diferença, mas sempre vislumbrando o princípio da máxima efetividade das normas constitucionais[40] e a indivisibilidade dos direitos humanos, pois só assim, ao invés de se tratar as normas programáticas como incapazes de gerar direito subjetivo oponível ao Estado ou ao particular, dar-se-á aos meios judiciais existentes, através das regras de hermenêutica, a força de que precisam para fazer valer a Constituição.[41]

Neste sentido, poderíamos concluir, juridicamente, que quando o art. 208, VII, da Constituição Federal de 1988, estabelece que o dever do Estado correspondente ao direito fundamental à educação, será efetivado mediante a garantia de atendimento ao educando, no ensino fundamental, através de programas suplementares de alimentação, está deixando claro que o Estado, em qualquer nível da Federação, deve pautar suas ações no sentido de desenvolver programas de alimentação escolar para os alunos do ensino fundamental.

A criação desses programas é delegada ao legislador ordinário, e às políticas públicas formuladas pelo Poder Executivo, mas a obrigação constitucional já está constituída, a norma é dotada de forte carga eficacial.

Se for omisso o legislador ordinário ou o representante do Poder Executivo, e violar, com isto, os direitos sociais à alimentação e à educação previstos nesta norma programática, imprescindível é a leitura dos instrumentos constitucionais existentes, no sentido de assegurar a eficácia da norma, ao invés de criar teorias que justifiquem a inconstitucionalidade e situem a criação das políticas públicas correspondentes no âmbito da liberdade política daqueles que exercem o Poder.

A eficácia dos direitos sociais, notadamente os contidos em normas programáticas, depende tanto de uma mudança na pos-

---

40 CANOTILHO, J.J. Gomes. *Direito Constitucional e Teoria da Constituição.* Coimbra: Almedina, 1998, p. 1097.
41 DANTAS, Ivo. *Princípios constitucionais e interpretação constitucional.* Rio de Janeiro: Lumen Juris, 1995, p.80.

tura teórica dos juristas atuais, para que passem a ler a Constituição como uma Lei Suprema de fato, exigindo o respeito daqueles que juraram defendê-la, quanto do interesse político dos que exercem o poder estatal.

Isto porque os argumentos teóricos de "reserva do possível", ilegitimidade de ingerência do Poder Judiciário em assuntos próprios dos Poderes Executivo e Legislativo, "prestação positiva x prestação negativa" trazidos à baila por inúmeros doutrinadores brasileiros[42] só mereceriam consideração quando, de fato, o "possível" estivesse sendo feito. Ocorre que a ninguém é atribuído, pela maioria dos doutrinadores, o direito de questionar, judicialmente, se os políticos estão, de fato, fazendo o "possível" para atender à Constituição.

Com uma postura voltada à obediência aos ditames constitucionais, ao revés de tratar a Lei Maior como ideal utópico, as teorias jurídicas podem dar aos inúmeros instrumentos constitucionais postos à disposição do cidadão para assegurar a efetividade dos direitos sociais a leitura de que necessitam para garantir a prevalência de princípios constitucionais como o da dignidade da pessoa humana e a consecução dos objetivos de construção de uma sociedade justa, livre e solidária, de erradicação da pobreza e redução das desigualdades sociais.

2. Reconhecimento do direito à alimentação pelo estado brasileiro

2.1 Constituições nacionais

A primeira Constituição do Brasil, como Estado independente, foi outorgada por D. Pedro I, em 1824. Apesar de

---

42 KRELL, Andreas. Realização dos Direitos Fundamentais Sociais mediante controle judicial da prestação dos serviços públicos básicos, *in*: *Anuário dos Cursos de Pós-Graduação em Direito*, n. 10. Recife: Editora Universitária, 2000, p.30.

totalmente influenciada pelo espírito liberal francês, tratou de alguns direitos sociais, a exemplo dos §§ 24, 31, 32 e 33, do art. 179, que falavam do respeito à saúde, da liberdade de emprego e do direito à educação gratuita. Nenhuma menção foi feita ao direito à alimentação, contudo.

Rompendo com a monarquia, a Constituição da República dos Estados Unidos do Brasil, em sua Declaração de Direitos (art. 72) manteve a ideologia liberal e dispôs apenas sobre direitos civis e políticos. Tratou da educação leiga, das instituições de ensino, da liberdade de escolha de profissão, mas não os reconhecia como direitos sociais propriamente ditos.

Todavia, o art. 78 previu que "a especificação das garantias e direitos expressos na Constituição não exclui outras garantias e direitos não enumerados, mas resultantes da forma de governo que ela estabelece e dos princípios que consigna", cedendo espaço para a legislação infraconstitucional e os futuros tratados internacionais.

A Constituição de 1934, imbuída do espírito democrático peculiar à época, foi a primeira Constituição brasileira a tratar de direitos econômicos, sociais e culturais como categoria específica e diferenciada de direitos, tanto englobando-os na Declaração de Direitos, como na Ordem Econômica e em várias outras disposições espalhadas pelo texto constitucional.

Na declaração de direitos, tratou dos direitos concernentes à subsistência, assegurando o direito do cidadão de prover a sua subsistência e a de sua família, "mediante trabalho honesto", em termos que, só mais tarde, apareceram na Declaração Universal dos Direitos Humanos. Restringiu o direito à propriedade privada ao exercício conforme o interesse social ou coletivo. Determinou a organização da ordem econômica de forma que possibilitasse a todos existência digna, limitando, com isto, a liberdade econômica. Deu ênfase aos direitos sociais do homem trabalhador e ao direito à educação.

Ao tratar do direito à educação como "direito de todos" e atribuir o dever correlato à família e aos Poderes Públicos, a fim de que se desenvolvesse a "consciência de solidariedade humana" (art. 149), previu como obrigação da União, dos Estados e do Distrito Federal, a constituição de um fundo para financiamento da educação, aplicando-se parte dos recursos em assistência alimentar (art. 157, § 2º). Foi a primeira vez que o direito à alimentação foi referido em uma Constituição brasileira, mesmo que de forma indireta, através da indicação de necessidade de políticas públicas e vinculado a um outro direito, este sim, diretamente reconhecido como direito subjetivo.

Muito embora tenha falado em assistência social como competência da União, a Constituição Federal de 1937 representou um retrocesso no reconhecimento dos direitos humanos no Brasil, pois retirou do rol dos crimes de responsabilidade do Presidente da República o desrespeito aos direitos civis e políticos, como era praxe constar; não ratificou o direito à subsistência; e ampliou, novamente, o direito à propriedade, remetendo ao legislador ordinário a faculdade de limitação. Se direitos civis e políticos, proclamados, divulgados e aceitos mundialmente desde o século XVIII foram extremamente cerceados, o que poderíamos esperar com relação aos direitos sociais?

O direito à educação foi mantido no texto constitucional, no entanto, não mais como dever do Estado. O Estado apenas "não lhe será estranho", recaindo a responsabilidade do adimplemento aos pais e, somente em situação de impossibilidade destes, subsidiariamente, ao Estado.

O único reflexo de direito à alimentação estava na responsabilidade pelas políticas públicas que deveriam assegurar condições "físicas e morais de vida sã" para a infância e juventude, podendo os pais pedir o "auxílio e proteção do Estado para a subsistência e educação de sua prole" (art. 127).

Não obstante a idéia de subsistência tenha permanecido como "um bem que é dever do Estado proteger" (art. 136, *caput*) e se tenha, ainda, mantido a definição do salário mínimo como capaz de assegurar ao trabalhador as suas "necessidades normais" (art. 136, *h*), ambos contendo o direito à alimentação, a exclusão da necessidade de programas de assistência alimentar do texto constitucional indicou um passo atrás no reconhecimento deste direito pelo Estado brasileiro.

A Constituição dos Estados Unidos do Brasil de 1946, adotando o regime democrático de governo, considerou crime de responsabilidade do Presidente da República não apenas o atentado contra o exercício dos direitos políticos e individuais, como era comum até então, mas também o ato atentatório aos direitos sociais.

Apesar de não resgatar os direitos de subsistência referidos na Constituição de 1934, reconheceu, expressamente, em sua Declaração de Direitos, o direito à vida, que, obviamente, os inclui (art.141) e, ao tratar do direito ao trabalho, indicou que tal direito deve possibilitar a "existência digna" (art. 145, parágrafo único) de seu titular, o que demonstrou a preocupação, implícita, com a alimentação.

A justiça social passou a ser princípio norteador da Ordem Econômica e Social. O interesse e o bem-estar sociais foram limitadores da propriedade (arts. 141, §16, c/c 147). Manteve a Constituição a exigência de um salário mínimo, a proteção ao homem do campo e o amparo à infância e adolescência.

Voltou a dar a conotação de dever do Estado de realizar, em conjunto com a sociedade, o direito à educação e a falar em defesa e proteção da saúde, mas não tratou, expressamente, da necessidade de implementação do direito à alimentação, através de políticas públicas. Por outro lado, repetiu a norma de que o rol de direitos expressos na Constituição não exclui outros decorrentes dos seus princípios.

A Constituição de 1967, fruto do regime militar adotado desde 1964, abandonou a democracia, mas continuou a falar em planos nacionais de educação e de saúde; a incluir a violação ao exercício dos direitos sociais como crime de responsabilidade do Presidente da República; e a deferir os direitos civis e políticos na Declaração de Direitos, a qual manteve os termos da Constituição democrática de 1946, com pequenas restrições aparentemente inofensivas.

A Ordem Econômica e Social se utilizou da justiça social como princípio norteador, e a dignidade humana, a função social da propriedade e o salário mínimo nela tiveram assento. No entanto, nada fora referido no que diz respeito ao direito à alimentação, mantendo-se apenas a cláusula de não-exclusividade do rol dos direitos fundamentais expressos na Constituição.

A vigente Constituição, democrática por excelência, estabelece como fundamento da República Federativa do Brasil a dignidade da pessoa humana, o que, por si só, assegura a qualquer pessoa que se encontre em solo brasileiro o respeito à sua condição de ser humano e a obrigação de respeito, proteção, promoção e realização de todos os direitos essenciais à sua humanidade por todos, inclusive — e principalmente — pelo Estado.

Como objetivos fundamentais, diretamente ligados ao direito à alimentação, prescreve o seu art. 3º a erradicação da pobreza e a redução das desigualdades sociais.

É certo que a Declaração de Direitos e Garantias Fundamentais, ora situada no início da Carta Constitucional, não fala nos direitos de subsistência, mas continua reconhecendo o direito à vida (art. 5º, *caput*), as limitações à propriedade (art. 5º,XXIII), o direito à educação, à saúde, ao trabalho, à moradia, à segurança, à previdência social, à proteção à maternidade e à infância e à assistência aos desamparados (art. 6º).

Ao definir o que queria dizer aquele salário mínimo apto a satisfazer as "necessidades normais" do trabalhador, tantas vezes prescrito em normas constitucionais, esclareceu que deveria atender "às suas necessidades vitais básicas e às de sua família com moradia, alimentação, educação, saúde, lazer, vestuário, higiene, transporte e previdência social..."(art. 7º, IV).

Deixa claro, embora seja bastante exaustiva na declaração de direitos, que os direitos e garantias nela reconhecidos não excluem os "decorrentes do regime e dos princípios por ela adotados, ou dos tratados internacionais em que a República Federativa do Brasil seja parte" (art. 5º, § 2º), assumindo ainda, como direitos constitucionais, os direitos humanos reconhecidos em tratados internacionais (art. 5º, § 3º – EC nº 45/2004).

Estabelecendo a competência comum da União, dos Estados, do Distrito Federal e dos Municípios, refere-se ao fomento à produção agrícola, à organização do abastecimento alimentar e ao combate às causas da pobreza (art. 23, VIII e X).

A Ordem Econômica e Financeira, separada da Ordem Social que ganhou título próprio, estabelece que é sua finalidade "assegurar a todos existência digna, conforme os ditames da justiça social" (art. 170). Para isto, manteve a desapropriação por interesse social, esclarecendo que seu intuito é a promoção de reforma agrária e detalhando quando um imóvel está cumprindo a sua função social (arts. 184 e 186).

A Ordem Social também estabelece como seu *objetivo o bem-estar e a justiça sociais* (art. 193), assegurando, dentre outros:

a) o direito à saúde, que deve ser garantido, entre outras, por políticas públicas de redução do risco de doença, o que, evidentemente, inclui programas de combate à desnutrição e outras doenças relacionadas à adequação da alimentação (arts. 196 e 200, VI);

b) o direito à assistência social, que será realizado pelo Estado, independentemente de qualquer contraprestação do cidadão, desde que este dela necessite (art. 203);

c) o direito à educação, que será implementado pelo Estado mediante a garantia de atendimento em programas suplementares de alimentação (art. 208, VII);

d) o direito à assistência à família (art. 226, § 8º); e

e) o direito à alimentação, com prioridade, da criança e do adolescente (art. 227).

Observamos que a Constituição Federal de 1988 reconhece o direito à alimentação como direito de todos. Não apenas porque decorrente das regras e princípios nela previstos, ou porque expresso em convenções e tratados internacionais, mas pela absoluta prioridade que assegura ao direito à alimentação da criança e do adolescente, face ao direito à alimentação dos demais seres humanos.

É certo que não trata o direito à alimentação com o mesmo destaque concedido aos direitos sociais ao trabalho, à educação e à saúde. Talvez diante da ligação estreita com o direito à vida, que faz com que se considere o direito à alimentação sua parte essencial, já que é impossível haver vida sem alimentação, ou vida digna sem alimentação adequada.

Da mesma forma, liga-o à necessidade de uma política de reforma agrária, de acesso à terra, de manutenção do homem no campo, de erradicação da pobreza e de direito a um trabalho que permita ao ser humano, por si só, realizar, para si e sua família, os direitos sociais indispensáveis à aquisição da sua dignidade.

Ainda, ao estabelecer que os direitos humanos reconhecidos em tratados internacionais ratificados pelo Brasil são por ela admitidos, concede ao direito à alimentação, expresso no Pacto de Direitos Econômicos, Sociais e Culturais (dentre outros documentos internacionais), *status* constitucional.

2.2 Documentos internacionais

Jean Ziegler[43] faz referência à Convenção de Genebra de 1864 (a qual tratou do direito humanitário) como o primeiro documento internacional a referir-se ao direito à alimentação, já que impunha a necessidade de reconhecimento da humanidade dos presos de guerra através de, entre outros, o fornecimento de água e comida.

Por outro lado, a Declaração Universal dos Direitos Humanos foi o primeiro documento internacional a tratar do direito à alimentação de forma mais ampla (art. 25), ligando-o ao conceito de segurança alimentar, após o que, houve um intervalo no

---

43 Relator da ONU: www.dhnet.org.br/direitos/livros_dh/desc_ziegler/II_instrumentos.htm.

tratamento do assunto, até a formação do Pacto de Direitos Econômicos, Sociais e Culturais, em 1966 (art. 11)[44].

Observe-se que, em ambos, o direito à alimentação aparece como integrante do direito a um "padrão de vida ou nível de vida" adequado. Verificamos que as Constituições brasileiras de 1934 e 1946 já o reconheciam nestes mesmos termos.

A Primeira Conferência Mundial de Alimentação, ocorrida em novembro de 1974, gerou a Declaração Universal sobre a erradicação da fome e da desnutrição, considerando inalienável o direito humano a não padecer destes males.

A Convenção sobre a eliminação de todas as formas de discriminação contra a mulher, adotada pelas Nações Unidas em 1979 e ratificada pelo Brasil em 1984, prevê o direito a uma nutrição adequada durante a gravidez e lactância, dando ênfase ao direito à alimentação enquanto direito propriamente dito e não como integrante de outro (art. 12, § 2º).

Em 1986, a Declaração sobre o Direito ao Desenvolvimento também fez referência à necessidade de realização do direito ao desenvolvimento, que consiste, entre outras coisas, no acesso irrestrito aos alimentos.

A Convenção sobre os direitos da criança foi ratificada pelo Brasil em 1990 e tratou o direito à alimentação ainda como condição indispensável à realização do direito à saúde (art. 24, parágrafo 2º, *c* e *e*), ou como necessário a um nível de vida adequado (art. 27, § 3º), nos mesmos moldes contidos no Pacto de Direitos Econômicos, Sociais e Culturais.

Em 1996 houve uma reunião da Cúpula Mundial de Alimentação, que resultou na aprovação de uma Declaração Mundial de Segurança Alimentar e correspondente Plano de Ação, reafirmando o direito de todo cidadão de ter acesso à alimentação saudável e nutritiva, bem como de estar livre da fome, comprometendo-se a promover esforços para a erradicação da fome e a diminuição dos alarmantes números de desnutrição humana

---

44 O Pacto de Direitos Econômicos, Sociais e Culturais só foi ratificado pelo Estado brasileiro em 1992.

à metade, até o ano de 2015, bem como reconhecendo a sua obrigação de realizar a segurança alimentar das presentes e futuras gerações.

O plano de ação mundial visando à consecução de uma real segurança alimentar afirma que segurança alimentar existe quando todas as pessoas, a todo o tempo, tenha acesso físico e econômico a alimentação sã, nutritiva e suficiente a preencher suas necessidades diárias e preferenciais, para uma vida ativa e saudável.[45] Extremamente adequado ao espírito constitucional o compromisso firmado pelo Estado brasileiro, nada obstante não tenha sido adotada a forma de tratado internacional.

Merece destaque ainda o Comentário Geral n.º 12, redigido pelo Comitê dos Direitos Econômicos, Sociais e Culturais da ONU, em seu 20º período de sessões (26/04 a 14/05 de 1999), preocupado com a negligência com que se tem tratado o direito à alimentação e visando à implementação do art. 11 do Pacto de Direitos Econômicos, Sociais e Culturais, que entende realizado o direito à alimentação adequada "quando todo homem, mulher ou criança, sozinho ou em conjunto, tem acesso físico e econômico a todo o momento à alimentação adequada ou aos meios de obtê-la"[46]

Já em 2002, na "Cúpula Mundial de Alimentação: 5 Anos Depois", foi firmada nova Declaração sobre a alimentação propugnando pela formação de um grupo de trabalho intergovernamental com o intuito de, até 2004, elaborar um conjunto de "diretrizes voluntárias" que norteiem a atuação dos Estados membros da ONU a, progressivamente, alcançar a realização do direito à alimentação adequada.

---

45 World Food SummitI. *Rome Declaration on World Food Security*. Roma: FAO, 1996: "*Food security exists when all people, at all times, have physical and economic acess to sufficient, safe and nutritious food to meet their dietary needs and food preferences for an active an healthy life*".
46 Comitê dos Direitos Econômicos, Sociais e Culturais. *Comentário Geral n.º 12*. Genebra. p. 2 "conteúdo normativo dos parágrafos 1º e 2º do artigo 11").

As diretrizes voluntárias, após muita resistência internacional, foram finalmente elaboradas e subscritas pelo Brasil, o qual assume, com tal posição internacional, um compromisso ético a caminho da realização do direito humano à alimentação adequada.

Como se vê, em nível internacional, o direito à alimentação vem sendo reconhecido desde a Declaração Universal dos Direitos Humanos, sendo uma constante, a partir de então, nos mais variados documentos internacionais, bem como nas discussões das assembléias da Organização das Nações Unidas e suas agências, face ao inadimplemento pelos mais diversos Estados e da situação de fome em que se encontra o mundo.

2.3 Direito à alimentação como direito constitucional

O direito à alimentação está presente no ordenamento jurídico brasileiro tanto expressa, ligado a outros direitos fundamentais, como implicitamente, nos fundamentos, objetivos e princípios da República Federativa do Brasil. O próprio teor da Constituição de 1988 seria suficiente para a identificação do reconhecimento do direito social à alimentação pelo Estado brasileiro, mas a inserção deste nas declarações, tratados e convenções de direitos humanos apóia e facilita este reconhecimento.

O longo período de tempo geralmente decorrido entre a adoção dos Pactos e Convenções pela ONU e a ratificação pelo Brasil através dos mecanismos internos, não impediria, teoricamente, a utilização dos documentos internacionais, vez que estes poderiam ter sido considerados, enquanto isso, princípios gerais do direito ou direito internacional consuetudinário.[47]

Isto porque tais costumes sempre foram adequados ao espírito das Constituições brasileiras do século XX, que ora falaram em justiça social, ora em necessidade de respeito aos direitos de subsistência, ora em dignidade humana. Mesmo quando não correspondia à realidade política nacional.

---

47 TRINDADE, Antônio Augusto Cançado. *Tratado de Direito Internacional do Direitos Humanos*. Vol. I. Porto Alegre: Sérgio Antônio Fabris Editor, 1997, p.38.

O contrário tem ocorrido, pois a realização dos direitos sociais tem sido referida como questão de maior conteúdo político que jurídico e as doutrinas jurídicas têm-se escondido atrás das teorias da "ineficácia" das normas programáticas para permitir o descumprimento das normas constitucionais, e esvaziar os meios jurídicos de garantia.

Outrora relevante, a discussão quanto à recepção dos tratados internacionais de direitos humanos, nos termos da cláusula de abertura constante das declarações de direitos das nossas constituições e repetida pelo art. 5, § 2º da Constituição de 1988, com a nova redação constitucional (acrescendo-se o § 3º ao art. 5º da CF, com a EC nº 45/2004), perde seu objeto. Malgrado o Supremo Tribunal Federal tenha decidido de forma a não conferir aos direitos constantes em tratados internacionais e não referidos expressamente no texto constitucional o *status* de direito constitucional[48], o Superior Tribunal de Justiça[49] e vários estudiosos dos direitos humanos o consideram como tal[50] e a eles nos juntávamos em respeito ao espírito democrático da Constituição e à necessidade de adequação do direito à evolução social, que justifica sempre a alteração, não apenas no conteúdo dos direitos já reconhecidos aos seres humanos, mas no seu próprio rol. A expressa recepção dos tratados e convenções internacionais de direitos humanos como "emendas constitucionais" (obedecidas, evidentemente, as formalidades previstas) pois um fim satisfatório à celeuma.

Por outro lado, o direito à alimentação encontra-se em situação privilegiada, pois não está presente apenas nos tratados internacionais, a serem recepcionados como emendas constitucionais mas, como vimos, em vários artigos da Constituição Federal, sendo, portanto, impossível negar-lhe a condição de direito social expressamente constitucional.

---

48 H-73044/SP, DJ 20.09.96, p. 34.534.
49 HC 3545/DF; DJ: 18.12.1995; p. 44620.
50 Neste sentido: TRINDADE, Antônio Augusto Cançado. PIOVESAN, Flávia. SARLET, Ingo Wolfgang, entre outros.

3. O direito à alimentação é oponível ao estado brasileiro

Observando o desenvolvimento dos direitos econômicos, sociais e culturais, internacional e nacionalmente, identificamos que o direito à alimentação está previsto, na Constituição brasileira, em normas conceituadas pela doutrina tradicional como "de eficácia limitada de princípio programático".

No entanto, podemos assegurar que o fato de o direito à alimentação estar previsto em normas ditas programáticas não impede que se faça valer o seu conteúdo eficacial e se obrigue, individual ou coletivamente, o Estado a realizá-lo, posto que a consolidação das doutrinas jurídicas tradicionais que o pretendem ineficaz, verifica-se muito mais por razões de cunho ideológico que propriamente jurídico.

Um grande óbice à garantia de realização dos direitos sociais e, especialmente, do direito à alimentação é, justamente a postura dos juristas brasileiros, que insistem em primeiro negar a condição de direito subjetivo dos direitos sociais prestacionais, para, depois, justificar a negativa com teorias de fundo econômico e político.

Os limites materiais para a realização do direito à alimentação não só podem como devem ser levados em consideração no momento em que se avalia o adimplemento ou não da obrigação gerada para o Estado. O que não se pode é, em nome desses limites materiais abstratos, impedir o questionamento da omissão estatal, pois isto resulta, na prática, na subtração do direito assegurado pela Constituição. Se o Poder Judiciário é o palco legítimo para tal discussão e quais os limites de atuação deste, não é indagação passível de resposta nesta monografia, embora dela diretamente decorrente.

O reconhecimento do direito social à alimentação pela Constituição da República Federativa do Brasil, *de per si*, faz com que ele possa e deva ser considerado direito subjetivo, oponível ao Estado, inclusive judicialmente, podendo-se discutir, ainda, os meios processuais adequados para tal demanda. Qualquer indivíduo que esteja no território brasileiro pode exigir do Estado o adimplemento do seu direito humano à alimentação.

A luta contra o desrespeito ao direito à alimentação ainda não encontrou nos caminhos jurídicos e judiciais tradicionais existentes um porto seguro. E, pelo que vemos, está longe de sê-lo, notadamente com o comportamento adotado nos tribunais, em obediência à jurisprudência ainda prevalente no Supremo Tribunal Federal quanto a questões sociais que têm repercussão financeira. Entretanto, essa postura omissiva adotada pelo Estado brasileiro, especialmente pelo Poder Judiciário, não precisa ser aceita como verdadeira ou juridicamente adequada.

Urge construir uma práxis jurídica que garanta a prevalência do ser humano integral, não aceitando a realidade política que mantenha o Homem livre civil e politicamente apenas, sem adimplemento dos direitos sociais, econômicos e culturais que formam a sua real liberdade e lhe asseguram, com isso, a verdadeira humanidade.

A resposta à nossa pergunta está no princípio da máxima efetividade das normas constitucionais: Obedeça-se à Constituição! Este é o lema.

Bibliografia

BARROSO, Luís Roberto. *Interpretação e Aplicação da Constituição*. São Paulo: Saraiva, 1999.
BONAVIDES, Paulo: *Curso de Direito Constitucional*. São Paulo: Malheiros, 1997.
CANOTILHO, J.J. Gomes. *Direito Constitucional e Teoria da Constituição*. Coimbra: Almedina, 1998.
_____. *Constituição dirigente e vinculação do legislador*. Coimbra: Coimbra Editora Limitada, 1994.
CRISAFULLI, Vezio. *La Costituzione e le sue disposizinoni di principio*. Milão: Dott. A. Giuffrè, 1952.
DANTAS, Ivo. *Princípios constitucionais e interpretação constitucional*. Rio de Janeiro: Lumen Juris, 1995.

DIAS, Clarence J. "Indivisibility" in Anais do Seminário Direitos Humanos no Início do Século XXI realizado no Rio de Janeiro, em 10 e 11 de setembro de 1998. Brasília: Instituto de Pesquisa de Relações Internacionais, Ministério das Relações Exteriores.www.mre.gov.br/ipri/abertura.htm.
DINIZ, Maria Helena. *Norma Constitucional e seus efeitos.* São Paulo: Saraiva, 1993.
FERREIRA FILHO, Manoel Gonçalves. *Direitos Humanos Fundamentais.* São Paulo: Saraiva, 1998.
GRAU, Eros Roberto. *A ordem econômica na Constituição de 1988.* São Paulo: Malheiros, 2.000.
HESSE, Konrad. *A força normativa da Constituição.* Trad. Gilmar Ferreira Mendes. Porto Alegre: Sergio Antônio Fabris Editor, 1991.
HORTA, Raul Machado. *Direito constitucional.* Belo Horizonte: Del Rey, 1999.
KELSEN, Hans: *Teoria Pura do Direito.* São Paulo: Martins Fontes, 1987.
KRELL, Andreas Joachim: Realização dos Direitos Fundamentais Sociais mediante controle judicial da prestação dos serviços públicos básicos, in: *Anuário dos Cursos de Pós-Graduação em Direito,* n. 10. Recife: Editora Universitária, 2000, pp. 25-62.
LASSALLE, Ferdinand. *A Essência da Constituição.* Rio de Janeiro: Lumen Juris, 2000.
LIMA jr., Jayme Benvenuto. "O caráter expansivo dos direitos humanos na afirmação de sua indivisibilidade e exigibilidade". *In* o mesmo *et al. Direitos Humanos Internacionais – avanços e desafios no início do século XXI.* Recife: Gajop, 2001, pp.73-94.
MIRANDA, Jorge. *Manual de Direito Constitucional,* T. II. Coimbra: Coimbra Editora Limitada, 1983.
PIOVESAN, Flávia. *Direitos Humanos e o Direito Constitucional Internacional.* São Paulo: Max Limonad, 1997.
SARLET, Ingo Wolfgang. *A eficácia dos direitos fundamentais.* Porto Alegre: Livraria do advogado, 2001.

SILVA, José Afonso da: *Aplicabilidade das normas constitucionais*. São Paulo: Malheiros, 2.000.
TEIXEIRA, J. H. Meirelles. *Curso de Direito Constitucional*. Rio de Janeiro: Forense Universitária, 1991.
TRINDADE, Antônio Augusto Cançado. *Tratado de Direito Internacional dos Direitos Humanos*. Vol. I. Porto Alegre: Sérgio Antônio Fabris Editor, 1997.
VERDÚ, Pablo Lucas. *Teoría de la Constitución como ciencia cultural*. Madrid: Dykinson, 1997.

A Realização do Direito ao Meio-Ambiente Saudável pela Política Tributária – Considerações sobre o ICMS Ecológico

Lise Vieira da Costa Tupiassú[1]

1. Direitos humanos, tributação e meio ambiente. — 1.1. Direitos humanos e suas dimensões. — 1.2. Poder de tributar. — 1.3. A conformação da tributação com a expansão dos direitos humanos. — 1.4. A ampliação substancial dos direitos fundamentais. — 1.5. O meio ambiente saudável como direito fundamental. — 1.6. A efetiva conciliação do sistema tributário nacional com as diretrizes ambientais. — 2. Uma solução brasileira para as políticas públicas ambientais: o ICMS Ecológico. — 2.1. Aspectos gerais. — 2.2. Como se dá a aplicação concreta do de ICMS Ecológico. — 2.3. Problemática da lógica material do federalismo fiscal ecológico. 2.4. Algumas propostas baseadas no ICMS Ecológico. — 3. Conclusão. 4. Bibliografia.

---

1 Mestre em Direito Econômico e Financeiro pela Universidade Federal do Pará. Mestre em Direito Tributário pela Université Paris 1 — Panthéon Sorbonne. Doutoranda em Direito Público e professora assistente na Université Toulouse 1 — Sciences Sociales (França).

I. Direitos humanos, tributação e meio ambiente

I.1. Direitos humanos e suas dimensões

"Direitos humanos é a idéia de nosso tempo...".[2] No mundo de hoje, o centro das discussões universais gira em torno dos Direitos do Homem, estando eles na fundamentação de inúmeras políticas internacionais e locais, tendendo a tornar-se, por todo o mundo, a base da sociedade[3]. No entanto, em que pese a difusão universal da idéia de direitos humanos, tal questão adquire incontáveis feições, adaptando-se à profunda diversidade cultural e ideológica de cada povo[4].

De fato, pela própria necessidade de uma defesa global através da universalidade, o significante direitos humanos culmina por abranger diversas significações e variações[5]. Neste sentido, a expressão Direitos Fundamentais é sinônimo normalmente utilizado pela doutrina alemã[6], tendo ingressado no ordenamento jurídico brasileiro encabeçando o Título II da Carta Constitucional de 1988. Já o emprego da expressão Direitos do Homem

---

2   Com essa afirmação, o leitor é introduzido na obra de Louis Henkin (HENKIN, Louis. *The age of rights*, p. ix.) cujo título também foi também eleito por Norberto Bobbio (BOBBIO, Norberto. *A era dos direitos*).
3   TRINDADE, Antonio A. Cançado. *Direitos humanos e meio ambiente: paralelos dos sistemas de proteção internacional*, p. 19.
4   Mesmo com o aumento da importância global da idéia de Direitos Humanos, a construção de uma concepção universal traz inúmeros problemas, identificados pelos mais renomados autores, tais como Norberto Bobbio (BOBBIO, Norberto. *A era dos direitos*) e Robert Alexy (ALEXY, Robert. *Direitos fundamentais no Estado constitucional democrático*).
5   Ver a respeito TORRES, Ricardo Lobo. *Direitos humanos e a tributação*, p. 9.
6   Fábio Konder Comparato noticia que, na doutrina germânica, os direitos fundamentais são "...os direitos humanos reconhecidos como tal pelas autoridades..." COMPARATO, Fábio Konder. *A afirmação histórica dos direitos humanos*, p. 56.

ou Direitos Humanos faz mais sucesso entre autores anglo-americanos e latinos, sendo sinônimo, ainda, de liberdades individuais ou públicas, e vinculado, algumas vezes, com a amplitude do direito natural.

As diferenciações mais importantes, porém, dizem respeito às concepções substanciais de tais direitos. Ao lado da teorização dos direitos humanos como direitos naturais[7], desenvolveu-se a idéia de sua dinamicidade histórica, entre nós bastante difundida pelas obras de Celso Lafer, Paulo Bonavides e do italiano Norberto Bobbio, entre outros. Assim, se por um lado os direitos fundamentais remontam à própria natureza humana, sendo preexistentes ao Estado e às Constituições[8], por outro podem ter se originado das diferentes lutas e circunstâncias históricas que vêm marcando sua alteração ao longo dos tempos.[9]

A concepção histórica de direitos humanos normalmente elenca uma sucessão de gerações, as quais foram se afirmando de acordo com os diferentes carecimentos identificados no desenvolvimento social[10].

Num primeiro momento, seguindo a política do Estado Liberal instaurado pelas revoluções burguesas, foi consagrada a necessidade de limitação do poder estatal, com o fito de preservar o valor supremo da liberdade, o qual sobressaía como ine-

---

7 "No jusnaturalismo, que inspirou o constitucionalismo, os direitos do homem eram vistos como direitos natos e tidos como verdade evidente a compelir a mente." LAFER, Celso. *A reconstrução dos direitos humanos*, p. 123.

8 TORRES, Ricardo Lobo. *Direitos humanos e a tributação*, p. 44.

9 "...os direitos do homem são direitos históricos que emergem gradualmente das lutas que o homem trava por sua própria emancipação, e das transformações das condições de vida que essas lutas produzem." BOBBIO, Norberto. *A era dos direitos*, p. 32 .

10 "As gerações dos direitos fundamentais são a demonstração mais contundente da evolução da humanidade na sua eterna busca e superação da violência e da adaptação social..." SARMENTO, George. *Evolução das liberdades na teoria dos direitos humanos fundamentais*, p. 117.

rente ao ser humano. Configurava-se a primeira geração de Direitos Humanos, a qual prezava o *status negativus*[11] do cidadão, através de abstenções por parte do Estado[12]. Os direitos humanos de primeira geração representam, então, uma forma de descrever um espaço extrapolítico e extra-social onde o Estado não pode interferir[13], sendo os primeiros a constarem das positivações, adquirindo eficácia imediata. Representam, em sua maior parte, os direitos identificados como civis e políticos.[14]

Com as alterações sofridas na sociedade, notadamente vinculadas às conseqüências da Revolução Industrial, à decadência do Estado Liberal[15], e ao recrudescimento das idéias socialistas,

---

11 Tal concepção toma por base a Teoria do *Status* de Jellinek, que serve como parâmetro para uma classificação dos direitos fundamentais através das diferentes formas de o indivíduo se relacionar com o Estado. Ver a respeito ALEXY, Robert. *Teoría de los derechos fundamentales*, p. 247 e ss.; TORRES, Ricardo Lobo. *Direitos humanos e a tributação*, p. 54; TORRES, Ricardo Lobo. *A cidadania multidimensional na Era dos Direitos*, p. 261 e ss.

12 "Os direitos individuais ainda são vistos como direitos contra o Estado e a liberdade fundamental existe se o Estado não intervém no livre espaço de escolha individual."MAGALHÃES, José Luiz Quadros. *Desenvolvimento dos direitos humanos e o direito ao desenvolvimento enquanto direito humano*, p. 145.

13 ACKERMAN, Bruce. *La justicia social en el Estado Liberal*, p. 12.

14 Existem os que afirmam serem os direitos políticos resultado de um segundo momento da relação Estado e indivíduo, ou como direitos de segunda geração. Ver a respeito BOBBIO, Norberto. *A era dos direitos*, p. 32, PECES-BARBA MARTINEZ, Gregório. *Los derechos económicos, sociales y culturales: su génesis y su concepto*, p. 26-28; e ZALUAR, Alba. *Direitos cívicos e direitos humanos*, p. 224.

15 Note-se que o Estado Liberal prevaleceu por muito tempo não gerando apenas conseqüências nefastas para a sociedade. De fato, foi responsável pela concretização dos ideais libertários, pela difusão da democracia e, principalmente, pela extirpação da hegemonia do poder absoluto com a supremacia do constitucionalismo. Ver a respeito STRECK, Lênio & MORAIS, José Luiz Bolzan. *Ciência política e teoria geral do Estado*, p. 52 e ss.

a simples abstenção por parte do Estado e as limitações ao seu poder tornaram-se insuficientes para a preservação da liberdade[16]. O valor da igualdade ampliou-se[17], fazendo surgir a necessidade de atividades institucionais positivas por parte do Estado, a fim de garantir direitos sociais e econômicos[18], com status positivus[19, 20], integrantes da segunda geração de direitos humanos. O Estado Liberal deu lugar, então, ao Estado Social, alterando-se a configuração individualista da liberdade, para uma concepção coletivista, carecedora da intervenção Estatal, res-

---

[16] "Naturalmente, este paso adelante del pensamiento se corresponde con una modificación de la realidad social, con el desarrollo de la sociedad industrial, con la aparición progresiva de la clase trabajadora como nueva clase ascendente, con las condiciones económicas, sociales y culturales precarias en que vive, con las duras y penosas dimensiones en que desempeña su trabajo, y con la resistencia de la burguesía en el poder a abrir las instituciones a estos nuevos protagonistas."PECES-BARBA MARTINEZ, Gregório. *Los derechos económicos, sociales y culturales: su génesis y su concepto*, p. 21.

[17] Da isonomia formal, inerente à 1ª geração de direitos vinculada ao procedimentalismo libertário, passa-se à isonomia substancial, em que a importância recai na imposição de conteúdo à liberdade. Posteriormente se verificará, com os direitos de 3ª e 4ª gerações (vinculados à fraternidade), a defesa de uma isonomia difusa, ligada às externalidades e, enfim, uma isonomia globalizada, que ultrapassa os limites estatais. A esse respeito, consultar SCAFF, Fernando Facury. *Contribuições de intervenção e direitos humanos de segunda dimensão*, p. 396.

[18] "No hay derechos sociales sin intervención del Estado, y sin la participación de los ciudadanos reclamando de éste, por un procedimiento jurídico, situado en la democracia parlamentaria-representativa." PECES-BARBA MARTINEZ, Gregório. *Los derechos económicos, sociales y culturales: su génesis y su concepto*, p. 22.

[19] "...se obtiene como núcleo del status positivo el derecho del ciudadano frente al Estado a acciones estatales." ALEXY, Robert. *Teoría de los derechos fundamentales*, p. 257.

[20] Para uma explicação simples sobre a Teoria dos *Status*, ver MENDES, Gilmar F.; COELHO, Inocêncio M.; BRANCO, Paulo Gustavo G. *Hermenêutica constitucional e direitos fundamentais*, p. 139 e ss.

ponsável pela efetivação de uma igualdade material no seio da sociedade[21].

Num prolongamento histórico e empírico dos direitos de primeira e segunda geração emergem os direitos pautados na fraternidade ou solidariedade, cuja titularidade não mais se restringe aos indivíduos, passando à esfera transindividual da pluralidade de sujeitos. Delineiam-se, então, os direitos humanos de terceira geração[22], que se afirmam de modo difuso ou coletivo, tendo como destinatário o gênero humano[23], cujos interesses sobressaem para a esfera do meio ambiente, da paz, do patrimônio cultural, do desenvolvimento, entre outros, necessitando igualmente de ações positivas e negativas por parte do Estado.[24]

---

21 O Estado Social, fundamentado nos direitos de 2ª geração obriga-se a proporcionar condições para o exercício de uma liberdade substantiva, baseada no aumento das capacidades dos indivíduos. Tal concepção é brilhantemente exposta por SEN, Amartya Kumar. *Desenvolvimento como liberdade*. Ver também MIRANDA, Jorge. *Os direitos fundamentais — sua dimensão individual e social*; SARMENTO, George. *Evolução das liberdades na teoria dos direitos humanos fundamentais*.

22 Ver a respeito LAFER, Celso. *A reconstrução dos direitos humanos*, p. 131.

23 "...os direitos de terceira geração tendem a cristalizar-se neste fim de século enquanto direitos que não se destinam especificamente à proteção dos interesses de um indivíduo, de um grupo ou de um determinado Estado. Têm primeiro por destinatário o gênero humano mesmo, num momento expressivo de sua afirmação como valor supremo em termos de existencialidade concreta." BONAVIDES, Paulo. *Curso de Direito Constitucional*, p. 523.

24 Segundo George Sarmento "A terceira geração dos direitos humanos fundamentais impôs um novo perfil ao modelo de liberdade. (...) Os direitos da terceira geração surgiram como relação ao superdesenvolvimento das nações ricas. Paradoxalmente, são produto da abundância, não da miséria. Representam a insatisfação da própria espécie humana com os rumos tomados pelo Estado Social a partir da metade do século XX." SARMENTO, George. *Evolução das liberdades na teoria dos direitos humanos fundamentais*, p. 148.

Mais recentemente, com a ampliação da técnica e a transformação das condições econômicas e sociais, novas necessidades foram surgindo e, com elas, o delineamento de novos direitos, especialmente vinculados à questão da globalização, da democracia e da manipulação genética, relativos à responsabilidade perante as gerações futuras[25], configurando a quarta geração de direitos.

Este delineamento histórico, contudo, vem sendo rechaçado por alguns abalizados juristas, que tomam por base principalmente a questão da efetividade, na tentativa de evitar a banalização dos direitos "realmente" fundamentais[26], os quais não se confundiriam com os direitos sociais e econômicos, tampouco com a maior parte dos direitos difusos, excepcionando as questão do mínimo existencial[27] e do direito ao meio ambiente ecologicamente equilibrado, por exemplo.

Segundo tal corrente, não se poderia confundir os direitos fundamentais, inerentes à qualidade de ser humano, com outros direitos cuja eficácia dependa basicamente da atuação legislativa, da vontade política e da disponibilização de verbas orçamentárias[28], vez que não podem sequer ser eficazmente exigidos através do judiciário[29].

---

25 Ver a respeito BONAVIDES, Paulo. *Curso de Direito Constitucional*, p. 526.

26 "É preciso, todavia, ter consciência de que a multiplicação de direitos fundamentais vulgariza e desvaloriza a idéia." FERREIRA FILHO, Manoel Gonçalves. *Direitos humanos fundamentais*, p. 67.

27 Ver a respeito TORRES, Ricardo Lobo. *O mínimo existencial e os direitos fundamentais*.

28 "Não faltam autores que somente tomam como direitos fundamentais os direitos de liberdades e que relegam os direitos sociais para a zona das imposições dirigidas ao legislador ou para a das garantias institucionais. (...) Na ótica do Estado Social de Direito o dualismo é imposto pela experiência: sejam quais forem as interpretações ou subsunções conceituais, não pode negar-se a uns e outros direitos a natureza de direitos fundamentais." MIRANDA, Jorge. *Os direitos fundamentais — sua dimensão individual e social*, p. 199.

29 "A objeção revela – não há negar – uma certa coerência de raciocínio

Críticas às gerações de direitos também são formuladas em relação à idéia de sucessão[30] e de compartimentalização[31] que tendem a implantar, visto que todas as declarações de direitos insistem em afirmar que eles são indivisíveis e interdependen-

---

por parte dos seus autores. (...) Mas essa coerência por si só não dá nenhum peso de verdade ao argumento. Ao admitir-se que só tem direito aquele que pode exigir seu cumprimento nos tribunais, teríamos que a quase-totalidade das normas declaradas em tratados internacionais – sem falar no costume e nos chamados princípio gerais de direito – não teria caráter jurídico. (...) A ausência, ou o não-exercício da pretensão não significa, de modo algum, que não haja direito subjetivo." COMPARATO, Fábio Konder. *A afirmação histórica dos direitos humanos*, p. 58. No mesmo sentido, Antônio Augusto Cançado Trindade leciona que "A justiciabilidade formal ou *enforceability* não constitui de modo algum um critério definitivo para verificar a existência de um direito (...). O fato de que muitos direitos humanos consagrados ainda não alcançaram um nível de elaboração de modo a torná-los justiciáveis não significa que estes direitos simplesmente não existem: não há que confundir a *enforceability* com a própria existência de um direito." CANÇADO TRINDADE, Antônio Augusto. *Direitos humanos e meio ambiente*: paralelos dos sistemas de proteção internacionalp. 141.

30 "The phenomenon we witnss in our days *in not that of a succession, but rather of the expansion and strengthening* of recognized human rights. The atomized outlook of human rights, with its distortions, are on the other hand rendered possible by the theory of 'generations' of rights: human rights whichever way they are classified, disclose an essentially complementary nature, interact with each other, they do not 'replace' each other, distinctly from what the unfortunate invocation of the image of the passing of generations would seem to indicate." CANÇADO TRINDADE, Antônio Augusto. *Environment and development*, p. 61-62.

31 "...we need to be guarded against the pitfalls of an inadequate compartmentalization of human rights, first because it hardly reflects he reality of their actual implementation (the current search for more effective implementation of all human rights), and secondly because it may pave the way to invocation of undue restrictions to the exercise of certain rights. In fact, the proposed classification of individual, social and peoples' rights cannot prescind from the existence of the others." CANÇADO TRINDADE, Antônio Augusto. *Environment and development*, p. 59.

tes, havendo dimensões coletivas e individuais em cada um dos direitos[32]. Neste sentido, seria terminologicamente mais apropriados falar-se em dimensões de direitos e não em gerações.

Na verdade, independentemente dos critérios substanciais de classificação dos direitos fundamentais, o que tradicionalmente se verifica é uma crise de efetividade em todos os âmbitos. Conforme bem nos afirma o célebre estudo do italiano NORBERTO BOBBIO:

"*O problema fundamental em relação aos direitos do homem, hoje, não é tanto o de justificá-los, mas de protegê-los. Trata-se de um problema não filosófico, mas político. (...) Essa busca de fundamentos (...) não terá nenhuma importância histórica se não for acompanhada pelo estudo das condições, dos meios e das situações nas quais este ou aquele direito pode ser realizado.*"[33]

Neste sentido, importa analisar a compatibilização dos instrumentos político-jurídicos existentes em nosso ordenamento com a necessidade de uma maior eficácia dos direitos humanos. Crucial interesse recai exatamente sobre a utilização dos instrumentos tributários e financeiros na implementação de tais direitos, vinculando-os aos critérios de legitimação democrática e conformação política.

Este será, portanto, o prisma em que se desenvolverá nossa reflexão, buscando conferir eficácia fundamentalmente aos direitos de terceira geração.

I.2. Poder de tributar

A liberdade é o um dos mais fundamentais direitos humanos. Na verdade, é um direito verdadeiramente natural, na me-

---

[32] O direito ao meio ambiente, por exemplo, pode ser exercitado de forma difusa, através das ações disponibilizadas ao Ministério Público ou às Associações Civis; ou de forma individual, através do pleito individual de qualquer cidadão que se sinta lesado por um específico ato danoso ao meio ambiente.

[33] BOBBIO, Norberto. *A era dos direitos*, p. 24.

dida em que, no estado de natureza, os homens já se encontravam em estado de perfeita liberdade.[34]

Como corolário de tal direito surge o direito fundamental à propriedade[35], legitimada pelo trabalho dos homens[36]. No entanto, com vistas à garantia da própria liberdade e da propriedade, o homem aceita sua limitação, compactuando com a criação de um governo que o defenda. Neste sentido, afirmava John Locke, como base de sua teoria clássica liberal que: "... os homens são por sua natureza livres, iguais e independentes, e por isso nenhum pode ser expulso de sua propriedade e submetido ao poder político de outrem sem dar seu consentimento. O único modo legítimo pelo qual alguém abre mão de sua liberdade natural e assume os laços da sociedade civil consiste no acordo com outras pessoas para se juntar e unir-se em comunidade, para viverem com segurança, contato e paz umas com as outras, com a garantia de gozar de suas posses e de maior proteção contra quem não faça parte dela."[37]

---

34 Segundo John Locke: "Para compreendermos o poder político e ligá-lo à sua origem, devemos levar em conta o estado natural em que os homens se encontram, sendo este um estado de total liberdade..." LOCKE, John. *Segundo tratado sobre o governo*, p. 23. Ver ainda KELSEN, Hans. *Teoria Geral do Direito e do Estado*, p. 407.

35 Através da Encíclica *Quod Apostolici Muneris* (1878) a igreja católica defendia a propriedade como direito natural e inviolável: "A igreja (...) determina que o direito de propriedade ou domínio, que vem da própria natureza, fique intacto e inviolável para cada um".

36 "Embora a terra e todos os seus frutos sejam propriedade comum a todos os homens, cada homem tem uma propriedade particular em sua própria pessoa; a esta ninguém tem qualquer direito senão ele mesmo. O trabalho de seus braços e a obra de suas mãos, pode-se afirmar, são propriamente dele. Seja o que for que ele retire da natureza no estado em que lho forneceu e no qual deixou, mistura-se e superpõe-se ao próprio trabalho, acrescentando-lhe algo que pertence ao homem e, por isso mesmo, tornando-o propriedade dele." LOCKE, John. *Segundo tratado sobre o governo*, p. 38.

37 LOCKE, John. *Segundo tratado sobre o governo*, p. 76.

Assim, a limitação de um direito natural justifica-se classicamente pela necessidade de sua própria preservação, ou da salvaguarda de outros valores essencialmente superiores, como o direito supremo à vida.[38]

Mais modernamente, a Teoria da Justiça de John Rawls também segue a linha da limitação da liberdade em nome de sua preservação afirmando que "...a liberdade pode ser limitada apenas em nome da própria liberdade."[39]

Nessa perspectiva, da mesma forma que o Governo em sua concepção moderna, o poder de tributar surge do espaço aberto na esfera de liberdade natural do indivíduo[40], o qual permite que o Estado se utilize da mitigação de seu direito de propriedade[41]. No entanto, a justificação para que o poder de tributar retire uma parcela da liberdade e propriedade do indivíduo é exatamente a necessidade de preservação de tais valores[42]. Assim, está o poder de tributar naturalmente vinculado aos axiomas limitativos de sua atuação, que resguarda os direitos individuais frente ao poderio estatal.[43]

---

38 Ver a respeito PENNA DE CARVALHO, Anete M. *A concepção lockeana de direito natural e a concepção moderna de direitos humanos*, p. 44.
39 RAWLS, John. *Uma teoria da justiça*, p. 267.
40 TORRES, Ricardo Lobo. *Direitos Humanos e a Tributação*, p. 4.
41 "Its permissible to take away my property through taxation in order to provide for the common defense and the public welfare." HENKIN, Louis. *The age of rights*, p.9. Ver a respeito também CAMPOS, Diogo Leite de & CAMPOS, Mônica Horta Leite de. *Direito Tributário*, p. 101.
42 Ricardo Lobo Torres afirma que "O tributo é o preço da liberdade...". No entanto prossegue ele justificando que "...ninguém deve se ver privado de uma parcela de sua liberdade sem a contrapartida do benefício estatal." TORRES, Ricardo Lobo. *Direitos humanos e a tributação*, p. 4.
43 "...derecho humano que se encontra directamente vinculado con la tributación es el derecho a poseer y conservar la propriedade. Recogido en la Declaración Universal de Derechos Humanos, este derecho há sido en la actualidad objeto de amplia discusión, existiendo ahora la idea de

Na práxis da atualidade observa-se que o poder de tributar[44] reveste-se da possibilidade de legislar em matéria tributária conforme as competências constitucionalmente conferidas[45], as quais devem ser obviamente exercidas em consonância com os valores retores do ordenamento jurídico, integrando-se sistematicamente aos princípios constitucionais. Assim, considerando que os valores inafastáveis do ordenamento jurídico são exatamente os direitos fundamentais, deve o poder de tributar com eles se compatibilizar[46].

Com base em tais questões, muito comum é a menção às limitações ao poder de tributar, que evitam sua excessiva ampliação e abusividade, preservando a esfera de liberdade e pro-

---

que, sin negarlo, el mismo no es absoluto y por ello debe someterse a las exigencias de bienstar de la sociedad. Siendo el tributo una detracción de la riqueza de los particulares éste afecta al derecho a la propriedad; sin embargo, al realizarse esta detracción en pos de la conceción de fines prioritarios, que implicam la protección u el cumplimiento de otros derechos humanos, tal detraccion es aceptada universalmente." LUQUE BUSTAMANTE, Javier. *Algunas reflexiones sobre las relaciones entre los derechos humanos y la tributacion*, p. 61-62. Ver a respeito também TRAIBEL, Montero. *Derechos humanos como limite a la potestad tributária*.

44 "O poder de tributar do Estado é a prerrogativa que garante a sua existência, pois viabiliza sua estrutura organizacional interna e sua independência externa, assegurando-lhe as receitas necessárias para honrar seus compromissos pela arrecadação dos tributos." SOUZA, Edino Cezar Franzio de. *O poder de tributar do Estado no cenário econômico atual*, p. 43.

45 NOVELLI, Flávio Bauer. *Norma constitucional inconstitucional?*, p. 41.

46 "O poder de tributar nasce no espaço aberto pelos direitos humanos e por eles é totalmente limitado. O Estado exerce o seu poder tributário sob a permanente limitação dos direitos fundamentais e suas garantias constitucionais" TORRES, Ricardo Lobo. *Direitos humanos e a tributação*, p. 13.

priedade do homem, funcionando como verdadeiras normas proibitivas[47] ou proibições constitucionais[48].

Facilmente verificável é a compatibilização de tais proibições com os direitos de liberdade, vinculados ao *status negativus*. Inúmeras manifestações de nosso Supremo Tribunal se esforçam em assegurar o afastamento do poder tributário quando este ultrapassa a esfera de abstenção que lhe foi imposta[49], não hesitando a jurisprudência em conferir eficácia imediata aos direitos que exigem prestações estatais negativas.

No entanto, em que pese a ampla conformação do Poder de Tributar com os critérios de liberdade formal constitucionalmente garantidos, é inadmissível que a extensão de tal contato adstrinja-se aos direitos humanos de primeira geração[50].

De fato, embora existam inúmeras e relevantes diferenças de classificação, não se pode olvidar a notória existência de direitos fundamentais cuja natureza exige prestações positivas por parte do Estado, seja em relação ao mínimo existencial, seja em

---

47 NOVELLI, Flávio Bauer. *Norma constitucional inconstitucional?*, p. 24.

48 Ver a respeito das proibições constitucionais a exata explanação contida na obra de Hans Kelsen. KELSEN, Hans. *Teoria Geral do Direito e do Estado*, p. 375.

49 A título de exemplo podem-se verificar as decisões dos seguintes processos, julgados pelo Superior Tribunal Federal: ADIn's 926-DF, 939-DF, relator Ministro Sydney Sanches; RE 94.414-SP e RE 153.771-0 MG, relator Ministro Moreira Alves; ADInMC 2.010-DF e ADInMC 1.075-DF, relator Ministro Celso de Mello; ADIn 551-1/RJ, relator Ministro Ilmar Galvão; RE 18.331-SP, relator Ministro Orosimbo Nonato; RE 174.476-6/SP, relator Ministro Marco Aurélio. RE 138.284-CE, RECR 215301-CE e RE 218790-PE, relator Ministro Carlos Velloso.

50 "...esta concepção formal do Estado-de-Direito tem que ser completada por uma concepção material, que exige uma análise aprofundada da justificação axiológica das normas." CAMPOS, Diogo Leite de & CAMPOS, Mônica Horta Leite de. *Direito Tributário*, p. 17.

relação a direitos de segunda e terceira gerações[51], com os quais deve, necessariamente, conformar-se o Poder de Tributar.

I.3. A conformação da tributação com a expansão dos direitos humanos

Com o novo perfil adotado pelo Estado intervencionista[52], impôs-se à Administração, de forma mais evidente, a necessidade de definir os meios através dos quais seriam executadas as políticas públicas[53,54].

Deste modo, "para o exercício das novas funções, o Estado vai precisar de recursos financeiros que evidentemente só po-

---

51 Na verdade, segundo avançada doutrina, a dicotomia entre direitos que exigem exclusivamente prestações negativas e direitos que exigem prestações positivas encontra-se ultrapassada, devendo-se admitir a constante intercomunicação entre as duas categorias, vez que tanto os direitos civis e políticos quanto os direitos sociais e econômicos, e direitos difusos, comportam abstenções e promoções por parte do Estado. Ver a respeito MIRANDA, Jorge. *Os direitos fundamentais* — sua dimensão individual e social; AMARAL, Gustavo. *Direito, escassez e escolha*; HOLMES, Stephen & SUSTEIN, Cass R. *The cost of rights: why liberty depends on taxes*.

52 A respeito da transição do Estado Liberal para o Estado Intervencionista, bem como sobre suas características essenciais, ver SCAFF, Fernando Facury. *Responsabilidade do Estado Intervencionista*, p. 81 e ss.

53 Quando o pós-guerra exigiu a mudança do perfil do Estado Liberal, para que passasse a ser o responsável pela criação e manutenção de condições mínimas de desenvolvimento da sociedade, em razão do que, necessária se fez uma maior interferência política e econômica do Estado. Ver a respeito SARMENTO, George. *Evolução das liberdades na teoria dos direitos humanos fundamentais*, p. 138-139. Ver também, MAGALHÃES, José Luiz Quadros. *Desenvolvimento dos direitos humanos e o direito ao desenvolvimento enquanto direito humano*.

54 Mister notar que a efetiva fase de execução das políticas públicas é antecedida por uma verdadeira maratona de discussões, buscando conciliar interesses políticos de diferentes camadas representativas. Ao fim, uma vez definidos os objetivos a serem alcançados, traça-se o modo mais funcional de torná-los concretos.

dem vir da sociedade..."⁵⁵, materializando-se através das relações jurídicas tributárias.

Assim, investigando a base de toda e qualquer função estatal chega-se ao denominador comum representado pela política fiscal, de modo que o Estado, a fim de colocar em prática suas funções, tem à disposição os mecanismos tributários os quais, nas palavras de RICARDO LOBO TORRES constituem-se no "...preço pela proteção do Estado, consubstanciada em bens e serviços públicos"⁵⁶.

Desta feita, o poder público se utiliza dos instrumentos tributários de acordo com a política fiscal adotada buscando atingir fins predeterminados, inspirados em valores sociais, políticos e econômicos, de forma totalmente vinculada aos direitos fundamentais declarados na Constituição⁵⁷.

Fica claro, portanto, que a tributação — por diversos motivos teóricos e práticos — deve se compatibilizar com os direitos humanos, incluindo, por óbvio, todas as suas dimensões⁵⁸. Deste modo, percebe-se que o Poder de Tributar é limitado não apenas por um conteúdo formal, mas também por critérios materiais, substanciais e finalísticos que obrigam sua utilização de

---

55 PONTES, Helenilson Cunha. *Federalismo e descentralização de encargos e receitas*, p. 87.
56 TORRES, Ricardo Lobo. *Direitos humanos e a tributação*, p. 4.
57 TORRES, Ricardo Lobo. *Curso de direito financeiro e tributário*, p. 189.
58 "En nuestra opinión, todos los aspectos relacionados con la tributarión, sea fines, normas o procedimientos, deben tener en su médula el respeto a los derechos humanos. Esta afimación es cálida tanto si se concibe a los trtibutos como medios para obtener recursos, como si se los concibe como instrumentos inductores de determinados comportamientos. Implica (...) utilizar lo recaudado para crear las condiciones que garanticen el goce, a todos los individuos, de aquellos derechos humanos que requiren de un hacer por parte del Estado; y harmonizar la política tributaria com objetivos de promoción de derechos humanos." LUQUE BUSTAMANTE, Javier. *Algunas reflexiones sobre las relaciones entre los derechos humanos y la tributacion*, p. 54.

237

acordo com as políticas públicas, devendo estas levar em conta todos os valores constitucionalmente assegurados, principalmente aqueles que se revestem do caráter de direitos fundamentais, cuja eficácia deve ser imediata[59].

A legitimidade da tributação, então, deve estar vinculada à consecução dos objetivos do Estado Social[60], atuando também de forma positiva na promoção da justiça e dos direitos sociais, econômicos, culturais e difusos, sob pena de obrar ao completo arrepio do disposto na Carta Constitucional.[61]

Nesta perspectiva, conformando-se aos objetivos do presente estudo, salta aos olhos a necessidade de utilização dos instrumentos tributários na implementação dos direitos fundamentais vinculados à cidadania difusa, atrelados à concepção de so-

---

59 A este respeito, segundo o professor uruguaio Montero Traibel "...debemos afirmar que más de los límites jurídicos, económicos y políticos, existen estos otros límites vinculados al libre y pleno ejercicio de los Derechos Humanos, muchas veces no consagradas expressamente en textos positivos, pero si existentes en la conciencia universal." TRAIBEL, Montero. *Derechos humanos como limite a la potestad tributária*, p. 23.

60 "...o Estado Democrático de Direito impõe que se utilize o Direito Tributário como instrumento de política social, atenuadora das grandes diferenças econômicas ocorrentes entre pessoas, grupos e regiões. O princípio da igualdade adquire, nessa fase, o caráter positivo..." DERZI, Misabel Abreu Machado. *Direitos humanos e tributação*: relatório da República Federativa do Brasil para XX Jornada do Instituto Latinoamericano de Derecho Tributario – Iladt.

61 De fato, a utilização da tributação de modo a ignorar os valores finalísticos da Constituição pode até mesmo levar a sua inconstitucionalidade, sujeita a controle pelo Supremo Tribunal Federal. Neste sentido, importante é a observação de Paulo Bonavides, afirmando que a pior inconstitucionalidade é a substancial, representada pelo desvio de conteúdo das leis (Ver a respeito BONAVIDES, Paulo. *Curso de Direito Constitucional*, p. 553.) Assim, ao se fazer uso do Poder de Tributar em objetivo diverso da efetiva concretização dos Direitos Humanos em sua ampla dimensão, propicia-se até mesmo a nulidade do ato legal por inconstitucional. No mesmo sentido PIOVESAN, Flavia C. *O direito ao meio ambiente e a Constituição de 1988: diagnóstico e perspectivas*, p. 85.

lidariedade e fraternidade, normalmente enquadrados na terceira geração, tendo por base especialmente o direito ao meio ambiente ecologicamente equilibrado, ao desenvolvimento, e ambos vinculados à democracia.

I.4. A ampliação substancial dos direitos fundamentais

Uma vez definida a exigência de compatibilização do Poder de Tributar com os direitos humanos, necessário se faz determinar exatamente que valores ou normas podem representar direitos fundamentais.

Conforme cogitado anteriormente, em razão da imprescindibilidade da atuação integradora do Poder Legislativo, seguido pelo executivo e judiciário, se retira muitas vezes o caráter de direito fundamental daqueles que fazem parte do *status positivus* do cidadão, limitando-se a considerar efetivos apenas os direitos vinculados à primeira dimensão.

No entanto, direitos outros, ainda que de caráter social, inegavelmente merecem proteção fundamental, vez que finalisticamente vinculados com a liberdade fática, que consiste exatamente na possibilidade de se optar entre as diversas condutas permitidas[62]. Ou seja, ampliando-se a gama de direitos fundamentais, a liberdade passa a ser considerada de forma mais extensa[63], visto que, de nada adianta ser o homem livre para prati-

---

[62] Ressalte-se forte posição em sentido contrário defendida por Ricardo Lobo Torres: "O aspecto principal da liberdade — o de ser negativa ou de erigir o 'status negativus' — é que marca verdadeiramente o tributo; a expansão do conceito de liberdade, para abranger a liberdade 'para', ou positiva, ou para transformá-la em dever, elimina o próprio conceito de tributo." TORRES, Ricardo Lobo. *Direitos humanos e a tributação*, p. 4.

[63] "Do ponto de vista teórico, isto representa a consagração da tese da indivisibilidade dos direitos fundamentais (...). Em outras palavras, a liberdade não existe a partir da simples omissão do Estado perante os direitos individuais, mas existe a partir da atuação do Estado oferecendo os meios para que os indivíduos sejam livres." MAGALHÃES, José Luiz

car determinada conduta se não tem condições materiais de praticá-la.⁶⁴

Uma das mais abalizadas opiniões sobre o assunto provem da doutrina de Amartya Sen⁶⁵, que relaciona as privações econômicas e sociais à falta de liberdade, vinculando-a à própria existência de condições dignas à vida humana. Nesta perspectiva, sobressai a importância do mínimo existencial⁶⁶, e do princípio da dignidade da pessoa humana, item essencial para a configuração do *status positivus libertatis*.⁶⁷

O valor essencial do ser humano, e sua dignidade emergem-se como um "...dos poucos consensos teóricos do mundo contemporâneo.."⁶⁸, cuja implementação se dá exatamente, através do reconhecimento e proteção dos direitos fundamentais de todas as dimensões.⁶⁹

Quadros. *Desenvolvimento dos direitos humanos e o direito ao desenvolvimento enquanto direito humano*, p. 146.

64 Ver a respeito brilhante explanação de Robert Alexy. ALEXY, Robert. *Teoría de los derechos fundamentales*, p. 486-487. Na doutrina nacional ver FEU ROSA, Antônio José M. *Ainda os direitos humanos*.

65 SEN, Amartya Kumar. *Desenvolvimento como liberdade*.

66 Definido normalmente como o conjunto de direitos fundamentais sociais que abrigam as condições materiais mínimas para a satisfação das necessidades de dignidade do ser humano. Ver a respeito ALEXY, Robert. *Teoría de los derechos fundamentales*, p. 495; TORRES, Ricardo Lobo. *O mínimo existencial e os direitos fundamentais*, p. 29; BARCELLOS, Ana Paula de. *A eficácia jurídica dos princípios constitucionais*, p. 193-194.

67 O *status positivus libertatis* configura-se pela condição do cidadão de exigir do Estado prestações positivas mínimas, cuja inexistência culmina por comprometer o desfrute do próprio direito de liberdade. Refere-se, portanto, ao necessário suprimento do mínimo existencial sem o qual não há liberdade substancial, nem existência digna.

68 BARCELLOS, Ana Paula de. *A eficácia jurídica dos princípios constitucionais*, p. 103.

69 "Assim, sem que se reconheçam à pessoa humana os direitos fundamentais que lhe são integrantes, em verdade estar-se-á negando a própria

Flavia Piovesan nos dá o exato sentido da questão, ressaltando, ainda, o problema criado pela necessária implementação das diferentes gerações de direitos:

"*Do Estado Liberal ao Estado Social, o desenvolvimento dos direitos fundamentais faz-se na busca de harmonização entre direitos de liberdades e direitos econômicos, sociais e culturais. (...) Note-se que todos os direitos humanos constituem um complexo integral, único e indivisível, em que os diferentes direitos estão necessariamente inter-relacionados e interdependentes entre si. Isto é, sem a efetividade do gozo dos direitos econômicos, sociais e culturais, os direitos civis e políticos se reduzem a meras categorias formais, enquanto que sem a realização dos direitos civis e políticos, ou seja sem a efetividade da liberdade entendida em seu mais amplo sentido, os direitos econômicos e sociais carecem de verdadeira significação. Não há como cogitar liberdade divorciada de justiça social, como também infrutífero pensar na justiça social divorciada da liberdade. Mas a igualdade material não se oferece, cria-se, não se propõe, efetiva-se; não é um princípio, é uma conseqüência. O seu sujeito não a traz como uma qualidade inata que a Constituição tenha de confirmar e que requeira uma atitude de mero respeito; ele recebe-o através de uma série de prestações.*"[70]

Daí então que o Estado Social vai se legitimar através de ações positivas necessárias à consolidação das diversas dimensões de direitos humanos, que tem como um dos fatores essenciais, o princípio da proteção ao meio ambiente saudável, como meio de fazer valer a própria dignidade da pessoa humana, no âmbito dos valores sobressaídos na terceira geração.

---

dignidade." SARLET, Ingo. *Dignidade da pessoa humana na Constituição Federal de 1988*, p. 87.
70 PIOVESAN, Flavia C. *O direito ao meio ambiente e a Constituição de 1988: diagnóstico e perspectivas*, p. 79.

I.5. O meio ambiente saudável como direito fundamental

A dignidade da pessoa humana pressupõe a consolidação dos valores contidos em todas as dimensões dos direitos humanos. Dentro dessa perspectiva de harmonização de valores, vem à tona a necessária conciliação dos direitos vinculados à titularidade difusa, notadamente representados pelo direito ao desenvolvimento, e o direito ao equilíbrio do meio ambiente, culminando por formar o conceito de desenvolvimento sustentável.

Tal abertura conceitual surge, por um lado, do reconhecimento do direito a um meio ambiente saudável como corolário necessário do próprio direito à sobrevivência humana.[71] Em outro viés, liga-se a um crescimento da importância autônoma das questões ambientais, no que tange à sua vinculação com o sentido amplo da liberdade e respeito aos seres humanos.[72, 73]

Nessa perspectiva, esclarecedoras são as palavras de Vasco Pereira da Silva, afirmando que:

"Ao fazer radicar a proteção da ecologia na dignidade da pessoa humana, mediante a consagração de direitos fundamen-

---

71 Ver a respeito ROTA, Demetrio L. *Los princípios del derecho ambiental*, p. 48; MORENO, José Luis Serrano. *Ecologia y derecho*, p. 130; MAGALHÃES, José Luiz Quadros. *Desenvolvimento dos direitos humanos e o direito ao desenvolvimento enquanto direito humano*, p. 147.

72 O Supremo Tribunal Federal brasileiro, pronunciou-se a este respeito, em voto da lavra do Exmo. Ministro Francisco Rezek, nos seguintes termos: "...com a negligência no que se refere à sensibilidade dos animais anda-se meio caminho até a indiferença a quanto se faça a seres humanos. Essas duas formas de desídia são irmãs e quase sempre se reúnem, escalonadamente." (RE 153.531-8/SC. DJ 13.03.1998).

73 É certo que tal visão difere em grande parte daquela adotada pela ecologia fundamentalista — não adotada neste estudo —, que busca afastar qualquer a visão utilitarista do meio ambiente, ressaltando a importância da natureza por si e para si mesma. Para maiores esclarecimentos a respeito, consultar: BACHELET, Michel. *Ingerência ecológica*; FERRY, Luc. *Le nouvel ordre écologique*.

tais, é devidamente reconhecida a dimensão ético-jurídica da questões ambientais"[74].

Destaca-se, então, a importância do direito ao meio ambiente saudável, como ponto primordial para o próprio bem-estar da sociedade, vez que sua implementação faz-se imprescindível para o gozo dos demais direitos humanos.[75]

O direito fundamental à proteção do meio ambiente mostra com clareza a superação dos ideais individualistas[76], característica da sociedade contemporânea, a qual passou a ser expressamente consagrada na Lei Maior de um sem-número de países, dando margem ao desenvolvimento do que se denomina "Estados Ambientais", representados pelo modelo estatal pós-social, que toma realmente por fundamento a busca do desenvolvimento sustentável.[77]

A Carta Constitucional de 1988 aliou-se a esta tendência mundial e representou um avanço sem igual no que tange à defesa do meio ambiente saudável. Embora seja esta uma preocupação que há muito venha sendo incorporada aos estudos e aos atos normativos[78], nunca a preservação ecológica teve tamanha importância dentro do texto constitucional brasileiro.

---

74 SILVA, Vasco Pereira da. *Verdes são também os direitos do homem*, p. 135.

75 KISS, Alexandre. *Sustainable development and human rights*, p. 34-36.

76 PIOVESAN, Flavia C. *O direito ao meio ambiente e a Constituição de 1988: diagnóstico e perspectivas*, p. 78; DIAS, José Eduardo de O. F. *Tutela ambiental e contencioso administrativo*, p. 33-34.

77 Ver a respeito MIRANDA, Jorge. *Direitos Fundamentais*, p. 533; SILVA, Vasco Pereira da. *Verdes são também os direitos do homem*, p. 132; ROTA, Demetrio L. *Los princípios del derecho ambiental*, p. 49.

78 Notícias existem de que, desde 1950, através da Lei 601, Dom Pedro II demonstrava a sua preocupação com a preservação do meio ambiente, proibindo a exploração florestal nas terras descobertas. Ver a respeito DIAS, Genebalbo Freire. *Educação Ambiental: princípios e práticas*. Sobre outros exemplos históricos acerca da legislação ambiental brasileira, ver DIAS, Edna Cardozo. *A proteção da fauna na legislação brasileira*.

O art. 225 da Constituição Federal traz expressamente dentro do capítulo destinado aos Direitos Sociais, a importância do meio ambiente ecologicamente equilibrado para as presentes e futuras gerações, incumbindo ao Poder Público dar-lhe efetividade através da vedação às práticas que coloquem em risco a ecologia.

Eleva-se, assim, ao nível de princípio constitucional "...uma das mais expressivas prerrogativas da sociedade contemporânea...", conforme já nos colocam as palavras do ilustre Ministro Celso de Mello (STF MS 22.164-0 SP, Rel. Min. Celso de Mello):

"Essa prerrogativa consiste no reconhecimento de que todos têm direito ao meio ambiente ecologicamente equilibrado. Trata-se, consoante já proclamou o Supremo Tribunal Federal (STF RE 134.297-SP, Rel. Min. Celso de Mello), de um típico direito de terceira geração, que assiste, de modo subjetivamente indeterminado, a todo o gênero humano, circunstância essa que justifica a especial obrigação – que incumbe ao Estado e à própria coletividade – de defendê-lo e de preservá-lo em benefício das presentes e das futuras gerações... (CELSO LAFER, 'A reconstrução dos Direitos Humanos', p. 131/132, 1998, Companhia das Letras). (...) os direitos de terceira geração, que materializam poderes de titularidade coletiva atribuídos genericamente a todas as formações sociais, consagram o princípio da solidariedade e constituem um momento importante no processo de desenvolvimento, expansão e reconhecimento dos direitos humanos..."[79]

Em sendo, portanto, um direito da solidariedade, concedido também em nome das futuras gerações[80], o direito ao meio ambiente encontra-se no mesmo patamar que o direito ao desen-

---

79 No mesmo sentido MS-22164 / SP (DJ 17/11/1995) e RE-134297 / SP (DJ 22/09/1995).

80 Discorrendo magistralmente não apenas sobre os direitos fundamentais de terceira geração, mas também sobre todas as gerações de direitos fundamentais (da primeira à quarta) ver a notória obra de BONAVIDES, Paulo. *Curso de Direito Constitucional*, p. 523.

volvimento, devendo ambos caminharem lado a lado, uma vez que é no ambiente e com os recursos que ele fornece que o homem executará as suas potencialidades de evolução.

I.6. A efetiva conciliação do sistema tributário nacional com as diretrizes ambientais

A longa discussão travada até este ponto, já nos pôde colocar diante do real contexto da questão ecológica atual. Acirra-se a cada momento a busca por instrumentos capazes de permitir a compatibilização do desenvolvimento com o direito a um meio ambiente saudável, ficando clara a especial importância da utilização dos instrumentos fiscais e extrafiscais como elementos fundamentais de tais políticas.

Conforme mencionado acima, não se observa efetivamente uma ampliação do alcance material da tributação, notadamente no que tange à consecução do direito ao meio ambiente.[81]

A cada dia comprova-se a ineficácia das medidas punitivas e das pequenas taxas de fiscalização — únicas exações realmente vinculadas na atualidade à questão ambiental — pois, uma vez praticado o dano, é ele, na maioria das vezes irreparável, recaindo o ônus sobre toda a sociedade, que paga com a perda de sua qualidade de vida. Além do quê, o custo para recuperação da área degradada é infinitamente maior que os gastos relativos à preservação e que os próprios benefícios trazidos pela sua destruição.

---

81 Conforme ressaltado por RÔMULO FREITAS "Uma visão rápida mas responsável sobre o nosso sistema Tributário Nacional, aclara a sua discordância com o dispositivo constitucional que limita as ações de ordem econômica. Isto porque, entre os tributos previstos no sistema, nenhum prevê implícita ou explicitamente qualquer forma de tributação mais forte sobre atividades destruidoras do meio ambiente ou causadoras de exaustão dos recursos naturais não renováveis" (FREITAS, Rômulo de Jesus Dieguez de. *Imposto, uma perspectiva ecológica*, p.1.).

Diante de tudo isso resta-nos a adaptação de nossos princípios constitucionais tributários às necessidades de preservação dos recursos ambientais, configurando um sistema de tributação voltado para a defesa do meio ambiente.

A utilização dos tributos não apenas em sua função arrecadatória, mas principalmente em seu caráter extrafiscal, é de fundamental importância para o perfeito implemento das políticas ambientais, pondo em prática, ainda, as duas facetas do princípio do poluidor-pagador, nos termos colocados por José Marcos Domingues de Oliveira:

..."*num sentido impositivo o princípio significa o dever estatal de cobrar do poluidor (no caso tributar) contribuições públicas em função de sua atividade objetivamente poluidora de forma a fazê-lo arcar com o custo dos serviços públicos gerais ou específicos necessários à preservação e recuperação ambientais ou à fiscalização e ao monitoramento ambientais (nesta perspectiva, o princípio se adequa à tributação fiscal). Noutro sentido, seletivo, o princípio determina prioritariamente ao Poder Público que gradue a tributação de forma a incentivar atividades, processos produtivos ou consumos* enviromentally friendly *(literalmente, amistosos, adequados sob a ótica ambientalista, numa palavra não-poluidores), e desestimular o emprego de tecnologias defasadas, a produção e o consumo de bens* not enviromentally friendly *(isto é, nefastos à preservação ambiental). É, como se percebe, o campo da tributação extrafiscal.*"[82]

Além disso, pode-se sempre optar pela criação de uma nova figura tributária ou pela adaptação dos instrumentos fiscais existentes, devendo-se levar em conta o não desvirtuamento das finalidades originalmente visadas pois, como é de costume, inúmeros tributos a princípio instituídos com finalidades extrafiscais acabam por se constituírem em apenas mais uma fonte de receitas, sem qualquer resultado prático para o objetivo proposto.

---

82 OLIVEIRA, José Marcos Domingues de. *Direito tributário e meio ambiente*, p. 42.

Várias são as alternativas possíveis, todas com pontos positivos e dificuldades, principalmente no que tange à aceitabilidade política e à majoração imposta ao sistema produtivo, que pode penalizar as relações comerciais internacionais no país. Em muitas ocasiões, conforme levantado pela doutrina do espanhol Tulio Rosembuj[83], o mecanismo fiscal é rechaçado pelos agentes econômicos em razão de fazer-lhes pagar por algo que até agora era externo (e livre). Além disso, tal sistema pode trazer vantagens e desvantagens políticas, conforme sejam os ganhadores e perdedores, em razão da conseqüente alteração dos custos e benefícios que produz e seus efeitos distributivos.

Importa ressaltar, também, a questão do impacto no sistema arrecadatório, e a tendência de se considerar os instrumentos econômicos como licenças para contaminar. De fato, não há como advogar a prevalência destas idéias. Primeiramente porque é um absurdo considerar-se que qualquer ordem que porventura previsse algum tipo de sanção pecuniária em face de ato ilícito seja entendida como autorização para sua realização. Em segundo lugar, os possíveis impactos arrecadatórios causados pelos impostos ambientais seriam sempre suplantados pelos benefícios por eles trazidos, tanto no que diz respeito à melhoria na qualidade de vida global, quando à diminuição dos gastos públicos com a reparação dos danos causados ao meio e à própria saúde da população.

Logo, deve-se ter em mente uma avaliação precisa dos custos da preservação, tendo em vista as vantagens de um meio ambiente mais limpo. No entanto, uma vez diante dos mecanismos utilizáveis, não se pode pensar na radical supressão das atividades poluentes, mas sim no seu enquadramento em índices compatíveis com a manutenção da qualidade de vida e do desenvolvimento, não sendo lógico recorrer às formas de intervenção pensando em "tudo ou nada". Por conseguinte, é importante a completa equação de todos os interesses envolvidos,

---

83 ROSENBUJ, Tulio. *Los tributos y la protección del medio ambiente*, p. 49.

procurando sempre o modo pelo qual se vai atingir o melhor custo-benefício para toda a coletividade.[84] Nesta perspectiva, a real utilidade dos instrumentos financeiros dependerá da dosagem de sua aplicação. O imposto cumpre sua função se se estrutura de modo a tornar completamente inconveniente o comportamento ambiental danoso[85], mas sempre considerando todos os demais fatores que influem da estrutura social e econômica nacional.

Em face de tudo o que se ressaltou, impende notar que a interpretação sistemática da estrutura normativa nacional, partindo-se dos princípios fundamentais da Constituição Federal, obriga-nos a observar todos os mandamentos por ela impostos e, além de compatibilizá-los entre si, assegurar a sua satisfação através das normas infraconstitucionais e das orientações políticas seguida pelos poderes públicos.

Em razão disto, ponderando os princípios constitucionais tributários e a sua relação com a função ambiental do Estado, bem como tirando proveito de todas as experiências e possibilidades econômicas voltadas para a questão ambiental, examinemos um exemplo real voltado para a utilização do federalismo fiscal em benefício do meio ambiente, traduzido concretamente através do instituto do ICMS Ecológico.

II. Uma solução brasileira para as políticas públicas ambientais: o ICMS Ecológico

II.1. Aspectos gerais

A Constituição Federal de 1988, em seu art. 158, determina quais receitas tributárias arrecadadas pelos demais entes da federação pertencem aos municípios. Dentre tais verbas encon-

---

84 OCDE, *La fiscalidad y el medio ambiente*, p. 25-26.
85 ROSENBUJ, Tulio. *Los tributos y la protección del medio ambiente*, p. 64.

tra-se o montante de 25% (vinte e cinco por cento) da arrecadação estadual decorrente do Imposto sobre operações relativas à circulação de mercadorias e serviços (ICMS), cujos critérios de repartição entre os diversos municípios estão definidos no parágrafo único do dispositivo.

O mandamento constitucional estabelece expressamente que no mínimo $^3/_4$ dos 25% de ICMS pertencentes aos municípios devem ser repassados conforme o valor adicionado fiscal das operações realizadas por cada ente municipal. A Constituição define, então, um critério de medição econômica, simplificadamente decorrente da diferença entre as notas fiscais de venda e as notas fiscais de compra do município[86]. Nos termos dispostos pelo mandamento constitucional, portanto, a lógica de repartição das receitas do ICMS privilegia os municípios que mais produzem, ou seja, os mais desenvolvidos economicamente, capazes de gerar maiores receitas tributárias provenientes da circulação de mercadorias e serviços.

No entanto, deixa o constituinte originário a cargo dos Estados a definição dos critérios de repasse de cerca de $^1/_4$ do valor cabível aos municípios. Tal faculdade permite uma interferência direta da administração estadual no processo de desenvolvimento municipal[87], tendo em vista que os critérios de repasse de verbas influem fundamentalmente sobre as políticas públicas adotadas, podendo, se bem planejados, constituir-se em um amplo fator de indução econômica.[88]

Tradicionalmente, porém, os Estados pouco se utilizam do fator economicamente indutivo contido no permissivo constitucional, repetindo normalmente o mesmo critério adotado para

---

86 Os detalhes sobre o calculo do Valor Adicionado Fiscal encontram-se nos parágrafos do art. 3º, da Lei Complementar 63, de 11 de Janeiro de 1990.

87 Notadamente daqueles que não são fortemente beneficiados pelo critério do Valor Adicionado Fiscal.

88 A esse respeito ver GRIEG-GRAN, Maryanne. *Fiscal incentives for biodiversity conservation: The ICMS Ecológico in Brazil*, p. 1.

os demais ³/₄, utilizando-se de fatores demográficos ou conferindo partes iguais a todos os entes municipais.[89]

Na realidade atual, entretanto, os municípios mais populosos ou que mais geram circulação de mercadorias são os que têm, em seu território, mais condições de desenvolver atividades economicamente produtivas, que culminam, no mais das vezes, em externalidades[90] negativas através do desenvolvimento de uma estrutura predatória em relação aos bens ambientais[91].

---

89 Escapa dos objetivos do presente trabalho a discussão acerca da legitimidade ou não do dispositivo constitucional definidor dos critérios de repartição de receitas, tampouco dos critérios complementares estipulados pelos Estados, os quais, por certo, têm base em fortes razões políticas e econômicas. Assim, não nos preocuparemos em julgar até que ponto são justos, convenientes, ou se estão em harmonia com os demais princípios constitucionais.

90 Nas palavras de Fábio Nusdeo, "as externalidades correspondem, pois, a custos e benefícios circulando externamente ao mercado, vale dizer, que se quedam incompensados, pois, para eles, o mercado não consegue imputar um preço." NUSDEO, Fábio. *Curso de economia: introdução do direito econômico*, p. 177.

91 Quando a ação de um ente econômico traz consigo conseqüências adversas à comunidade, o fenômeno é chamado de externalidade negativa, de cujos exemplos mais comuns são os impactos ambientais. Assim, quando o bem-estar de uma família é afetado pela poluição despejada ao ar por uma indústria vizinha, os custos de eventuais problemas de saúde não são computados nos gastos operacionais da indústria, constituindo-se em externalidades suportadas pela família em razão da atuação danosa gratuita de terceiros para com o meio ambiente. Por conseguinte, em sendo tais externalidades negativas por sua própria natureza, não integrantes do conjunto de elementos que influenciam nas tomadas de decisão por parte das unidades poluidoras, que não são afetadas diretamente por seus custos, dificilmente serão por estas evitadas. Ver a este respeito BACHA, Carlos José Caetano & SHIKIDA, Pery Francisco Assis. *Experiências brasileiras na implementação do ICMS Ecológico*, p. 189; GRIEG-GRAN, Maryanne. *Fiscal incentives for biodiversity conservation: The ICMS Ecológico in Brazil*.

Assim, incluindo este quadro no raciocínio da repartição de receitas do ICMS, verificamos que os municípios que se dedicam ao desenvolvimento econômico em detrimento da preservação ambiental são aquilatados com maior quantidade de repasses financeiros, pois têm mais possibilidade de gerar receitas em função da circulação de mercadorias. Por outro lado, aqueles que arcam com a responsabilidade de preservar o bem natural, trazendo externalidades positivas[92] que beneficiam a todos, têm restrições em sua capacidade de desenvolvimento econômico e, conseqüentemente, recebem menos repasses financeiros por contarem com uma menor circulação de mercadorias e serviços. Esta lógica necessariamente deve ser alterada, pois não dá conta da dinâmica da realidade e, principalmente, não se conforma com a proteção constitucional conferida ao meio ambiente, tampouco com o instrumento principiológico do poluidor-pagador.

    A intervenção do Estado sobre domínio econômico-ambiental surge, então, buscando corrigir as falhas trazidas pelas externalidades ecológicas, por ele também sofridas quando tem de responsabilizar-se perante a sociedade para com políticas de proteção ambiental e despoluidoras, em conseqüência de ações danosas ao meio ambiente toleradas gratuitamente

    Dentro dessa perspectiva, inúmeras foram as reivindicações dos municípios detentores de áreas de preservação ambiental, mananciais hídricos, reservas indígenas, etc., tendo em vista que sofrem historicamente uma dupla penalização, seja pela restrição da utilização economicamente produtiva de parte do seu território em face da afetação ambiental, seja pela conseqüência economicamente nefasta de tal restrição, que implica num menor nível de repasse orçamentário, sem que recebam qualquer recompensa pelas externalidades positivas que proporcionam à sociedade.

---

92 Ao contrário da negativa uma externalidade positiva ocorre quando a ação de um ente econômico acarreta benefícios à comunidade, sem cobrar-lhes diretamente por isso.

Necessário se fez aos Estados conciliar os ditames constitucionais de modo a também incentivar a conservação dos recursos naturais, proporcionando, ao menos, algum meio de compensação financeira para os municípios que sofrem limitações de ordem física para o desenvolvimento produtivo, em razão de seu comprometimento territorial com áreas ambientalmente protegidas.[93]

Diante disso, aproveitando a faculdade que lhes foi constitucionalmente conferida, relativa ao estabelecimento de critérios próprios para o repasse da parcela de ICMS pertencente aos municípios, vem sendo criada, em alguns Estados, uma nova política cujos parâmetros estabelecidos para o repasse financeiro são de ordem notadamente ambiental.

Percebe-se, neste contexto, o início de uma clara e simples forma de compatibilizar a sistemática financeira com a preservação ambiental, fornecendo incentivos para que os municípios mantenham as áreas de conservação ambiental sem sofrerem demasiadamente as perdas decorrentes do limitado desenvolvimento econômico.

Assim, "...da busca de alternativas para o financiamento público das administrações municipais, onde existem significativas restrições ao uso do solo para o desenvolvimento de atividades econômicas clássicas que em geral implicassem na desestruturação dos ecossistemas"[94], nasceu o ICMS Ecológico[95], trazendo

---

93 Admitindo que alguns municípios acabam por arcar com os custos do desenvolvimento de outros, a antiga proposta de Reforma Tributária (PEC 175-A) introduzia um novo critério na repartição das receitas de ICMS entre municípios que hospedam usinas hidrelétricas, determinando que "cinqüenta por cento do valor adicionado serão atribuídos aos Municípios em que estiverem instaladas e cinqüenta por cento serão atribuídos aos Municípios impactados pelo reservatório, proporcionalmente à área alagada."
94 LOUREIRO, Wilson. *Incentivos fiscais para conservação da biodiversidade no Brasil*, p. 6.
95 Conforme ficou conhecido este critério de repartição, buscando a divulgação e popularização do termo, embora reconheçamos que é utili-

resultados surpreendentes capazes de conferir nova feição a todas as políticas ambientais nacionais.

Note-se que a política do ICMS Ecológico representa uma clara intervenção positiva do Estado, como um fator de regulação não coercitiva[96], através da utilização de uma forma de subsídio, tal como um incentivo fiscal intergovernamental[97], representando um forte instrumento econômico extrafiscal com vistas à consecução de uma finalidade constitucional, influenciando na ação voluntária dos municípios que buscam um aumento de receita.

Aliás, mister ressaltar que o intuito inicialmente compensatório conferido ao instituto logo se viu substituído por uma franca conseqüência incrementadora, tendo em vista que um número crescente de municípios passou a implementar políticas públicas ambientais, almejando receber uma parte dos valores distribuídos segundo tais critérios, conforme se verá a seguir.

Pioneiramente o instituto foi concebido no estado do Paraná, em 1991, e hoje já se encontra efetivamente implantado também em São Paulo, Rio Grande do Sul, Minas Gerais, Rondônia, Mato Grosso, Mato Grosso do Sul, Amapá, Tocantins e Pernambuco. Além disso, inúmeros outros Estados, tais como o Pará[98], Rio de Janeiro, Goiás, Santa Catarina e Ceará têm projetos do gênero em fase de discussão legislativa.

---

zado com certa impropriedade, uma vez que não se trata exatamente de enquadrar a própria figura tributária (ICMS) na questão ambiental, e sim os recursos financeiros dela provenientes através de um mecanismo de federalismo fiscal.

96 RIBEIRO, Maurício Andrés. *O ICMS e o Princípio "não-poluidor-recebedor."*

97 Ver a respeito LEITE, Fábio Heuseler Ferreira. *O ICMS Ecológico no Rio de Janeiro*, p. 33.

98 No Pará, a implementação do ICMS Ecológico foi objeto do Projeto de Lei nº 131/2001, elaborado por mim e pelo Prof. Fernando Facury Scaff, e apresentado à Assembléia Legislativa do Estado pela então Deputada Maria do Carmos Martins (PT). Por questões políticas, contudo,

II.2. Como se dá a aplicação concreta do de ICMS Ecológico

A concretização do ICMS Ecológico dá-se tecnicamente de forma simples.[99] Esquivando-se das incansáveis discussões no Congresso Nacional, responsáveis por anos de tramitação das propostas que visam alterar a legislação tributária ou emendar a Constituição[100], a implementação do ICMS Ecológico normalmente depende apenas de lei estadual, uma vez que os princípios basilares da repartição financeira já se encontram na Constituição Federal e na maioria das Constituições Estaduais, muitas esperando há mais de 10 anos pela devida regulamentação.[101]

Conforme comumente ocorre, através dos debates estaduais, são estabelecidos diversos critérios de mensuração do valor a ser recebido a título de repasse financeiro, sempre levando em conta as peculiaridades naturais de cada região. Daí por que cada um dos Estados que se utilizam do sistema estabelecem diferentes montantes a serem repartidos segundo a apreciação de diferentes aspectos ecológico-sociais.[102]

---

após audiência pública, a tramitação do projeto manteve-se parada e atualmente encontra-se em vias de arquivamento.

99 Embora esteja, antes de tudo, vinculada a acirradas disputas políticas diante dos supostos prejuízos suportados pelos municípios acostumados a explorar predatoriamente o meio ambiente, conforme se verá a seguir.

100 As quais seriam indispensáveis para a implementação da maior parte das demais hipóteses de utilização dos mecanismos econômicos em benefício do meio ambiente.

101 Como é o caso do art. 225 § 2º da Constituição do Estado do Pará, a qual já contém desde a sua origem (1989) dispositivo assegurando privilégio de tratamento para os municípios que abrigam unidades de conservação em relação à parcela de repasse de ICMS de que trata o art. 158, parágrafo único, II da Constituição Federal. Disposição esta que aguarda há 12 anos sua regulamentação.

102 Neste sentido é possível observar exemplificadamente que os Estados do Paraná e Rondônia adotam critérios ecológicos para o repasse aos

Os valores e critérios legalmente estabelecidos passam então a ser quantificados[103] diante dos dados fáticos, proporcionando a definição de um *ranking* ecológico dos municípios, de modo que cada um receberá um montante proporcional ao compromisso ambiental por ele assumido, o qual será incrementado conforme a melhoria da qualidade de vida da população.

Um dos pontos-chaves da política é, portanto, a não criação de novo tributo, não subsistindo qualquer ônus financeiro para o Estado ou aumento da carga tributária dos contribuintes.

Além disso, o ônus operacional é mínimo, visto que poderá ser utilizada a estrutura administrativa já existente na maior parte dos Estados, a fim de efetuar o cadastro das unidades de conservação e quantificação dos itens elencados pela legislação, cuja atualização deve ser constante, proporcionando a perfeita consonância dos repasses financeiros com a realidade municipal.

---

municípios de 5% (cinco por cento) do valor total do ICMS arrecadado, enquanto São Paulo afeta 0,5% (meio por cento) e Minas Gerais 1% (um por cento). Embora todos os Estados privilegiem o critério *unidades de conservação*, outros fatores somam-se a este, como no caso de Minas Gerais, que incentiva também o desenvolvimento de redes de saneamento; ou Paraná, que traz como critério adicional os municípios que dispõem de mananciais de água servindo a municípios vizinhos. Para quadro detalhado dos critérios utilizados por cada um dos municípios ver BACHA, Carlos José Caetano & SHIKIDA, Pery Francisco Assis. *Experiências brasileiras na implementação do ICMS Ecológico*, p. 189; GRIEG-GRAN, Maryanne. *Fiscal incentives for biodiversity conservation: The ICMS Ecológico in Brazil;* CAMPOS, Léo Pompeu de Rezende. *ICMS Ecológico: Experiências nos Estados do Paraná, São Paulo, Minas Gerais e alternativas na Amazônia*.

103 Alguns critérios adotados pelos Estados necessitam de uma análise um pouco mais complexa do que a simples quantificação aritmética. No caso do Paraná, por exemplo, realiza-se também uma análise qualitativa das unidades de conservação. Em Minas Gerais, o critérios relativo à implementação de sistemas de saneamento toma em consideração a porcentagem da população beneficiada com a estrutura sanitária.

Ao fim, caberá aos Tribunais de Contas (também no exercício de suas funções constitucionalmente definidas), e principalmente, à população – utilizando-se dos inúmeros meios de pressão e controle que lhe são legalmente disponibilizados — o acompanhamento e fiscalização dos repasses financeiros, da utilização dos valores recebidos e da busca pelo seu incremento, bem como o exame da veracidade das informações prestadas, que basearam a distribuição.

Ressalte-se que tal atitude pode ser estimulada e otimizada pela própria ação dos Estados, os quais arcam com a tarefa de informar não só as administrações municipais, mas também a população, dando transparência à execução da política fiscal-ecológica.

Desta forma, mais facilmente será construída uma consciência ecológico-social que, num bom círculo vicioso, incentivará a otimização das ações ambientais realizadas pelo município com vista ao aumento do repasse financeiro e também ao bem-estar da sociedade como um todo.

II.3. Problemática da lógica material do federalismo fiscal ecológico

Ao passar-se a vislumbrar o uso pragmático das proposições estruturais do ICMS Ecológico, mister se faz analisar os aspectos polêmicos que permeiam sua efetiva compatibilização com a principiologia constitucional tributário-financeira e ambiental.

A fórmula do ICMS Ecológico, considerando as conseqüências intrínsecas de qualquer política pública de utilização dos mecanismos econômicos para o benefício da biodiversidade e recursos naturais, em princípio apresenta também algumas complexidades, uma vez que implica alterações de fato no cerne da sociedade. Essencial se torna, portanto, analisar com acuidade suas especificidades e principalmente o seu caráter redistributivo em consonância com os princípios que regem nosso ordenamento jurídico.

Conforme alerta estudo formulado pela OCDE[104], os efeitos redistributivos trazidos pela utilização de instrumentos econômicos nas políticas ambientais podem se constituir em sérios obstáculos a sua implementação, uma vez que os potenciais "perdedores" na redistribuição estarão tentados a fazer pressão contra as medidas que vão de encontro aos seus interesses. É importante, pois, a prévia identificação dos possíveis efeitos redistributivos, buscando reduzi-los de modo a não impedir a implementação da política.

Com relação ao ICMS Ecológico é possível observar que, por sua própria natureza, consideráveis são os impactos redistributivos apresentados, vez que a adoção de um novo critério de repartição de receitas implica obrigatoriamente na redução do valor concernente ao critério existente. Aliás, esta é uma das finalidades da adoção do sistema.[105] E certamente, este impacto redistributivo dificultará a reformulação da política financeira, já que, sem dúvida, existirão aqueles que em princípio sentir-se-ão prejudicados com os novos critérios de repasse.[106]

Neste sentido importa atentar para o fato de que os municípios maiores, mais ricos e mais desenvolvidos têm uma maior representação legislativa e normalmente lhes é conveniente a manutenção do valor agregado como único critério de repasse

---

104 OCDE, La Fiscalidad y el medio ambiente, p. 70.

105 Tirar dos municípios ricos para dar aos municípios pobres é o lema adotado pela Lei instituidora do ICMS Ecológico no Estado de Minas Gerais, conhecida como "Lei Robin Hood".

106 Através de estudo realizado nos Estados de Minas Gerais e Rondônia, cerca de 40% (quarenta por cento) dos municípios experimentaram alguma perda com a adoção do ICMS Ecológico. No entanto, a maioria dos municípios (cerca de sessenta por cento), e sobretudo os mais pobres, experimentaram um sensível aumento de verbas. Tal fator inclusive fez com que muitos municípios com baixas condições de agregar valor à produção primária optassem pela criação de uma área de preservação ambiental como meio de incrementar as receitas orçamentárias. Ver a respeito GRIEG-GRAN, Maryanne. *Fiscal incentives for biodiversity conservation: The ICMS Ecológico in Brazil*.

de verbas, o que dificulta amplamente as possibilidades de consenso legislativo sobre a alteração dos parâmetros de repasse. Ponto de extrema importância se faz, então, a escolha minuciosa dos novos critérios a serem adotados, bem como daqueles que terão a importância reduzida; decisões que influem definitivamente na extensão dos efeitos redistributivos do sistema, facilitando, conseqüentemente, a concordância política para a sua implementação.[107]

Além disso, relevante se faz buscar de forma árdua o redimensionamento das concepções de desenvolvimento, desvinculando-o da idéia de degradação do meio ambiente, através de um massivo sistema de informação e educação ambiental, capaz de gerar novos conceitos axiológicos, a fim de possibilitar a alteração dos parâmetros fiscais para uma convivência mais harmônica com a natureza.

Uma vez que se consiga introduzir novos parâmetros nos atuais critérios de desenvolvimento, trazendo a conscientização geral de que os recursos naturais aproveitam a todos e de que a preservação ambiental é indispensável à manutenção do mais importante bem existente, representado pela própria vida humana, o raciocínio sensato trará à tona o vazio das revoltas puramente políticas.

No entanto, ao lado dos argumentos humanísticos que, por si só, seriam mais do que suficientes para demonstrar o quão importante é a alteração da política financeira para o benefício

---

107 Segundo o estudo da WWF, a inclusão de critérios ecossociais (como, por exemplo, a melhoria do sistema de saneamento) associados aos puramente ecológicos reduz amplamente os impactos orçamentários negativos para grande parte dos municípios (GRIEG-GRAN, Maryanne. *Fiscal incentives for biodiversity conservation: The ICMS Ecológico in Brazil*, p. 31), uma vez que lhes confere opções de investimento as quais, ainda que não vinculadas diretamente com unidades de conservação ecológica, obrigatoriamente implicam na melhoria da qualidade de vida da população. Esta associação de fatores se traduz em elemento de crucial importância na facilitação do consenso político sobre a introdução do ICMS Ecológico.

da coletividade, traduz-se em necessidade inafastável, em obediência aos preceitos constitucionais[108], o dever de instrumentalização do Direito Tributário e Financeiro, materializando-o no seio da sociedade, o que implica, indispensavelmente, na adoção de uma política voltada à valorização da preservação.

Além da questão política inicial, surgem as inúmeras críticas que afirmam ser o direcionamento de dinheiro público para incentivo de atividades não poluidoras incompatível com o princípio do poluidor-pagador; ou que não podem tais políticas ser levadas a cabo por admitirem a "compra" da preservação do meio ambiente, como se este pertencesse a alguém.

Mister atentar, contudo, que o fornecimento de compensação financeira em razão da não degradação é também uma das diversas modalidades de utilização dos instrumentos econômicos com finalidade ambiental[109], servindo ao desiderato de suprir a demanda de recursos para o desenvolvimento sustentável e, principalmente, incentivar as políticas preservacionistas.[110]

---

108 Ver *supra*.

109 Sobre a utilização de instrumentos econômicos e fiscais para a proteção ambiental existe uma bibliografia extremamente vasta. Exemplificadamente citamos: OLIVEIRA, José Marcos Domingues de. *Direito tributário e meio ambiente*: 2a. ed. Rio de Janeiro: Renovar, 1999; SOARES, Cláudia Dias. *O imposto ambiental: direito fiscal do ambiente*. Coimbra: Almedina, 2002; ROSENBUJ, Tulio. *Los tributos y la protección del medio ambiente*. Madrid: Marcial Pons, 1995; ORGANIZACION DE COOPERACION Y DESARROLLO ECONOMICOS — OCDE. *La fiscalidad y el medio ambiente*. Madrid: Ediciones Mundi Prensa, 1994; MOLINA, Pedro M. Herrera. *Derecho tributário ambiental*. Madrid: Marcial Pons, 2000; HERNÁNDEZ, Jorge J. *El tributo como instrumento de proteccion ambiental*. Granada: Comares, 1998.

110 Com base no que afirma Maurício Andrés Ribiero, observa-se que em contextos de escassez de recursos financeiros, sistemas como o do ICMS Ecológico são mais facilmente usados do que os sistemas que aplicam puramente o princípio poluidor pagador (PPP) tendo em vista que a disposição a receber é mais alta do que a disposição a pagar. Aqueles que limpam, recebem, aqueles que permanecem sujando o ambiente, perdem dinheiro para os que limpam. Ver a respeito RIBEIRO, Maurício Andrés.

Além do quê, a utilização do ICMS Ecológico aplica claramente não apenas o princípio do poluidor-pagador, mas também o seu corolário mais próximo, representado pelo princípio do protetor-beneficiário[111], tendo em vista que os que poluem não recebem nada — ao contrário, perdem — enquanto os que preservam são recompensados.

Conforme defendido por Tulio Rosembuj[112], um corolário lógico e necessário do princípio do poluidor-pagador é seu exato inverso: todos os que criam, por sua conduta, específicas situações de conservação ambiental, beneficiando a todos, devem receber uma justa compensação, devendo-se reconhecer as externalidades positivas daqueles cujo comportamento ambiental reduz os gastos públicos e traz proveitos para toda a coletividade.

Assim, os poluidores internalizam os custos de suas atividades, fazendo refletir em seu sistema produtivo e nos recursos que recebem, o desconto dos valores relativos ao dano ambiental por eles causados. Por outro lado, os municípios que não poluem (ou poluem menos) recebem a compensação pelo benefício coletivo.

Logo, fica claro que as críticas levantadas com base na "compra do meio ambiente" configuram pensamento analítico reducionista, incompatível com os valores em questão.

Outrossim, no que diz respeito à conformidade com os princípios informadores do sistema financeiro e tributário nacional, observa-se que a adequação dos instrumentos econômicos já existentes, sem importar em aumento da carga tributária a que é submetida a população, se traduz em uma das opções mais

---

O Icms e o Princípio Não Poluidor – Recebedor.
111 Expressão utilizada em LOUREIRO, Wilson. O ICMS Ecológico na biodiversidade. Ver também RIBEIRO, Maurício Andrés. O *ICMS e o Princípio Não Poluidor – Recebedor*.
112 ROSEMBUJ. Tulio. *Los tributos y la proteccion del medio ambiente*, p. 266.

convenientes ao financiamento das políticas ambientais no contexto atual.

Ademais, o ICMS Ecológico alcança plenamente suas finalidades de custeio ambiental, sem necessidade de alterações da proibição constitucional em relação à vinculação das receitas, vez que normalmente não impõe nenhum direcionamento específico para a aplicação dos recursos repassados. No entanto, através de uma atitude voluntária dos administradores locais, conveniente é a aplicação de ao menos uma parte dos recursos recebidos em projetos ecossociais, de modo a garantir o progressivo aumento dos valores a receber.[113]

A expectativa é de que, seguindo a lógica proposta, os municípios detentores de maiores áreas de conservação e maiores investimentos na qualidade de vida da população serão agraciados com um superior repasse de receitas. Deste modo, buscando conseguir uma quantidade mais vultosa de recursos, os municípios tentarão sempre investir na preservação e melhoria das condições da população, dando início a uma guerra fiscal benéfica.[114]

---

[113] "Os recursos do ICMS Ecológico são repassados aos municípios, cabendo a eles a decisão sobre como alocar tais valores. O Governo do Paraná não impõe regras quanto ao uso do repasse do ICMS Ecológico. Contudo, cada município será mais beneficiado no futuro, quanto mais alocar recursos para projetos que implicam melhoria das unidades de conservação ou da qualidade da água, pois tais melhorias são captadas por fatores que determinam a parcela que cada município tem no repasse do ICMS Ecológico." (BACHA, Carlos José Caetano & SHIKIDA, Pery Francisco Assis. *Experiências brasileiras na implementação do ICMS Ecológico*, p. 199). Diante dessa realidade, pode-se observar claramente que os critérios de repartição do ICMS têm amplo valor enquanto instrumentos a serem utilizados pelo Estado no incentivo e direcionamento das políticas públicas municipais.

[114] Isso, inclusive, já vem se verificando em muitos Estados. No Paraná, por exemplo, o número de municípios beneficiados cresceu de 122 em 1992 para 192 em 1998; em São Paulo, elevou-se de 104 (1994) para 152 (1999), traduzindo-se o ICMS Ecológico como a principal forte de recei-

Encarada sob a égide do ICMS ecológico, portanto, a preservação ambiental terá evidenciado o seu potencial gerador de lucro (caso ainda não se tenha percebido que o lucro maior já está na própria natureza), configurando-se as áreas de conservação ambiental como a "nova moeda"[115] das cidades brasileiras, trazendo benefícios generalizados.

O ICMS Ecológico se traduz, por conseguinte, numa clara opção de implementação dos princípios constitucionais ambientais, sem a necessidade de alteração dos instrumentos tributários vigentes. Os municípios que utilizam seu espaço físico em atividades economicamente produtivas (normalmente comprometendo os recursos naturais) contribuem para o incremento da arrecadação estadual de ICMS, formado o conjunto dos recursos cuja pequena parte será repassada àqueles que carregam o "ônus" de garantir a qualidade de vida dos cidadãos, através da preservação dos recursos naturais existentes em seu território. A preservação deixa, então, de ser um ônus, passando a ser um verdadeiro bônus, em todos os sentidos.

Com o desenvolvimento de políticas publicas voltadas para o aperfeiçoamento dos diversos critérios de repartição de receitas tomados em conta pelo ICMS Ecológico, possibilita-se, finalmente, a concretização da idéia de que a preservação do meio ambiente não significa apenas a manutenção das áreas verdes mas, primordialmente, a elevação da qualidade de vida da população que vive no ambiente e com ele interage, a qual necessita de saúde, educação, higiene, saneamento e, principalmente, cidadania, obtida através da real efetivação do princípio da dignidade da pessoa humana.

---

ta de um sem-número de municípios em todos os Estados em que é aplicado. Ver a respeito CAMPOS, Léo Pompeu de Rezende. *ICMS Ecológico: Experiências nos Estados do Paraná, São Paulo, Minas Gerais e alternativas na Amazônia.*

115 GARCIA, Roseli. *Cidades descobrem nova moeda.*

II.4. Algumas propostas baseadas no ICMS Ecológico

A ampliação do debate sobre a utilização de instrumentos econômicos e tributários nas políticas publicas ambientais, o aprimoramento institucional das entidades públicas no que tange ao trato do meio ambiente e a influência no desenvolvimento estadual e nacional de políticas semelhantes, são fatores que, ao lado do incremento da qualidade de vida das populações e das áreas de proteção ambiental, representam de modo especial o sucesso do ICMS Ecológico.[116]

Seguindo as excelentes experiências demonstradas pelos Estados já adotantes do ICMS Ecológico, com resultados amplamente positivos no que tange às políticas ambientais municipais, considera-se satisfatório o uso deste tipo de intervenção econômica por parte dos poderes públicos, fazendo com que seus méritos ecoem pelo Brasil afora.

Conforme acima mencionado, vários outros Estados brasileiros, tais como Pará[117], Bahia, Goiás, Santa Catarina e Ceará, já estudam a possibilidade de implementar projetos semelhantes aos aqui discutidos. E chega-se, até mesmo, a cogitar acerca de uma proposta nacional.

Em junho de 1998 foi apresentada no Senado uma proposta de autoria da senadora Marina Silva (PT-AC), que cria uma reserva de 2% do Fundo de Participação dos Estados e Distrito Federal para Estados que abrigarem Unidades de Preservação da Natureza e terras indígenas demarcadas, como parte de um conjunto de ações no sentido de fazer uma combinação entre preservação do meio ambiente e desenvolvimento econômico.[118] Segundo a senadora, tal proposta implica pequeno impac-

---

116 Para detalhes específicos sobre os resultados positivos do ICMS Ecológico em todos os âmbitos citados, consultar LOUREIRO, Wilson. *Incentivos fiscais para conservação da biodiversidade no Brasil*, p. 35 e ss.
117 A respeito da proposta paraense vide Nota 102, *supra*.
118 Cf. Ata da Sessão do Plenário do Senado Federal referente à 72ª Sessão Não Deliberativa de 19/06/1998.

to sobre a redução global dos recursos do fundo, mas com grandes resultados em relação ao incentivo à preservação ambiental, na esteira do que ocorre com o ICMS Ecológico.

Outra hipótese de extensão do federalismo fiscal ambiental para todo país, ainda em fase preliminar de discussão com o Ministério da Fazenda, é a defendida pela Organização não Governamental WWF Brasil (Fundo Mundial para a Natureza). A proposta da WWF depende do andamento da Reforma Tributária, e também da possível alteração do ICMS para IVA, mas ainda seguindo a mesma lógica do ICMS Ecológico, constituindo-se como uma "...ferramenta para incentivar a conservação ambiental, capaz de promover uma distribuição mais justa dos recursos entre os municípios."[119]

Deste modo, demonstra-se o êxito do mecanismo para o incremento das práticas de preservação do meio ambiente no Brasil, não apenas por seu caráter financiador, mas, notadamente, por seu exemplo positivo, influenciando novas experiências no mesmo sentido.

III. Conclusão

A realidade atual, em conformação com o que foi aqui colocado, demonstra a imperiosa necessidade de reformulação dos atuais parâmetros sobre os quais se ergue o Sistema Tributário Nacional, de forma a melhor harmonizá-lo com os preceitos relativos à proteção ambiental constantes na Carta Constitucional.

De fato, visando compatibilizar-se com a ampliação dos direitos fundamentais e, no que tange a sua terceira dimensão, atingir o melhor grau de internalização dos custos ambientais, a função extrafiscal dos tributos pode e deve ser otimizada, no sentido de que, não apenas através de mecanismos financeiros, mas em razão de seus próprios elementos estruturais, a figura

---

[119] Cf. *Gazeta Mercantil* de 6/01/1999, p. A-8.

tributária desempenhe um caráter social, realizador do princípio da dignidade da pessoa humana.

As alternativas são várias e, inclusive, podem advir das próprias peculiaridades regionais, como ocorre no caso do ICMS Ecológico. A visão geral sobre o instituto aqui proporcionada, presta-se a demonstrar os resultados positivos de tal sistema no que diz respeito ao incremento dos investimentos em preservação ambiental e da efetiva melhora na qualidade de vida dos cidadãos.

Note-se, contudo, que o ICMS Ecológico, aqui brevemente demonstrado, representa um instrumento de amplo poder no incentivo ao desenvolvimento das políticas públicas ambientais. No entanto, não passa de um dos instrumentos.

A consciência ecológica verdadeira — não aquela pura e simples defesa sentimentalista das florestas – perpassa antes de tudo pela consciência de seus fundamentos jurídico-sociais e, principalmente, na consciência de que a Constituição Federal traz a defesa do meio ambiente e da qualidade de vida da sociedade enquanto princípios retores e informadores da dignidade da pessoa humana.

Para a real concretização de tais princípios, necessário se faz, portanto, desenvolver as instituições públicas, promover a educação ambiental, a informação, a conscientização e a ação no sentido de que o Direito e, especialmente o Direito Tributário, não se limite a uma folha de papel repleta de signos técnicos e regras formais de incidência, mas seja a cristalização material dos direitos fundamentais e instrumento de transformação da sociedade, visando a realização de suas aspirações.

Incentivando uma alteração de parâmetros em relação à sistemática econômico-jurídica-tributária, em tendo permitido ao estudioso compreender por mais infimamente que seja, a relação estreita entre os direitos humanos, os instrumentos econômicos e a preservação da vida humana na Terra atinge este texto a sua função maior, constituindo-se num sopro de confiança na harmonização de tais estruturas inicialmente tão antagônicas e, principalmente, representando mais um dos pequenos passos no caminho para uma sociedade melhor.

IV. Referências bibliográficas

Livros

ACKERMAN, Bruce. *La justicia social en el Estado Liberal*. Madrid: Centro de Estudios Constitucionales, 1993.

ALEXY, Robert. *Teoría de los derechos fundamentales*. Madrid: Centro de Estudios Constitucionales, 1997.

AMARAL, Gustavo. Direito, escassez e escolha. Rio de Janeiro: UERJ, 2000. Dissertação (Mestrado). Curso de Pós-graduação stricto sensu em Direito. Faculdade de Direito da Universidade do Estado do Rio de Janeiro, 2000.

BACHA, Carlos José Caetano; SHIKIDA, Pery Francisco Assis. Experiências brasileiras na implementação do ICMS ecológico. In: CASIMIRO FILHO, Francisco; SHIKIDA, Pery Francisco Assis. (orgs.). *Agronegócio e desenvolvimento regional*. Cascavel: Edunioeste, 1999.

BACHELET, Michel. *Ingerência Ecológica: Direito Ambiental em questão*. Lisboa: Instituto Piaget, 1997.

BARCELLOS, Ana Paula de. *A eficácia jurídica dos princípios constitucionais*. Rio de Janeiro: Renovar, 2002.

BOBBIO, Norberto. *A era dos direitos*. Rio de Janeiro: Campus, 1992.

BONAVIDES, Paulo. *Curso de direito constitucional*. 7ª ed. São Paulo: Malheiros, 1998.

CAMPOS, Diogo Leite de & CAMPOS, Mônica Horta Leite de. *Direito Tributário*. 2ª ed. Coimbra: Almedina, 2000.

CAMPOS, Léo Pompeu de Rezende. ICMS *Ecológico: Experiências nos Estados do Paraná, São Paulo, Minas Gerais e alternativas na Amazônia*. Cuiabá, 2000. (lido em original digitado).

COMPARATO, Fábio Konder. *A afirmação histórica dos direitos humanos*. 2ª ed. rev. e ampl. São Paulo: Saraiva, 2001.

DERZI, Misabel Abreu Machado. *Direitos Humanos e Tributação*: relatório da República Federativa do Brasil para a XX Jornadas do Instituto Latinoamericano de Derecho Tributario – Iladt. XX Jornada del instituto Latinoamericano de Derecho Tributario. Rio de Janeiro: ABDF, 2001.

DIAS, José Eduardo de O. F. *Tutela Ambiental e contencioso administrativo*. Coimbra: Coimbra, 1997.

FERREIRA FILHO, Manoel Gonçalves. *Direitos humanos fundamentais*. 2. ed. rev. e atual. São Paulo, Saraiva, 1998.

FERRY, Luc. *Le nouvel ordre écologique*. Paris: Grasset, 1992.

FREITAS, Rômulo de Jesus Dieguez de. *Imposto, uma perspectiva ecológica In* II Simpósio de Administração Tributária. Porto Alegre, out., 1993.

GRIEG-GRAN, Maryanne. *Fiscal incentives for biodiversity conservation*: The ICMS Ecológico in Brazil. London: International Institute for Environment and Development, 2000. 55 p. Discussion Paper DP 00-01.

HENKIN, Louis. *The age of rights*. New York: Columbia University Press, 1990.

HERNÁNDEZ, Jorge J. *El tributo como instrumento de proteccion ambiental*. Granada: Comares, 1998.

HOLMES, Stephen & SUSTEIN, Cass R. *The cost of rights*: why liberty depends on taxes. New York: Norton & Co., 1999.

KELSEN, Hans. *Teoria Geral do Direito e do Estado*. 3ª ed. São Paulo: Martins Fontes, 1998.

KISS, Alexandre. Sustainble development and human rights. In: CANÇADO TRINDADE, A. A. *Direitos humanos, desenvolvimento sustentável e meio ambiente*. San Jose de Costa Rica / Brasilia: BID, 1992, P. 29-37.

LAFER, Celso. *A reconstrução dos direitos humanos*. São Paulo: Companhia das Letras, 1991.

LEITE, Fábio Heuseler Ferreira. *O ICMS Ecológico no Rio de Janeiro*. Rio de Janeiro, UFRJ, 2001. Monografia (Bacharelado). Instituto de Economia. Universidade Federal do Rio de Janeiro, 2001.

LOCKE, John. *Segundo tratado sobre o governo*. São Paulo: Martin Claret, 2002.

LOUREIRO, Wilson. *Incentivos fiscais para conservação da biodiversidade no Brasil*, Curitiba, 1998 (lido em original digitado).

MAGALHÃES, José Luiz Quadros. Desenvolvimento dos direitos humanos e o direito ao desenvolvimento enquanto direito humano. In: SEGUIN, Elida (org.). *Direito do desenvolvimento*. Rio de Janeiro, Lumen Juris, 2000. p. 137-157.

MENDES, Gilmar F.; COELHO, Inocêncio M.; BRANCO, Paulo Gustavo G. *Hermenêutica constitucional e direitos fundamentais*. Brasília: Brasília Jurídica, 2000.

MIRANDA, Jorge. *Direitos Fundamentais*. 3ª ed. Coimbra; Coimbra, 2000.

MOLINA, Pedro M. Herrera. *Derecho tributário ambiental*. Madrid: Marcial Pons, 2000.

MORENO, José Luis Serrano. *Ecologia y derecho*. Granada: Comares, 1992.

NUSDEO, Fábio. *Curso de economia*: introdução ao direito econômico. São Paulo: Revista dos Tribunais, 1997.

OLIVEIRA, José Marcos Domingues de. Direito tributário e meio ambiente: 2a. ed. Rio de Janeiro: Renovar, 1999.

ORGANIZACION DE COOPERACION Y DESARROLLO ECONOMICOS — OCDE. *La fiscalidad y el medio ambiente*. Madrid: Ediciones Mundi Prensa, 1994.

RAWLS, John. *Uma teoria da justiça*. São Paulo: Martins Fontes, 1997.

ROSENBUJ, Tulio. *Los tributos y la protección del medio ambiente*. Madrid: Marcial Pons, 1995.

ROTA, Demetrio L. *Los princípios del derecho ambiental*. Madrid, Civitas, 1998.

SARLET, Ingo. *Dignidade da pessoa humana na Constituição Federal de 1988*. Porto Alegre: Livraria do Advogado, 2001.

SCAFF, Fernando Facury. *Responsabilidade civil do estado intervencionista*. 2 ed. rev. e ampl. Rio de Janeiro: Renovar, 2001.

_____. Contribuições de Intervenção e direitos humanos de segunda dimensão. In: MARTINS, Ives Gandra da Silva (org.). *Contribuições de Intervenção no Domínio Econômico*. São Paulo: Revista dos Tribunais e Centro de Extensão Universitária, 2002.

SEN, Amartya Kumar. *Desenvolvimento como liberdade*. São Paulo: Companhia das Letras, 2000.

SILVA, Vasco Pereira da. Verdes são também os direitos do homem. In: UNIVERSIDADE DE COIMBRA, *Portugal-Brasil ano 2000: Tema Direito*. Coimbra: Coimbra, 1999.

SOARES, Cláudia Dias. *O imposto ambiental*: direito fiscal do ambiente. Coimbra: Almedina, 2002

STRECK, Lenio Luiz & MORAIS, José Luis Bolzan de. *Ciência Política e Teoria Geral do Estado*. Porto Alegre: Livraria do Advogado, 2001.

TRINDADE, Antonio A. Cançado. *Direitos humanos e meio ambiente*: paralelos dos sistemas de proteção internacional. Porto Alegre: Sérgio Antonio Fabris, 1993.

_____. Environment and Development. In: TRINDADE, Antonio A. Cançado. *Direitos Humanos, desenvolvimento sustentável e meio ambiente*. San Jose de Costa Rica / Brasilia: BID, 1992.-

TORRES, Ricardo Lobo. *Direitos humanos e a tributação*. Rio de Janeiro: Renovar, 1996.

_____. A cidadania multidimensional na Era dos Direitos. In: TORRES, Ricardo Lobo (org.) *Teoria dos Direitos Fundamentais*. Rio de Janeiro: Renovar, 1999.

ZALUAR, Alba. Direitos cívicos e direitos humanos: uma confusão pós moderna. In: ARAÚJO, Ângela Maria Carneiro (org.). *Trabalho, cultura e cidadania*: um balança da história social brasileira. São Paulo: Scrita, 1997.

Artigos de periódicos jurídicos

LUQUE BUSTAMANTE, Javier. Algunas reflexiones sobre las relaciones entre los derechos humanos y la tributación. *Revista de Direito Tributário*, São Paulo, v. 14, n.52, p. 54-65, abr./jun. 1990.

MIRANDA, Jorge. Os direitos fundamentais — sua dimensão individual e social. *Cadernos de Direito Constitucional e Ciência Política*, São Paulo, v. 1, n.1, p. 198-208, out./dez. 1992.

NOVELLI, Flavio Bauer. Norma constitucional inconstitucional?. *Revista de Direito Administrativo*, Rio de Janeiro, n.199, p.21-57, jan./mar. 1995.

PECES-BARBA, Gregório. Los derechos económicos, sociales y culturales: su génesis y su concepto. Derechos y Libertades. *Revista del Instituto Bartolomé de las casas*. Madrid, ano III, n. 6, p. 15-34, fev. 1998.

PENNA DE CARVALHO, Anete M. A concepção lockeana de direito natural e a concepção moderna de direitos humanos. *Revista da Procuradoria Geral do Estado*, Belém, jan./jun. 2001.

PIOVESAN, Flavia C. O direito ao meio ambiente e a Constituição de 1988: diagnostico e perspectivas. *Cadernos de Direito Constitucional e Ciência Política*, São Paulo, v. 1, n.4, p. 75-97, jul./set. 1993.

PONTES, Helenilson Cunha. Federalismo e descentralização de encargos e receitas. *Cadernos da Pós-Graduação em Direito da UFPA*. Belém: UFPa, v. I, n.4, jul.-set., 1997.

SARMENTO, George. Evolução das Liberdades na Teoria dos Direitos Humanos fundamentais. Direitos e Deveres: *Revista do Centro de Ciências Jurídicas da UFAL*. Maceió, ano 1, n. 1, p. 117-153, jul./dez. 1997.

SOUZA, Edino Cezar Franzio de. O poder de tributar do Estado no cenário econômico atual. *Revista Jurídica Consulex*. Brasília, ano VI, n. 133, p. 43-44, jul. 2002.

TORRES, Ricardo Lobo. O mínimo existencial e os direitos fundamentais. *Revista de Direito Administrativo*, Rio de Janeiro, n. 177, p. 22-49, jul./set. 1989.

TRAIBEL, Montero. Derechos humanos como limite a la potestad tributária. *Revista de Direito Tributário*, São Paulo, v. 14, n.52, p. 19-26, abr./jun. 1990.

Artigos de jornais e da internet

GARCIA, Roseli. Cidades Descobrem Nova Moeda. Jornal *A Crítica*. Manaus, 21 jun. 1999.

DIAS, Edna Cardozo. A proteção da fauna na legislação brasileira. Disponível na INTERNET via WWW. URL: http://www.ibema.hpg.ig.com.br/index.htm. Arquivo capturado em 26/07/2002.

RIBEIRO, Maurício Andrés. O ICMS e o princípio não poluidor – recebedor. Disponível na INTERNET via WWW. URL:http://www.mma.gov.br/port/sqa/brasiljl/doc icmspnp.pdf

Considerações iniciais acerca do controle judicial concernente à concretização dos direitos fundamentais sociais prestacionais contidos na CF/88 — uma análise crítica da atuação do STJ e STF

Fernando Gomes de Andrade[1]

1.1 Direitos fundamentais e as três dimensões de direitos: do Estado Liberal ao Estado Social e Democrático de Direito; 1.2 Os Direitos Fundamentais Sociais no contexto sócio-econômico mundial atual; 1.3 Os Direitos Fundamentais Sociais na Constituição dirigente de 1988: normas programáticas ou auto-executáveis? 1.4 A tradição do judiciário brasileiro na interpretação lógico-formal em detrimento da material-valorativa; 1.5 Controle judicial sobre a Administração Pública: problemática da legitimidade do judiciário para equacionar questões políticas e alcance de suas decisões; Bibliografia.

1.1 Direitos fundamentais e as três dimensões de direitos: do Estado Liberal ao Estado Social e Democrático de Direito.

---

1 Mestre em Direito Público pela UFPE e Doutorando em Ciências Jurídico-Políticas pela Universidade de Lisboa. Professor de Direito Constitucional da Faculdade Osman Lins e da Faculdade dos Guararapes.

Em sede constitucional, podemos identificar ao menos dois paradigmas basilares, a saber: paradigma das Constituições liberais[2] (século XVIII até início do século XX) e o paradigma do constitucionalismo social (início do século XX).

Analisaremos cada uma delas e o contexto histórico na qual encontram-se inseridas com o escopo de posterior adentramento na questão específica e nuclear a que nos propusemos. Em que pese outras classificações, a doutrina elenca os direitos fundamentais em três dimensões de direitos[3] concebidas a partir de seu reconhecimento ao longo da história.

O Estado Moderno surgira em contraposição ao indesejado absolutismo e como tal encetou substanciais mudanças; desejava-se um Estado não interventor na vida privada do indivíduo e inarredável desejo de um aparelhamento jurídico capaz de defender o indivíduo face aos (possíveis) arbítrios estatais, portanto, é um Estado abstencionista, sob a égide do *laissez faire, laissez passer*, o que antes se definia como Estado de polícia, passa a denominar-se Estado mínimo com o escopo de garantir a ordem e a segurança sem muita preocupação com a política social[4].

---

2 Segundo BÖCKENFÖRDE, Ernst Wolfgang. **Escritos sobre derechos fundamentales**. (trad.) Juan Luis Requejo Pagés. Baden-Baden: Nomos, 1993 p. 49-50: *"para la teoria liberal (del Estado de derecho burgues) de los derechos fundamentales, los derechos fundamentales son derechos de libertad del individuo frente al Estado. Se establecen para asegurar, frente a la amenaza estatal, âmbitos importantes de la libertad individual y social que están especialmente expuestos, según la experiencia histórica, ala amenaza del poder del Estado. (...) toda normación legal, toda intervención de la autoridad, toda injerencia estatal debe ser por principio limitada, mensurable, calculable, cada control estatal debe ser a su vez controlable de nuevo"*.

3 Que alguns autores denominam gerações de direitos fundamentais. Por opção metodológica nos referiremos a dimensões para que fique bem claro que uma não exclui a outra, como poderia induzir a erro a expressão "geração", mas que são realidades que se complementam.

4 Cf: AMARAL, Diogo Freitas do. **Curso de Direito Administrativo**. Vol. I, Coimbra: Almedina, 1994, p. 51 ss.

Imprescindível era cambiar a vontade individual absolutista, a qual fundamentava a sociedade política, bem retratada no "leviatã" hobbesiano, pela norma geral e abstrata[5].

Assim, no Estado Moderno liberal, há pouca interferência deste na economia, pois o mercado seria regulado pela "mão invisível"[6], a ordem natural possibilitando o desenvolvimento. Na política há o advento do princípio da separação de poderes; princípio da legalidade e o voto censitário[7], ou seja, para votar e ser votado o indivíduo deveria possuir determinada renda, ocasionando alijamento da participação popular — em sentido amplo — no poder legiferante, responsável em estabelecer os direitos fundamentais; apenas os detentores do poder econômico logravam tais posições e comumente controlavam a "mão invisível" reguladora do mercado, no fiel cumprimento de seus próprios interesses pessoais.

Nessa fase denominada liberalismo encontramos os direitos de 1ª dimensão, são aqueles previstos nas declarações de direitos norte-americanas iniciadas pela Declaração de Virgínia (1776) e francesa iniciadas pela Revolução Francesa no final do século XVIII[8], na qual eram assegurados direitos tais como liberdade, igualdade, vida, segurança, propriedade privada; são direitos de

---

5 COMPARATO, Fabio Konder. **Ensaio sobre o juízo de constitucionalidade de políticas públicas.** In: Revista RT, vol. 737, mar. de 1997, São Paulo: RT, p. 12.

6 SOUSA, Marcelo Rebelo de. **Constituição da República Portuguesa comentada.** Lisboa: Lex, 2000, p. 9.

7 "*El sufragio limitado — de tipo censitario — hizo no posible a las clases sociales más débiles la participación en esas libertades declaradas en los textos constitucionales*". FERRANDO BADÍA, Juan. **Democracia frente a autocracia: los tres grandes sistemas políticos. El democrático, el social-marxista y el autoritario.** Madrid: Tecnos, 1989. p. 94.

8 Vale ressaltar que MORAES, Alexandre de. **Direitos humanos fundamentais.** São Paulo: Atlas, 2003, p. 45 entende que tais direitos de 1ª dimensão surgiram com a Magna Carta, afirmação que discordamos pelos argumentos já ventilados no texto.

defesa e negativos pois exigem abstenção por parte do Estado, para que não haja atingimento e supressão dos mesmos.

Traçando um paralelo com os direitos fundamentais estabelecidos na Constituição Federal brasileira de 1988, vemos que a idéia de defesa está umbilicalmente ligada aos princípios da legalidade, tipicidade, anterioridade, irretroatividade, isonomia (apenas para citar alguns); ademais, em terreno tributário consagrando os princípios anteriormente ventilados com nuances específicas como a vedação ao confisco, a capacidade contributiva, dentre outros.

São direitos do indivíduo singularmente considerado (individuais) que os exerce face ao Estado limitando-o, foi a contemplação dos direitos civis e políticos. Nas palavras de PEREZ LUÑO: *"para la ideologia liberal el individuo es un fin en sí mismo, y la sociedad y el derecho no son sino medios puestos a su servicio para facilitarle el logro de sus intereses"*[9]. PABLO LUCAS VERDÚ, citado por PEREZ LUÑO, não concorda com a expressão "direitos individuais" por ser *"poco correcta, no sólo porque la sociabilidad es una dimensión intrínseca del hombre, como lo es la racionalidad, sino a mayor abundamiento en la época actual, transida de exigencias sociales"*[10].

Tal igualdade prevista nas Constituições liberais ensejava o exercício das liberdades de imprensa, reunião, manifestação do pensamento, associação, expressão, bem como o direito de votar e ser votado.

Tais direitos, de 1ª dimensão, possuem sua gênese no Estado liberal cuja defesa individual cingia-se imprescindível aos direitos fundamentais. O Estado era o problema dos direitos fundamentais; eventualmente ele seria chamado para resolver conflitos; prevalecia a idéia de que quanto menos intervisse o Estado, mais se poderia exercer direitos fundamentais. Nesse senti-

---

9 PEREZ LUÑO, Antonio Enrique. *Derechos humanos, Estado de derecho y Constitución*. Madrid: Tecnos, 1995, p. 35.
10 PEREZ LUÑO, Antonio Enrique. *Derechos humanos, Estado de derecho y Constitución*. Madrid: Tecnos, 1995, p. 35.

do os directos individuais são considerados em sentido negativo como garantia de não ingerência estatal em sua esfera.

A história demonstra que o modelo liberal, cuja igualdade era meramente formal[11] (não havia igualdade material de jeito nenhum[12]), não promovia liberdade real ao indivíduo, posto que com a regulação do mercado pelos fatores econômicos, o proletariado, cuja única propriedade residia apenas em sua força laboral, era submetido a esforços sobre-humanos com elevação progressiva no horário de trabalho, sem nenhuma proteção trabalhista, onde não eram poupadas, da insalubridade, periculosidade e desumanidade nem mesmo crianças com idade inferior a oito anos. Segundo MARSHALL: "o núcleo da cidadania, nesta fase, se compunha de direitos civis e os direitos civis eram indispensáveis a uma economia de mercado competitivo"[13].

Pressionados pelo advento do bloco comunista alavancado pela Revolução Russa, e com o escopo precípuo de salvar o capitalismo — conseqüentemente resguardando o poder burguês — houve uma mudança de paradigma e o reconhecimento de direitos aos trabalhadores, limitando a simples regulação do mercado pela economia. Há deslocamento dos direitos fundamentais sob o paradigma individual para a ótica estatal (constitucionalismo social).[14]

---

11 Sobre igualdade formal conferir BORDIN, Luigi. **Democracia e direito, a questão da cidadania na época da globalização**. In: Revista Perspectiva Filosófica, vol. VIII, n°15, jan./jun./2001, Recife: Editora universitária (UFPE), p.42.

12 BONAVIDES, Paulo. **Curso de direito constitucional**. São Paulo: Malheiros, 2003, p. 379, destaca que: "Pelo princípio da igualdade material entende-se, segundo Pernthaler, que o Estado se obriga mediante intervenções de retificação na ordem social a remover as mais profundas e perturbadoras injustiças sociais".

13 MARSHALL, T. H. **Cidadania, classe social e status**. Rio de Janeiro: Zahar. 1967, p. 79.

14 Corrobora essa afirmação MELLO, Celso Antônio Bandeira de. **A democracia e suas dificuldades contemporâneas**. In: Revista diálogo jurídico, Salvador, CAJ — centro de atualização jurídica, V. I, n° 4, jul., 2001,

No início do século XX a igualdade — como era concebida — começa a ser questionada, ela é o ponto que diferencia o constitucionalismo liberal do social, nesse contexto histórico há o advento do movimento comunista que ocorria na Europa. A população torna-se cada vez mais urbana e tal desiderato gera grande concentração de massas; a revolução industrial propiciara o surgimento de uma classe que inexistia, qual seja, o proletariado.

Os direitos fundamentais não são mais considerados apenas com o caráter negativo, mas como pretensões de prestação social face ao Estado[15].

Enquanto na 1ª dimensão o Estado figura como seu "emblemático violador", na 2ª dimensão ele assume papel de "privilegiado promotor", por isso que os primeiros suscitam "menos Estado" e os segundos "mais Estado"[16], concordando com tal pensamento, BONAVIDES discorre que: "com o Estado social, o estado-inimigo cedeu lugar ao estado-amigo, o estado-medo ao estado-confiança, o estado-hostilidade ao estado-segurança"[17].

Surgiu o Estado social (*Daseinsvorsorge*[18]) assegurando direitos sociais, onde havia intervenção estatal na atividade econô-

---

p. 19, disponível em: /pdf_4/DIALOGO-JURIDICO-04-JULHO-2001-CELSO-ANTONIO.pdf acesso em 20 de abril de 2002.

15 BÖCKENFÖRDE, Ernst Wolfgang. **Los derechos fundamentales sociales en la estructura de la constitución**. In: Escritos sobre derechos fundamentales (trad.) Juan Luis Requejo Pagés. Baden-Baden: Nomos, 1993, p. 64.

16 OLIVEIRA, Luciano. **Os direitos sociais e econômicos como direitos humanos: problemas de efetivação**. In: LYRA, Rubens Pinto (org.). Direitos Humanos: os desafios do Século XXI — uma abordagem interdisciplinar, Brasília: Brasília Jurídica, 2002, p. 155.

17 BONAVIDES, Paulo. **Curso de direito constitucional**. São Paulo: Malheiros, 2003, p.380 e BONAVIDES, Paulo. **Do Estado Liberal ao Estado Social**. Rio de Janeiro: Forense, 1980.

18 SILVA, Vasco Pereira da. **Em busca do Ato Administrativo Perdido**. Coimbra: Almedina, 1998, p. 75 traduz como: "Providência da Existência".

mica, tendo como objetivo lograr igualdade material — em detrimento da igualdade formal do liberalismo — e liberdade real na vida em sociedade, bem como a garantia de condições materiais básicas para uma existência digna, um Estado voltado à consecução da justiça social[19]. BONAVIDES ventila que "deixou a igualdade de ser a igualdade jurídica do liberalismo para se converter na igualdade material da nova forma de Estado"[20].

É um Estado dirigente, onde os poderes públicos não ficam limitados apenas à produção de leis ou normas gerais, mas tem o escopo de efetivamente dirigir a coletividade para o pleno alcance de metas predeterminadas. "Tem, pois, o Estado uma missão positiva: garantir para todos o mínimo, em alimentação, saúde, habitação, educação, vestuário, etc., compatível com a dignidade humana".[21]

São os direitos fundamentais de 2ª dimensão, quais sejam, econômicos, culturais e sociais, donde foram consagrados precipuamente, em sede constitucional, na Constituição mexicana de 1917 e posteriormente na Constituição alemã, de Weimar, em 1919[22].

---

19 Importante frisar que no Estado Liberal a igualdade consistia na titularidade dos direitos e liberdade para todos; no Estado Social a igualdade é a concreta e efetiva igualdade de agir e a liberdade seria nada mais que a própria igualdade impulsionada para ação; nesse sentido conferir MIRANDA, Jorge. **Os direitos fundamentais — sua dimensão individual e social**. In: Revista dos Tribunais, ano 1, out.-dez. de 1992, p. 198.

20 BONAVIDES, Paulo. **Curso de direito constitucional**. São Paulo: Malheiros, 2003, p. 376.

21 FERREIRA FILHO, Manoel Gonçalves. **A democracia possível**. São Paulo: Saraiva, 1976, p.32.

22 Após as Constituições do México de 1917 e alemã (Weimar) de 1919, seguiram o mesmo paradigma as Constituições da Espanha (1931), Brasil (1934), Rússia (1936) e Irlanda (1937). Após a II Guerra Mundial surgiu a Declaração Universal dos Direitos do Homem (DUDH) em 1948 e seus arts. 22 a 27 contemplaram os chamados direitos econômicos, sociais e culturais; depois dessa Declaração, os direitos sociais foram adotados em quase todas as Constituições posteriores.

Logo, os perfis políticos e econômicos do liberalismo são alterados em resposta às crises comprometedoras do próprio capitalismo. Quando o Estado passa a intervir na economia não é com perfil socialista, mas para manter vivo o capitalismo dada a emergência do bloco comunista[23].

Na seara política há a cooperação entre os poderes, capacidade normativa de conjuntura e o voto censitário fora cambiado pelo voto universal, resultando em nova conformação ao Poder Legislativo, onde são apresentadas novas reivindicações sociais; surgem as normas que estabelecem situação de compromisso a ser perseguido, como se fosse uma carta de intenções e que serviriam como anteparo para reivindicações sociais, são as chamadas normas programáticas. Interessante observar que inexistia tal expressão no Estado Liberal, mas que surgira justamente quando o Estado foi impelido a intervir na economia e promover a dignidade da pessoa humana mediante prestações positivas[24].

No âmbito econômico visualizamos a função social da propriedade e o dirigismo contratual, pois os direitos sociais passaram a exigir prestação positiva do Estado em prol do interesse social; o agir econômico passou a ser uma função do Estado e proteção ao hipossuficiente (como exemplo apontamos toda a proteção trabalhista), é o fim da ampla liberdade de contratar, modificando, outrossim, a idéia de "mão invisível", analisando as diferenças e tratando desigualmente os desiguais.

Vale ressaltar que cidadão no constitucionalismo liberal ocidental era o proprietário branco e maior de vinte e um anos; no constitucionalismo social há ampliação no conceito abrangendo os negros, mulheres, crianças e índios; enquanto no liberalismo havia "cidadãos", no Estado social há "clientela" por causa dos serviços prestados pelo Estado, são os direitos fundamentais como prestação estatal.

---

23 Sobre os direitos de segunda dimensão conferir SICHES, Recasèns. *Filosofia del Derecho*. México: Editorial Porrua, 1959, p. 600.
24 BONAVIDES, Paulo. **Curso de direito constitucional**. São Paulo: Malheiros, 2003, p. 379.

Ademais, a sociedade civil recolhe tributos considerados de 2ª dimensão (as contribuições) justamente para que os órgãos competentes implementem os direitos fundamentais de 2ª dimensão, desse modo, urge a necessidade de controle judicial para lograr efetivamente esse mister, sem o qual estaríamos à mercê da repudiada concentração de poder na seara do executivo.

Atualmente, com a emergência dos direitos difusos os quais atingem grupo indeterminado, a sociedade de massas, pós-moderna, não identifica o indivíduo nem o grupo que será atingido; está presente o conceito de futuras gerações — não mais como a dimensão civilista de nascituro[25] —, mas todas aquelas pessoas que um dia usufruirão do patrimônio terrestre. São os direitos fundamentais de 3ª dimensão, direitos de solidariedade e fraternidade que ultrapassam os limites do individualismo (tônica da 1ª dimensão) ou de grupos determinados (2ª dimensão), onde seus titulares são indeterminados, abrangendo a todos os seres humanos inclusive os que ainda nem existem, mas um dia existirão (futuras gerações)[26].

Os direitos de 3º dimensão são os direitos de solidariedade ou fraternidade, como exemplo citamos: meio ambiente equilibrado ecologicamente, direito ao progresso, direito à paz, à autodeterminação dos povos, direito ao desenvolvimento, direito de comunicação e outros direitos difusos que pertencem às chamadas futuras gerações. Há quem correlacione as três dimensões de direitos fundamentais com o lema da Revolução Francesa: Liberdade (referindo-se à primeira dimensão), Igualdade (segunda dimensão) e Fraternidade (terceira dimensão)[27].

---

25 SCAFF, Fernando Facury. **Cidadania e imunidade tributária.** In: FRANCO FILHO, Georgenor de Sousa (Coord.). Presente e futuro das relações de trabalho: estudos em homenagem a Roberto Araújo de Oliveira Santos. São Paulo: LTR, 2000.
26 Cf: MORAIS, José Luís Bolsan de. **Do direito social aos interesses transindividuais — O Estado e o direito na ordem contemporânea.** Porto Alegre: Livraria do Advogado, 1996, p. 166.

Destacamos o fato de sua titularidade ser coletiva ou difusa e de certo modo indefinida e indeterminável, desprendendo-se do homem enquanto indivíduo e ligando-se ao conceito de futuras gerações.

Vale ressaltar que seu catálogo é extremamente aberto, vago e diversificado e conduz a uma heterogeneidade dos "direitos" exemplificados donde uns são mais densificáveis que outros[28]. Não obstante a fluidez e heterogeneidade, NORBERTO BOBBIO suscita dúvidas acerca da qualificação desses "direitos" como verdadeiros direitos fundamentais[29]. Concordando com o autor italiano, entendemos que nessa dimensão há um abuso da expressão "direito" quando exemplifica em seu rol a paz, o desenvolvimento e mesmo à autodeterminação dos povos; antes são *princípios* norteadores da condução do Estado nos planos interno e internacional como textualmente encontramos no art. 4º da Constituição brasileira de 1988 e no art. 7º, nº 1 e 3 da Constituição portuguesa de 1976[30].

JORGE MIRANDA entende existir "três ou quatro gerações" de direitos fundamentais: "a dos direitos de liberdade; a dos direitos sociais; a dos direitos ao ambiente e à autodetermi-

---

27 FERREIRA FILHO, Manoel Gonçalves. **Direitos Humanos Fundamentais.** São Paulo: Saraiva, 1999, p. 57.

28 Via de regra não haveria sérios problemas em se normatizar, proteger e garantir o direito ao meio ambiente, mas o mesmo não podemos dizer do "direito à paz", por exemplo.

29 BOBBIO, Norberto. **A Era dos Direitos.** Rio de Janeiro: Campus, 1992, p. 9-10.

30 Conforme o art. 7º, nº 1 da Constitutição portuguesa: "Portugal rege-se nas relações internacionais pelos princípios da independência nacional, do respeito dos direitos do homem dos direitos dos povos, da igualdade entre os Estados, da solução pacífica dos conflitos internacionais, da não ingerência nos assuntos internos dos outros Estados e da cooperação com todos os outros povos para a emancipação e o progresso da humanidade". E o art. 7º, nº 3: "Portugal reconhece o direito dos povos à autodeterminação e independência e ao desenvolvimento, bem como o direito à insurreição contra todas as formas de opressão".

nação, aos recursos naturais e ao desenvolvimento; e, ainda, a dos direitos relativos à bioética, à engenharia genética, à informática e a outras utilizações das modernas tecnologias"[31].

Há autores que falam em 4ª dimensão, quais sejam direito à democracia direta, pluralismo e à informação[32] ou mesmo o direito dos povos os quais pressupõem o dever de todos os Estados colaborarem[33].

Preferimos a defesa da existência de três dimensões de direitos fundamentais, não obstante a doutrina do brasileiro BONAVIDES ventilar que há uma derradeira fase de institucionalização do Estado Social representada pelos direitos de quarta dimensão, quais sejam: direitos à democracia, à informação e ao pluralismo[34].

É preciso muita cautela na enunciação dos direitos fundamentais por parte da doutrina, pois há o sério risco de alargar indiscriminadamente o rol dos direitos fundamentais e com isso banalizá-los[35], fato que conduziria a uma redução e mesmo ao descrédito de sua fundamentalidade, pois onde tudo é fundamental, nada é fundamental.

Os direitos de 3ª e de 4ª dimensões ainda estão na fase de reconhecimento e positivação seja na ordem interna, seja na

---

31 MIRANDA, Jorge. **Manual de direito constitucional.** Vol IV, Coimbra: Coimbra, 2000, p. 25.

32 Cf: BONAVIDES, Paulo. **Curso de Direito Constitucional.** São Paulo: Malheiros, 1997, p. 524.

33 Cf: CANOTILHO, José Joaquim Gomes. **Direito Constitucional e Teoria da Constituição.** Coimbra: Almedina, 1998, p. 362.

34 BONAVIDES, Paulo. **Curso de direito constitucional.** São Paulo: Malheiros, 2003, p. 524 e ss.

35 Acerca da problemática da banalização dos direitos fundamentais conferir: GOUVEIA, Jorge Bacelar. **A Afirmação dos Direitos Fundamentais no Estado Constitucional Contemporâneo.** In: Direitos Humanos. Paulo Ferreira da Cunha (org.). Coimbra: Almedina, 2003, p. 70-71; OTERO, Paulo. **A Democracia Totalitária — do Estado Totalitário à Sociedade Totalitária.** Cascais: Princípia, 2001, p. 153 ss.

ordem externa, se constituindo, portanto e "direitos em fase de formação" ou autênticos *law in making*[36].

É importante frisar que as dimensões de direitos são harmonizadas e não excludentes[37], para ilustrar a afirmação imaginemos o direito fundamental à vida: o Estado — em condições normais — não pode investir contra a vida de ninguém (direito de defesa, negativo, 1ª dimensão), entretanto, para que exista vida é preciso também garantir a saúde (direito prestacional, positivo, 2ª dimensão), pois não é inteligível defender a tese que haja pleno respeito pela vida humana sem que exista o oferecimento prestacional do serviço sanitário para assegurá-la e protegê-la; nesse viés observamos a importância devida à construção de hospitais e conseqüente aumento no número de leitos, aparelhamento moderno, médicos suficientes e bem remunerados, distribuição gratuita de medicamentos para os indivíduos que não possuam recursos financeiros para adquiri-los, tudo isso promovendo e respeitando a vida, ademais o meio ambiente deve estar equilibrado (direitos difusos, 3ª dimensão), pois a poluição e degradação do meio ambiente ameaça a saúde e a vida dos seres humanos[38].

WILLIS SANTIAGO GUERRA FILHO nos traz outro exemplo, qual seja o direito fundamental individual à propriedade (1ª dimensão) que é exercido com observância da função

---

36 SARLET, Ingo Wolfgang. **A Eficácia dos Direitos Fundamentais.** Porto Alegre: Editora Livraria do Advogado, 2004, p. 65.

37 "Na contramão da assertiva que defendemos, HAREK, citado por Peces-Barba afirma: "... *los viejos derechos civiles y los nuevos derechos sociales y económicos no pueden simultáneamente prevalecer, por ser de hecho incompatibles. No cabe imponer legalmente los nuevos derechos sin conculcar al mismo tiempo ese orden liberal que los viejos derechos civiles propician...*" MARTÍNEZ, Gregório Peces-Barba. **Curso de derechos fundamentales.** Madrid: Boletín oficial del Estado, 1999, p. 66.

38 Corrobora nossa afirmação ANTUNES ROCHA, Cármen Lúcia. **O constitucionalismo contemporâneo e a instrumentalização para a eficácia dos direitos fundamentais.** In: Revista Trimestral de Direito Público nº16, 1996, p. 45.

social (2ª dimensão), bem como sua função ambiental (3ª dimensão)[39]. Os direitos sociais visam promover a igualdade de condições entre os indivíduos para que possam gozar plenamente suas liberdades individuais.

Concluímos que não há respeito pelos direitos fundamentais de 1ª dimensão sem que haja efetivação dos direitos fundamentais sociais prestacionais de 2ª dimensão (e mesmo alguns direitos de 3ª dimensão), posto serem inseparáveis nessa fundamentalidade observados os conceitos atuais.

No Estado contemporâneo, aqueles clássicos direitos fundamentais relacionados à liberdade (1ª dimensão) encontram-se cada vez mais dependentes da prestação estatal dos serviços públicos, sem a qual o indivíduo sofreria graves ameaças.[40] Podemos afirmar que os direitos sociais prestacionais (2ª dimensão) e os direitos de defesa do indivíduo face ao Estado (1ª dimensão) correspondem a um sistema unitário e materialmente aberto dos direitos fundamentais na Constituição portuguesa.

Não podemos olvidar, entretanto, que os direitos sociais também diminuem a abrangência dos direitos, liberdades e garantias, por exemplo, o direito social de habitação reduz o âmbito do direito de propriedade.

Do Estado Liberal ao Estado social de direito houve desenvolvimento dos direitos fundamentais processado no interior das instituições representativas, buscando harmonizar direitos de liberdade e direitos econômicos, sociais e culturais[41].

---

39 GUERRA FILHO, Willis Santiago. **Direitos fundamentais processo e princípio da proporcionalidade.** Dos Direitos Humanos aos Direitos Fundamentais. Porto Alegre: Livraria do Advogado, 1997, p. 13.
40 KRELL, Andreas. **Realização dos direitos fundamentais sociais mediante controle judicial da prestação dos serviços públicos básicos.** In: Anuário dos cursos de pós-graduação em direito nº 10 — Recife: Universidade Federal de Pernambuco / CCJ/ João Maurício Adeodato (Coord.), editora universitária da UFPE, 2000.
41 Sobre um estudo sobre o sistema de governo português conferir SOU-

1.2 Os Direitos Fundamentais Sociais no contexto socioeconômico mundial atual

O contexto socioeconômico atual enfrentado pelos Estados sociais e democráticos de direito não se apresenta favorável para efetividade dos direitos fundamentais sociais, notadamente aqueles prestacionais, haja vista o Estado Social atravessar profunda crise que atinge sobremaneira a efetividade ou eficácia social de tais direitos. Encontramos alguns fenômenos que, invadindo a seara do Estado Social, desvirtua seu papel constitucional afastando-o de seus objetivos e princípios estatuídos.

A "ameaça comunista" mantinha o bloco capitalista de sobreaviso e a constante tensão entre ambos favorecia a classe trabalhadora que desde a Revolução Russa de 1917 experimentara a evolução na proteção trabalhista e a conquista de inúmeros direitos sociais prestacionais.

Com a queda do regime comunista o capitalismo permanecera sem um contraponto, sem adversário que possuísse ideologia capaz de lhe fazer frente. A partir desse momento vivenciamos cada vez com mais freqüência termos como globalização[42] e abertura de capitais, ensejando o fim das fronteiras entre os Estados, e é importante frisar que tal abertura de fronteiras não se processa de modo igualitário entre os Estados, pois os países mais desenvolvidos procuram a todo custo resguardar seus mercados, consistindo em mais uma inverdade internacional.

O fenômeno da globalização econômica trazida a reboque pelo neoliberalismo fortalecido e revigorado após a derrocada

---

SA, Marcelo Rebelo de. **O sistema de governo português**. In MIRANDA, Jorge (coord.) Estudos sobre a Constituição. Vol III, Lisboa: Petrony, 1979, p. 579; no mesmo sentido: SOUSA, Marcelo Rebelo de. **Direito Constitucional**. Braga: Livraria Cruz, 1979, p. 323.

42 NEVES, Marcelo. **Justiça e diferença numa sociedade global complexa**. In: Democracia hoje: novos desafios para a teoria democrática contemporânea, Brasília: Editora UnB, p. 359, destaca que no rótulo "globalização" o mercado é festejado como critério último de justiça.

do socialismo soviético possui filosofia donde não existe nenhuma preocupação com a imensa gama de excluídos de uma vida digna objetivando o enfraquecimento do Estado e seu conseqüente afastamento do mister constitucional de assegurar e concretizar os direitos fundamentais reconhecidos na Constituição gerando a não fruição desses direitos pelos particulares.

A crise do Estado Social o transforma em um Estado reduzido cujas decisões políticas não dependem apenas da vontade soberana no plano interno, mas da análise conjuntural da macroeconomia em nível mundial, quando não há ordens diretas de outros Estados soberanos determinando a política a ser realizada — e quais as que devem ser preteridas — sob pena de não-ajuda financeira; concorda com nossa assertiva LUIGI BORDIN quando compara o cenário político mundial com o Monarca absoluto no antigo Império Romano ou do Antigo Regime no século XVIII[43], logo, a crise do Estado Social é sinônimo da crise do próprio Estado nacional, da sociedade, da democracia e da cidadania.

Como dantes ventilado, o Estado Social visa assegurar os direitos fundamentais na busca pela igualdade material e liberdade real, mas se tal Estado encontra-se em crise, os efeitos de tal situação afetam os direitos fundamentais, especialmente os de 2ª dimensão cuja efetividade encontra-se intimamente vinculada aos objetivos do Estado-providência. FERNANDO SCAFF ventila que: "No âmbito econômico a tônica é a intensificação do processo de globalização, fenômeno marcado pela quebra do paradigma socialista, fruto da falência (e da falácia) do socialismo real, que tornou o capitalismo um processo ideologicamente totalitário".[44]

---

43 Segundo BORDIN, Luigi. **Democracia e direito, a questão da cidadania na época da globalização**. In: Revista Perspectiva Filosófica, vol. VIII, nº15, jan./jun. 2001, Recife: Editora universitária (UFPE), p.34.
44 SCAFF, Fernando Facury. **O direito tributário das futuras gerações**. In: MARTINS, Ives Gandra da Silva (Coord.) Tributação na Internet. São Paulo: RT, 2001, p. 402.

No fenômeno da globalização[45] o Estado tem que ser competitivo para que seus produtos possam circular em todo o mundo e com isso acarretar o fomento ao lucro e o acúmulo de capitais; para tanto é preciso um Estado mínimo, que não interfira na economia e que cumpra as diretrizes estabelecidas pelo mercado global. É o mercado comandando os rumos dos Estados e subjugando corolários conquistados ao longo do tempo, consistindo numa alopoiese em relação ao sistema jurídico e político, ao lado do sistema capitalista buscando produção para o lucro e o re-investimento, temos um Estado comprometido com uma justiça distributiva, que privilegia as necessidades humanas.

Eis então o seguinte paradoxo: constitucionalmente temos um Estado preocupado em elevar sobremaneira os princípios dignificadores da pessoa humana; assumindo caráter de prestador de serviços e assegurador dos direitos fundamentais, se propôs a tornar a igualdade antes formal em real, para promover a liberdade material do homem. Com isso foram estabelecidos vários direitos sociais a serem paulatinamente realizados para enfim lograr um Estado onde prevalecesse a justiça social; entretanto, constatamos que sua concretitude está comprometida, haja vista a globalização, ensejando medidas diametralmente opostas ao Estado social e em meio a essa aporia nos encontramos, pois a competição internacional restringe a vocação para a justiça social desse modelo estatal.

---

45 No Brasil, vivencia-se a supressão de direitos escondida sob o manto de termos como flexibilização (Pauta retórica sempre presente no pensamento e diálogo neoliberal o coloca em rota de colisão com o Estado Social, haja vista os objetivos serem bem diferentes), este sempre que é empregado pretende explicar mais uma diminuição nas conquistas concernentes aos direitos fundamentais, especialmente os sociais (2ª dimensão), cujo caráter prestacional, e como tal sujeito a gastos públicos para implementação, estão sempre na berlinda de explicações transversas e confusas, denotando o novo perfil sócio-econômico mundial — o neoliberalismo, ressurgindo com avidez jamais vista e pronta para segregar ainda mais os seres humanos em homens de 1ª, 2ª e 3ª classes, no que se convencionou chamar de 1º e 3º mundos.

Os nefastos efeitos trazidos pela globalização econômica e do neoliberalismo, notadamente aqueles relacionados com o aumento da exclusão social, opressão socioeconômica somado ao enfraquecimento do Estado, têm gerado a diminuição da capacidade do poder político de assegurar aos particulares a efetiva fruição dos direitos fundamentais. O neoliberalismo tolera o *status negativus* ou *status libertatis* dos direitos fundamentais, haja vista serem direitos de defesa frente ao Estado que os efetiva pela omissão, ou seja, não atentando contra a liberdade formal dos indivíduos, mas não admite o *status positivus* dos direitos sociais, haja vista a efetividade ou eficácia social de tais direitos estarem diretamente ligadas a uma atitude positiva do Estado no sentido de oferecer prestações para concretização dos direitos sociais mediante gastos públicos, planejamento e execução das políticas públicas necessárias.

Esse é o quadro que se descortina na atualidade e que enseja reflexão quando tratamos dos direitos fundamentais sociais prestacionais, pois assim entenderemos melhor os motivos dos pífios e insuficientes investimentos na área social e a marcha lenta com a qual são conduzidas implementações de políticas públicas essenciais à realização material dos direitos sociais, propiciando subsídios para desvendarmos o discurso sofista e antidemocrático dos neoliberais.

1.3 Os Direitos Fundamentais Sociais na Constituição dirigente de 1988: normas programáticas ou auto-executáveis?

O modelo de "Constituição dirigente", entendida como aquela que comanda a ação do Estado impondo aos seus órgãos a realização das metas programáticas nela estabelecidas[46] fora adotada na *lex mater* de 1988 trazendo em seu bojo preceitos que conduzem à efetivação dos direitos sociais.

---

46 CANOTILHO, J. J. Gomes. Direito constitucional e teoria da Constituição. Coimbra: Almedina, 1997, p. 217.

É preciso ventilar, contudo, se os direitos sociais prestacionais estão incluídos no rol das normas programáticas e, caso a resposta seja positiva, qual o grau de eficácia jurídica que elas possuem no sentido de gerar efeitos concretos (eficácia social); antes, porém, enfrentaremos as seguintes questões precedentes: tais direitos sociais realmente são fundamentais? Seria o país ingovernável por causa dos mesmos? *A posteriori* tentaremos solucionar se seus preceitos são meramente programáticos ou podem ser auto-executados.

Ventilando sobre as indagações retro imbricadas constatamos que paralelo ao surgimento dos direitos sociais emergiu o conceito de normas programáticas, até então sem precedente histórico, onde foram estabelecidas no texto constitucional os direitos sociais cuja contemplação se apresenta de maneira formal e a efetividade ou eficácia social ficam adstritos à edição de leis infraconstitucionais que determinem como serão concretizados tais direitos.

O caráter programático[47] dos direitos sociais prestacionais é explicado pelo fato de que seus preceitos necessitam de circunstâncias sócio-econômicas, além de concretização legislativa onde há liberdade de conformação pelo legislador[48]. Sustenta-se ainda a falta de legitimidade do Judiciário para definir questões relacionadas com a conveniência e oportunidade da prestação.

Os adversários ao caráter de fundamentalidade dos direitos sociais defendem a não inclusão dos mesmos no texto constitu-

---

47 FARIA, José Eduardo. **O Judiciário e os direitos humanos e sociais: notas para uma avaliação da justiça brasileira**. In: Direitos humanos, direitos sociais e justiça, (org.) José Eduardo Faria. São Paulo: Malheiros, 2002, p. 98, entende que: "Não é por acaso que, nas sociedades não tipicamente tradicionais e francamente integradas, sujeitas a fortes discriminações sócio-econômicas e político-culturais, como a brasileira, muitas declarações programáticas em favor dos direitos humanos e sociais, nos textos constitucionais, acabam tendo apenas uma função tópica, retórica e ideológica".

48 MIRANDA, Jorge. **Manual de direito constitucional**. Vol IV, Coimbra: Coimbra, 1993, p. 105.

cional, argumentando que sua efetivação ensejaria gastos públicos elevados tornando o país ingovernável; por esse motivo há autores que consideram fundamentais apenas os direitos de liberdade ou defesa (1ª dimensão) e não admitem no rol dos direitos fundamentais os direitos sociais. Acerca da ingovernabilidade, Bonavides sustenta ser a mesma uma "crise aguda de um só poder — o Executivo, o qual, pelos instrumentos ao seu dispor, se reconhece desfalecido para governar, produzindo, assim, riscos de comoção institucional"[49].

Dentre os autores que defendem a não-inclusão no texto constitucional dos direitos em debate encontramos J. J. Calmon de Passos ao afirmar:

"Parece óbvio, portanto, não ser aceitável, num Estado de Direito democrático, constitucionalizarem-se metas substantivas específicas, pois que isso importaria em desvirtuamento, *ab origne*, do livre debate de opiniões, por todos, e a formalização de decisões, pela maioria, jungida a poder decidir apenas sob a condição de o fazer em consonância com fins já predeterminados e tornados imutáveis. Definições rígidas, de caráter substantivo, só são aceitáveis se também forem constitucionalizadas regras flexibilizadoras das modificações e redefinições reclamadas pelo conjuntural e contingente da vida social[50],

E continuando dispõe:

"Essa crença e essa contingência levaram à formulação prolixa e quase casuística dos direitos sociais merecedores de

---

49 BONAVIDES, Paulo. **Curso de direito constitucional**. São Paulo: Malheiros, 2003, p. 390.
50 PASSOS, J.J. Calmon de. **A constitucionalização dos direitos sociais**. In: Revista Diálogo Jurídico. Salvador, CAJ — Centro de atualização jurídica, v.1, nº6, setembro 2001, p. 12. Disponível em: http:///pdf_6/DIALOGO-JURIDICO-06-SETEMBRO-2001-CALMON-DE-PASSOS.pdf Acesso em 23 de maio de 2003.

constitucionalização. A compulsão que todos temos de acreditar que o futuro é previsível e, mais que isso, aprisionável, fez-se aí, paroxismo. O nosso amanhã já estaria definido agora. A história estava sendo feita com antecedência, porque já predeterminados e constitucionalmente institucionalizados os 'fins' a serem alcançados"[51].

Divergimos do posicionamento desse jurista, pois entendemos que os direitos fundamentais constantes na Constituição irradiam seus efeitos sobre todo o ordenamento jurídico além de possuírem arrimo nos princípios fundamentais, desse modo, toda e qualquer norma que não se coadune com os preceitos fundamentais são desde o momento inconstitucionais e estranhos ao direito pátrio, além dos referidos direitos serem pauta ininterrupta de reivindicações no sentido de sua implementação, estabelecendo uma espécie de mora administrativa e reclamando efetividade dos demais poderes constituídos, inclusive — e especialmente — o Judiciário que quando provocado tem o poder-dever de equacionar o problema no caso concreto a ele apresentado. As criticadas "metas substantivas específicas" e as "definições rígidas" assim se apresentam, pois decorrem do texto fundamental, baseado nas aspirações da sociedade brasileira, posto que presente a busca da dignidade da pessoa humana. Os fins "engessados" no texto constitucional não correspondem àquilo que almejamos para nossa pátria? A experiência histórica nos mostra que tais contingências não devem ficar ao arbítrio do vencedor nas eleições, ou seja, a ninguém é dado o poder de determinar o que é ou não fundamental, temos uma Constituição que expressa nossos anseios e exigindo cumprimento, cabendo aos representantes eleitos sua implementação.

Como bem salientado: "não podemos admitir que os direitos fundamentais tornem-se, pela inércia do legislador, ou pela insuficiência momentânea ou crônica de fundos estatais, subs-

---

[51] *Ibidem.*

trato de sonho, letra morta, pretensão perenemente irrealizada, ou o que lhe valha"[52].

Lobo Torres critica os que defendem o caráter fundamental dos direitos sociais ao discorrer: "(...) vamos encontrar, principalmente nos regimes e nos juristas de índole autoritária e socializante, a tendência para assimilar os direitos sociais aos fundamentais"[53].

Como vislumbrar se os direitos sociais são incluídos dentre os direitos fundamentais? Apenas com uma constatação positiva poderemos discorrer acerca da autoridade dos direitos sociais e enfrentarmos a auto-executoriedade ou não de seus preceitos.

Pelo menos em três acepções formais verificamos a fundamentalidade dos direitos sociais, posto que, integrando o corpo textual da Constituição Federal revestem-se como norma hierarquicamente superior em todo ordenamento jurídico; são limites materiais em reforma constitucional, são cláusulas pétreas e insuscetíveis de modificação ou supressão; além do mais, o próprio texto constitucional determina no art. 5° parágrafo 1° que as normas definidoras de direitos e garantias fundamentais são diretamente aplicáveis.

Há autores que defendem o argumento no qual as normas programáticas são imediatamente aplicáveis e podem ensejar o gozo de direito subjetivo material, mesmo sem concretização legislativa[54]; outros autores, mais conservadores, da lavra de Manoel Gonçalves Ferreira Filho entendem que tal medida serviu para que os direitos fundamentais não "permaneçam letra

---

52 PEREZ, Marcos Augusto. **O papel do Poder Judiciário na efetividade dos direitos fundamentais**. In: Revista dos Tribunais — Cadernos de Direito Constitucional e Ciência Política, ano 1, n° 3, abr/ jun. de 1993, p. 242.

53 TORRES, Ricardo Lobo. **O mínimo existencial e os direitos fundamentais**. In: Revista de Direito administrativo n° 177, jul./set. de 1989, p. 34.

54 GRAU, Eros Roberto. **A ordem econômica na Constituição Federal de 1988**. São Paulo: Malheiros, 1997, p. 322.

morta na Constituição", há autores que aceitam a existência de direitos subjetivos individuais acerca de direitos fundamentais apenas no sentido negativo, ou seja, quando haja alguma medida contrária aos mesmos, e outros que defendem a tese da criação, pelas normas programáticas, de direito subjetivo negativo e positivo[55].

O artigo 5º parágrafo 1º da CF/88 obriga os poderes públicos a promoverem as condições para tornar reais e efetivos os direitos fundamentais[56], o poder Judiciário tem o poder-dever de aplicá-los ao caso concreto, imediatamente, assegurando-lhes plena eficácia[57], logo, esse dispositivo serve para salientar o caráter preceptivo e não programático desses direitos, ventilando e clarificando que eles podem ser imediatamente invocados, ainda que haja falta ou insuficiência da lei.[58]

Segundo o artigo 5º, parágrafo 1º da CF/88: "As normas definidoras dos direitos e garantias fundamentais têm aplicação imediata"; tal disposição gera controvérsias na doutrina porquanto alguns autores entendem que o referido texto abrange apenas os direitos constantes no artigo comentado, portanto não alcançando os direitos socais, ao passo que boa parte da doutrina defende com veemência a abrangência também para os direitos sociais; a investigação dessa abrangência é de vital importância para as teses aqui defendidas.

Precipuamente é mister diferenciar alguns termos para evitarmos equívocos na interpretação de nossas palavras; nesse diapasão, eficácia subdivide-se em eficácia jurídica e eficácia social, entendida também como efetividade. A primeira diz respeito à

---
55 SARAIVA, Paulo Lopo. **Garantia constitucional dos direitos sociais no Brasil**. Rio de Janeiro: Forense, 1983, p. 63.
56 PIOVESAN, Flávia. **Proteção judicial contra omissões legislativas**. Revista dos Tribunais: São Paulo: 1995, p. 92.
57 GRAU, Eros Roberto. **A ordem econômica na Constituição Federal de 1988**. São Paulo: Malheiros, 1997.
58 KRELL, Andreas. **Direitos Sociais e controle judicial no Brasil e na Alemanha**: Porto Alegre: Sergio Antonio Fabris, 2002, p. 37-38.

possibilidade da norma jurídica gerar seus efeitos e a segunda está ligada à noção de efetividade ou concretização. José Afonso da Silva assim conceitua eficácia jurídica:

"designa a qualidade de produzir, em maior ou menor grau, efeitos jurídicos, ao regular, desde logo, as situações, relações e comportamentos nela indicados; nesse sentido, a eficácia diz respeito à aplicabilidade, exigibilidade ou executoriedade da norma, como possibilidade de sua aplicação jurídica"[59];

Luís Roberto Barroso conceitua eficácia social concordando com nossa afirmação ao ventilar que:

"a efetividade significa, portanto, a realização do direito, o desempenho concreto de sua função social. Ela representa a materialização, no mundo dos fatos, dos preceitos legais e simboliza a aproximação, tão íntima quanto possível, entre o dever-ser normativo e o ser da realidade social".[60]

A eficácia jurídica está no plano do dever ser e a eficácia social no plano do ser[61].

Embora a exegese do artigo 5º, parágrafo 1º da CF/88 não seja pacífica na doutrina, entendemos que a não abstração do conteúdo que ele encerra de forma clarividente seja muito mais uma opção política de não realização imediata dos direitos so-

---

59 SILVA, José Afonso da. **Aplicabilidade das normas constitucionais**. São Paulo: Malheiros, 1996, p. 55-56.

60 BARROSO, Luís Roberto. **O direito constitucional e a efetividade de suas normas**. Rio de Janeiro: Renovar, 2002, p. 85.

61 SARLET, Ingo Wolfgang. **Os direitos fundamentais sociais na Constituição Federal de 1998**. In: Revista Diálogo Jurídico. Salvador, CAJ — Centro de atualização jurídica, v.1, nº1, 2001, p. 26. Disponível em: http:///pdf/REVISTA-DIALOGO-JURIDICO-01-2001-INGO SARLET.pdf Acesso em 21 de abr. de 2002.

ciais, e nesse viés busca-se toda e qualquer retórica para negar-lhes plena eficácia (as quais desenvolveremos no capítulo seguinte) seguindo o modelo neoliberal cuja filosofia conflita frontalmente com o Estado constitucionalmente estabelecido.

Juridicamente é insustentável uma exegese restrita aos direitos individuais seja teleológica, sistemática ou meramente literal.

Sustentamos que tal preceito constitucional confere eficácia plena a todo o catálogo de direitos e garantias fundamentais, sejam individuais ou sociais, bem como todos aqueles expressos ao longo de toda a Constituição e nos tratados internacionais que o Brasil seja signatário; não é outra a constatação de Ingo Sarlet ao asseverar que: "há como sustentar a aplicabilidade imediata (por força do artigo 5º, parágrafo 1º da CF/88) de todas as normas de direitos fundamentais constantes do catálogo (arts. 5º a 17), bem como dos localizados em outras partes do texto constitucional e nos tratados internacionais".[62]

Com tal assertiva, entretanto, não concorda Celso Ribeiro Bastos para quem não se deve dar aplicação imediata às normas que fazem remissão à legislação integradora, bem como àquelas cujo "vazio semântico" a torne totalmente dependente de integração normativa[63], Gebran Neto, em obra resultante de dissertação de mestrado, defende que o art. 5º, parágrafo 1º da CF/88 produz efeitos exclusivamente para o *caput* e seus incisos não se estendendo, portanto, para os demais direitos fundamentais.[64]

É mister ventilar que em nossa visão o artigo comentado pode ser vislumbrado diferentemente para as três esferas do poder; em relação ao Poder Legiferante tal preceito exige — em detrimento de qualquer outra medida — a edição das normas

---

62 *Ibidem*, p. 27.
63 BASTOS, Celso Ribeiro. **Comentários à Constituição do Brasil: promulgada em 5 de outubro de 1988**. São Paulo: Saraiva, 1989, p. 393.
64 GEBRAN NETO, João Pedro. **A aplicação imediata dos direitos e garantias individuais: a busca de uma exegese emancipatória**. São Paulo: RT, 2002, p. 197.

infraconstitucionais necessárias para a concretização dos direitos fundamentais; O Poder Executivo, na esteira do preceito em exame, deve concretizar os direitos fundamentais mediante políticas públicas eficazes prevendo dotação orçamentária privilegiada para efetividade de tais direitos[65] e por fim o Poder Judiciário que, exercendo seu mister constitucional, controlaria a atuação dos demais poderes visando a plena efetividade dos direitos fundamentais (todos eles), seja colmatando as lacunas deixadas pelo legislador, seja determinando ao Executivo que realize as políticas públicas necessárias com determinação de prazo suficiente para execução, inclusive com a oitiva de peritos, técnicos e da própria administração pública; e na falta absoluta de tais ações, ou na precariedade das mesmas em lograr o objetivo, qual seja, a concretização dos direitos fundamentais, o próprio Judiciário, quando provocado, tem o poder-dever de reconhecer e fazer cumprir os direitos fundamentais[66] haja vista os mesmos serem normas jurídicas de caráter principiológico (diferente do tudo ou nada das normas enquanto regras) o Judiciário, no caso concreto, e realizando exegese calcada nos princípios constitucionais, inclusive razoabilidade e proporcionalidade, deve determinar a concretização dos direitos fundamentais haja vista serem de exigibilidade integral em juízo.

Em suma, tal dispositivo, nas palavras de Flávia Piovesan: "investe os poderes públicos na atribuição constitucional de

---

65 Os Direitos Fundamentais Sociais Prestacionais apenas se concretizam quando o Estado despende recursos financeiros, fato que remete invariavelmente à existência de numerário nos cofres públicos com sacrifícios impostos à sociedade como a elevação da carga tributária para a consecução desse fim, logo, a relação entre esses direitos e a economia é estreita e perigosa, pois como veremos no capítulo 3, uma das inúmeras teses defendidas contra a plena eficácia dos referidos direitos encontra arrimo justamente na escassez de recursos do Estado, fato impeditivo de sua plena efetivação.
66 Não é outra a posição defendida em GRAU, Eros Roberto. **A ordem econômica na Constituição Federal de 1988.** São Paulo: Malheiros, 1997, p. 312.

promover as condições para que os direitos e garantias fundamentais sejam reais e efetivos".[67] Cumpre ventilar, não obstante as abismais diferenças entre os direitos de 1ª e 2ª dimensões, que não se pode pretender a eficácia plena dos direitos de defesa sem que haja respeito pelos direitos de 2ª dimensão — como dantes asseverado no item 1.3 — vale o exemplo do direito fundamental por excelência, qual seja, a vida; como pretender sua concretização simplesmente com a omissão do Estado? É preciso uma política pública sanitária para respeitar e preservar a vida, logo, é preciso verificar o pensamento de Vieira de Andrade quando, se referindo aos direitos de defesa, defendeu que:

"O princípio da aplicabilidade directa vale como indicador de exeqüibilidade imediata das normas constitucionais, presumindo-se sua perfeição, isto é, a sua auto-suficiência baseada no caráter líquido e certo do seu conteúdo de sentido. Vão, pois, aqui, incluídos o dever dos juízes e dos demais operadores jurídicos de aplicarem os preceitos constitucionais e a autorização de para esse fim os concretizarem por via interpretativa".[68]

Ingo Sarlet, parafraseando o supramencionado autor português, verifica:

---

67 PIOVESAN, Flávia. **Constituição e transformação social: a eficácia das normas constitucionais programáticas e a concretização dos direitos e garantias fundamentais.** In: Revista da Procuradoria Geral do Estado de São Paulo n° 37, jun. 1992, p. 73.
68 VIEIRA DE ANDRADE, José Carlos. **Os direitos fundamentais na Constituição Portuguesa de 1976.** p. 256-7. *Apud* SARLET, Ingo Wolfgang. **Os direitos fundamentais sociais na Constituição Federal de 1998.** In: Revista Diálogo Jurídico. Salvador, CAJ — Centro de atualização jurídica, v.1, n°1, 2001, p. 31. Disponível em: http:///pdf/REVISTA-DIALOGO-JURIDICO-01-2001-INGO-SARLET.pdf Acesso em 21 de abr. de 2002.

"ainda que existam, na esfera dos direitos de defesa, normas vagas e abertas, estas podem ter seu conteúdo definido pelo recurso às regras hermenêuticas, não havendo, portanto, necessidade de remeter esta função para o legislador"[69];

ora, havendo "normas vagas e abertas" de Direitos Fundamentais Sociais Prestacionais não haveria também o mesmo dever dos juízes na exeqüibilidade imediata? Tais direitos têm aplicabilidade imediata como já asseverado e vincula os três poderes do Estado, haja vista existirem verdadeiros direitos subjetivos a prestações exercidos diretamente do texto constitucional e mesmo sem qualquer intervenção legislativa, são direitos originários diretamente da Constituição. Ingo Sarlet assevera que: "mesmo estas normas (por mais programáticas que sejam) são dotadas de eficácia e, em certa medida, diretamente aplicáveis já ao nível da Constituição e independentemente de intermediação legislativa".[70]

Robert Alexy defende a tese do reconhecimento do direito subjetivo originário a prestações concernente aos direitos sociais sempre quando se busca as condições mínimas necessárias para a existência do ser humano; tal autor alemão vislumbra tais direitos subjetivos sempre quando se apresentarem indispensáveis ao princípio da liberdade fática e quando atingir o princípio da separação de poderes de forma minimizada.[71]

---

69 *Ibidem*.
70 SARLET, Ingo Wolfgang. **Os direitos fundamentais sociais na Constituição Federal de 1998**. In: Revista Diálogo Jurídico. Salvador, CAJ — Centro de atualização jurídica, v.1, nº1, 2001, p. 33. Disponível em: /pdf/REVISTA-DIALOGO-JURIDICO-01-2001-INGO-SARLET.pdf Acesso em 21 de abr. de 2002.
71 *Apud* SARLET, Ingo Wolfgang. **Os direitos fundamentais sociais na Constituição Federal de 1998**. In: Revista Diálogo Jurídico. Salvador, CAJ — Centro de atualização jurídica, v.1, nº1, 2001, p. 36. Disponível em: http:///pdf/REVISTA-DIALOGO-JURIDICO-01-2001-INGO-SARLET.pdf Acesso em 21 de abr. de 2002.

Cumpre ventilar, na esteira da aplicabilidade imediata dos direitos fundamentais sociais prestacionais — já devidamente fundamentada- que o reconhecimento da existência de direitos subjetivos a prestações é condição indispensável para uma existência digna de pessoa humana, portanto, plenamente sindicável quando existirem óbices de natureza comissiva ou omissiva pelo poder público à sua concretização.

A situação donde se vislumbra a recorribilidade ao Poder Judiciário para que ele atue de maneira positiva ordenando a concretização do direito social ou determinando de *per si* tal desiderato encontra consonância com o atingimento do princípio da dignidade da pessoa humana, portanto, sempre que ao indivíduo for negada uma existência com dignidade, poderá o mesmo ajuizar ação no sentido de ter seus direitos fundamentais plenamente respeitados e efetivados.

Sarlet concorda com nossa assertiva quando assevera:

"não há como desconsiderar a natureza excepcional dos direitos fundamentais originários a prestações sob o aspecto de direitos subjetivos definitivos, isto é, dotados de plena vinculatividade e que implicam a possibilidade de impor ao Estado (e ao particular, quando for o destinatário), inclusive mediante recurso à via judicial, a realização de determinada prestação assegurada por norma de direito fundamental, sem que com isto se esteja colocando em cheque a fundamentalidade formal e material dos direitos sociais de cunho prestacional".[72]

Defendemos que na decidibilidade acerca dos direitos fundamentais sociais prestacionais e sua conseqüente concretização

---

72 SARLET, Ingo Wolfgang. **Os direitos fundamentais sociais na Constituição Federal de 1998**. In Revista Diálogo Jurídico. Salvador, CAJ — Centro de atualização jurídica, v.1, n°1, 2001, p. 37-38. Disponível em: http:///pdf/REVISTA-DIALOGO-JURIDICO-01-2001-INGO-SARLET.pdf Acesso em 21 de abr. de 2002.

pelo controle judicial, o órgão judicante deverá utilizar os princípios da razoabilidade e proporcionalidade, realizando a ponderação de bens, haja vista o caráter principiológico de tais direitos, portanto não sujeitos ao tudo ou nada. A fundamentalidade material se verifica pela relevância do bem jurídico tutelado pela ordem constitucional[73] onde facilmente abstraímos o conteúdo relevantíssimo dos direitos sociais; daí concluirmos que se trata de direitos fundamentais e passível de toda proteção jurídica. Os direitos sociais, econômicos e culturais expressam os valores basilares do Estado social e democrático de direito, logo, não podemos pôr em dúvida sua qualidade de direitos fundamentais; inclusive segundo todas as regras interpretativas, pois não se trata de lógica-jurídica, mas decorrente da consciência social do sistema jurídico tomado em sua totalidade[74].

Na lição de Fioranelli Júnior, combinando o princípio da aplicabilidade imediata dos direitos fundamentais estabelecidos no artigo 5º, parágrafo 1º e o não afastamento da tutela jurisdicional estatuído no mesmo artigo, inciso XXXV poderíamos defender que a Constituição atual autoriza o Poder Judiciário criar a norma faltante para efetividade dos direitos fundamentais sociais prestacionais, via a garantia do mandado de injunção que deve ser utilizada sempre que a falta de norma regulamentadora torne inviável o exercício dos direitos constitucional-

---

73 SARLET, Ingo Wolfgang. Algumas considerações em torno do conteúdo, eficácia e efetividade do direito à saúde na Constituição Federal de 1988. In: Revista Diálogo Jurídico. Salvador, CAJ — Centro de atualização jurídica. Disponível em: http:///pdf_10/DIALOGO-JURIDICO-10-JANEIRO-2002-INGO-WOLFGANG-SARLET.pdf Acesso em 12 de set. de 2003.

74 KRELL, Andreas. Realização dos direitos fundamentais sociais mediante controle judicial da prestação dos serviços públicos básicos. In: Anuário dos cursos de pós-graduação em direito nº 10 — Recife: Universidade Federal de Pernambuco / CCJ/ João Maurício Adeodato (Coord.), Recife: editora universitária da UFPE, 2000, p. 39.

mente estabelecidos, sobremaneira os direitos sociais.[75] Acerca do tema Clève discorre que: "o princípio da inafastabilidade da apreciação judicial obteve, com o novo pacto fundamental, uma carga semântica reforçada".[76]

Comungamos com as afirmações supramencionadas, pois mesmo que os direitos fundamentais sociais se apresentem de modo programático, não podemos negar-lhe eficácia e aplicabilidade podendo ser efetuada pelos órgãos jurisdicionais, mesmo sem norma infraconstitucional (*interpositio legislatoris*) em situações emergenciais como doravante aduziremos. As normas programáticas não representam simples recomendações ou meros preceitos morais com eficácia ético-política meramente diretiva, mas são direitos diretamente aplicáveis[77].

Nesse sentido não entendemos os direitos sociais como integrantes de promessas inócuas e expressões ilustrativas que adornam a *lex mater*, nem mesmo como carta de boas intenções ou quimera intangível esposada no conceito aberto de norma programática, mas se constitui de forma real em norma definidora de direito fundamental e que possuem eficácia, pois poderão — e em alguns casos deverão (Quando omissão executiva ou legislativa atingir o mínimo necessário à dignidade da pessoa humana) serem concretizados pelo Poder Judiciário.

Não admitir os direitos sociais como direitos fundamentais, bem como negar-lhes auto-executoriedade seria suprimir do

---

75 FIORANELLI JÚNIOR, Adelmo. **Desenvolvimento e efetividade dos direitos sociais.** In: Revista da Procuradoria Geral do Estado de São Paulo n° 41, jun. 1994, São Paulo, p. 127.

76 CLÈVE, Clèmerson Merlin. **Poder Judiciário: autonomia e justiça.** In: Revista de Informação Legislativa n°117, Brasília, jan/mar. 1993, p. 294.

77 KRELL, Andreas. **Realização dos direitos fundamentais sociais mediante controle judicial da prestação dos serviços públicos básicos.** In: Anuário dos cursos de pós-graduação em direito n° 10 — Recife: Universidade Federal de Pernambuco / CCJ/ João Maurício Adeodato (Coord.), editora universitária da UFPE, 2000, p. 28.

texto constitucional o que lhe é mais caro, haja vista o Estado Social instituído, qual seja, o ideal de construir uma sociedade livre, justa e solidária. Não se pode esvaziar o conteúdo dos direitos fundamentais sob nenhum pretexto nem devem ser jogados ao sabor de decisões políticas sem arrimo nos princípios constitucionais. Defender a fundamentalidade dos direitos sociais prestacionais é esposar a causa da transformação e justiça sociais, é empunhar a bandeira da igualdade material e liberdade real, é buscar a plena satisfatividade dos anseios sociais e formalmente insculpidos constitucionalmente para que possamos construir uma democracia real e não meramente formal, esta atrelada aos tolhimentos perpetrados pelo Estado Liberal. Paulo Lopo Saraiva entende que: "o direito social constitucional é um direito fundamental, ínsito à pessoa humana, que, sem o exercício deste, jamais poderá realizar seus mínimos objetivos"[78].

Discutir direitos sociais prestacionais é verificar que o próprio Estado exige — em seus concursos públicos — mesmo para as ocupações braçais, qualificação profissional, certo grau de instrução escolar e conhecimentos de informática, embora não crie as condições fáticas para o indivíduo lograr tais qualificações; diante de tal desiderato é legítimo o povo exigir, via judiciário, o deferimento judicial que efetive direito estabelecido na *lex mater* sem receber como resposta o chavão já superado da impossibilidade de concretização pois tais direitos são contemplados em sede de "normas programáticas" que serão paulatinamente concretizadas pelo legislador e pelo executivo.

Ademais, vale lembrar que os direitos sociais foram estabelecidos no título II da Carta Magna: dos direitos e garantias fundamentais e são compreendidos como direito prestacional face ao Estado, podendo inclusive ser reclamadas tais prestações, por possuírem auto-aplicabilidade; concordamos com J. J.

---

78 SARAIVA, Paulo Lopo. **Garantia constitucional dos direitos sociais no Brasil**. Rio de Janeiro: Forense, 1983, p. 28.

Calmon de Passos ao afirmar: "somente o direito aplicado é efetivamente direito"[79].

1.4 A tradição do judiciário brasileiro na interpretação lógico-formal em detrimento da material-valorativa[80].

---

[79] PASSOS, J.J. Calmon de. A crise do Poder Judiciário e as reformas instrumentais: avanços e retrocessos. In: Revista Diálogo Jurídico. Salvador, CAJ — Centro de atualização jurídica, v.1, n° 4, julho 2001, p. 3. Disponível em: http:///pdf_6/DIALOGO-JURIDICO-06-SETEMBRO-2001-CALMON-DE-PASSOS.pdf Acesso em 05 de ago. de 2003.

[80] É importante ventilar que entendemos como interpretação lógico-formal aquela atrelada às idéias do antigo constitucionalismo liberal, donde o juiz era simplesmente a "boca da lei" e suas decisões eram tomadas com base na subsunção do fato à norma tornando-o um autômato. A interpretação lógico-formal dessa forma engessa o Órgão Judicante que entende não ser legitimado, e nem ser sua função, haja vista ser mister do Executivo e Legislativo, decisões de natureza política ou o adentramento na discricionariedade administrativa; em suma, refuta-se, por impertinente o debate axiológico acerca das normas, bem como o Judiciário se abstém de questionar o conteúdo material da lei, não é um juiz criativo, mas meramente lógico-dedutivo. Tal concepção prevaleceu nas Constituições liberais do final do século XVIII até o início do século XX, entretanto, inegável verificar que a partir do surgimento dos novos direitos constitucionalmente estabelecidos, quais sejam os direitos sociais, econômicos e culturais (2ª dimensão de direitos fundamentais), necessário seria uma atuação mais direta do Judiciário, haja vista, inclusive, com a superação da teoria da separação de poderes, cujo entendimento atual repousa na concepção da unicidade do poder estatal, este dividido em funções Executiva, Legislativa e Judiciária, donde encontramos funções típicas e atípicas, pois comumente verificamos o Executivo desempenhando função judicante (processos administrativos) ou legiferante (medidas provisórias), o Legislativo atuando como julgador (julgamento de crime de responsabilidade do Presidente da República) ou com função administrativa (quando organiza, seleciona e remunera seus servidores). Nesse contexto, o constitucionalismo social necessita de uma interpretação superadora daquela meramente subsuntiva, eis que surge a interpretação material-valorativa, esta preocupada com a concretização dos direitos e não simplesmente

A simples leitura do sub-título supramencionado já possui um caráter conclusivo das investigações realizadas no presente trabalho. É assente que durante toda explanação ventilada doravante, encontraremos de modo irrefutável o formalismo com o qual o STF interpreta a CF/88 — fato observado também em relação à Constituição anterior e esse dado empírico permeia — com nefastas conseqüências — toda a problemática acerca do controle judicial.

Essa realidade é um legado do juspositivismo, cuja interpretação confere prevalência absoluta às formas e às deduções puramente lógicas com prejuízo da realidade social existente por trás de tais formas, bem como dos conflitos de interesse regulados pelo direito e que deveriam orientar o jurista no mister interpretativo.[81]

Há visivelmente o esposamento da interpretação lógico-formal, sendo refutados por impertinentes, a influência axiológica cujo escopo não é outro senão alcançar o máximo de justiça material. O magistrado — em caráter geral — não costuma questionar o conteúdo material das leis, limitando-se apenas em verificar a "subsunção do fato à norma", com exegéticas e vetustas posições interpretativas.

Bem observa Andreas Krell quando afirma: "enquanto o positivismo jurídico formalista exigia a neutralização política do judiciário, com juízes racionais, imparciais e neutros, que aplicam o direito legislado de maneira lógico-dedutiva e não criativa, fortalecendo deste modo o valor da segurança jurídica, o

---

com sua enunciação formal. O Magistrado vê-se como agente de transformação social e suas decisões são dotadas de caráter político, adentrando em áreas não dantes exploradas e não olvidando da questão valorativa em suas decisões, não é mais um autômato, busca interpretar não mais a norma pela norma, em apego excessivo às formas, mas busca uma nova exegese em harmonia com os princípios constitucionais. Não é mais a "boca da lei", mas a "boca do direito".

81 BOBBIO, Norberto. O positivismo jurídico: lições de filosofia do direito, São Paulo, Ícone, 1999, p. 221.

moderno Estado Social requer uma magistratura preparada para realizar as exigências de um direito material, ancorado em normas éticas e políticas, expressão de idéias para além das decorrentes do valor econômico".[82]

Entendemos que a CF/88 introduziu no ordenamento jurídico pátrio rol significativo de direitos fundamentais sociais prestacionais nunca antes experimentado em tempos pretéritos, e com essa mudança, há a necessidade do judiciário rever seus critérios interpretativos, evoluindo para análise conjunta da norma e os princípios constitucionais, sempre vislumbrando alcançar o cerne fundamental contido na mesma e encontrando o valor tutelado por ela, não se esquivando em prolatar decisão que efetivamente contribua para a concretização do direito protegido.

Obstáculo a isso é que o STF — e nos reportamos a esse tribunal superior pelo fato de ser sua competência a palavra derradeira em matéria constitucional — decide com posicionamentos vetustos normas novas, contempladoras de direitos cuja amplitude — como já ventilado alhures — não encontra precedentes na história do Brasil, contudo, necessitam que o judiciário abandone a posição tímida e vacilante que adotara, especialmente no que tange à questão do controle dos atos do poder público pertinentes à implementação de políticas públicas asseguratórias de eficácia social aos direitos fundamentais sociais prestacionais e não continuem utilizando métodos apenasmente lógico-formais, sistemáticos e dedutivos, pois a experiência advinda nesses 18 anos da CF/88 já demonstrara que dessa maneira não se aplicam tais direitos.

---

82 KRELL, Andreas. **Realização dos direitos fundamentais sociais mediante controle judicial da prestação dos serviços públicos básicos**. In: Anuário dos cursos de pós-graduação em direito nº 10 — Recife: Universidade Federal de Pernambuco / CCJ/ João Maurício Adeodato (Coord.), editora universitária da UFPE, 2000.

A importância do controle judicial é vital num Estado democrático e social de direito, pois nele vislumbramos basilarmente a separação das funções que compõe o poder — este tendo como único titular o povo — bem como o efetivo controle judicial dos atos do poder público como verdadeiro sistema de freios e contrapesos (*checks and balances*) onde deve existir constante e mútua fiscalização no controle da atuação nas funções estatais.

Bem observa Mauro Cappelletti quando afirma: "a justiça constitucional, especialmente na forma do controle judiciário da legitimidade constitucional das leis, constitui um aspecto dessa nova responsabilidade dos juízes".[83]

Esse mesmo jurista italiano, analisando as "novas responsabilidades" do judiciário ventila que a ele resta duas alternativas: ou mantém aquela clássica e típica concepção oriunda do século XIX ou assume seu novo papel e "eleva-se ao nível dos outros poderes, tornar-se enfim o terceiro gigante, capaz de controlar o legislador mastodonte e o leviatanesco administrador".[84]

Uma separação de poderes meramente formal profanaria o princípio idealizado por Montesquieu, pois seu escopo é tão somente a insubsistência do poder absoluto, dessa forma resguardando-se os direitos fundamentais, uma vez que cada um dos "poderes" teria seu escopo definido, mas sujeito ao controle dos demais. Ademais, se na atualidade essa garantia dos direitos fundamentais sociais prestacionais encontra óbices em sua concretização justamente em respeito a esse princípio, então é preciso verificar qual argumento está sendo utilizado para desvirtuá-lo na realidade contemporânea, pois não se admite que, escudados sob o pálio do mesmo, o judiciário declare sua incompetência.

---

83 CAPPELLETTI, Mauro. *Juízes legisladores?* Carlos Alberto Álvaro de Oliveira (trad.) Porto Alegre: Sergio Antonio Fabris, 1993, p. 46.
84 *Ibidem*

1.5 Controle judicial sobre a Administração Pública: problemática da legitimidade do judiciário para equacionar questões políticas e alcance de suas decisões

Eis que surge a questão sobre o alcance do controle jurisdicional, ou seja, possui o Judiciário legitimidade e competência para adentrar na análise do mérito administrativo e fornecer solução para questões políticas?

Germana Moraes, citando João Caupers, sustenta que existe controle judicial sobre a discricionariedade, mas não sobre o mérito da decisão administrativa[85]; traçando diferenças entre os dois termos[86], a supracitada autora entende que: "O mérito pressupõe o exercício da discricionariedade, sem, no entanto, com ela confundir-se, embora constitua seu núcleo, por ser a lídima expressão da autonomia administrativa, insuscetível, quer de pré-fixação pelos elaboradores da norma jurídica, quer de fiscalização pelo Poder Judiciário"[87].

A autora em discussão ainda ventila que "o juiz não pode imiscuir-se no mérito do ato administrativo"[88].

Ora, não é outro o entendimento dos Tribunais Superiores, haja vista reiteradas decisões nesse sentido. Observemos, por oportuno, como o STJ e o STF, à luz de decisões prolatadas em casos concretos, interpretam a questão pertinente ao controle

---

85 MORAES, Germana. **Controle jurisdicional da administração pública.** São Paulo: Dialética, 1999, p. 43.

86 Vale salientar que não adentraremos profundamente na distinção, controversa na doutrina, entre discricionariedade e mérito administrativo, utilizaremos o termo "mérito" para demonstrar o resultado pretendido pelo administrador quando do uso de seu poder discricionário; ademais, o que pretendemos é verificar a atuação judicial sobre esse poder discricionário como forma de defesa e concretização dos direitos fundamentais sociais prestacionais.

87 MORAES, Germana. **Controle jurisdicional da administração pública.** São Paulo: Dialética, 1999, p. 43.

88 *Ibidem.*

do mérito administrativo. Tal enfoque é imprescindível haja vista a omissão desses tribunais no que tange o controle da conveniência e oportunidade, tantas vezes invocados para encobrir o vilipêndio aos direitos fundamentais, seja pela omissão, seja por norma ou ato lesivo aos mesmos.

À guisa de informação, Germana Moraes afirma que: "O STF sempre se orientou precisamente no sentido da insindicabilidade judicial do mérito administrativo"[89], tal realidade é patente e verificável tanto antes quanto após o advento da CF/88, e a título exemplificativo ventilamos as seguintes decisões[90], estas anteriores ao texto constitucional vigente: RMS nº 3.371/57, Rel. Min. Antonio Villas Boas, cuja ementa dispõe: "Mandado de Segurança. Direito disciplinar. No mérito da cominação não entra o Poder Judiciário"[91]; RE nº 70.278/70, Rel. Min. Adaucto Cardoso:

"Harmonia dos poderes. Art. 6º da Emenda Constitucional nº 1. A decisão recorrida invadiu área restrita de competência da administração pública ao mandar reabrir e equipar uma enfermaria de hospital fechada por conveniência do serviço público. Inadmissibilidade da apreciação do mérito de tal providência pelo Poder Judiciário."[92]

E RMS nº 15.091/67, Rel. Min. Hermes Lima: "Sendo legal o ato, não há como intervir o Judiciário no mérito do mesmo"[93]. A orientação jurisprudencial era tão somente no sentido de verificar pura e simplesmente a legalidade do ato, sem intervenção judicial no mérito dos mesmos.

---

89 *Ibidem*, p. 53.
90 Constantes na obra de MORAES, Germana. **Controle jurisdicional da administração pública**. São Paulo: Dialética, 1999, de onde extraímos o conteúdo das ementas.
91 Julgado em 10.07.57 e Publicado no ementário vol. 308-01, p. 136.
92 Ementário Vol. 830-02, p. 394. RTJ vol. 56-03, p. 811.
93 Julgado em 01.09.67 e Publicado no DJ em 20.11.67.

Verifica-se que a situação manteve-se inalterada mesmo após a promulgação da CF/88, pois nas palavras do próprio Ministro Celso de Mello no MS nº 20.999/90:

"O que os juízes e tribunais somente não podem examinar nesse tema, até mesmo como natural decorrência do princípio da separação de poderes[94], são a conveniência, a utilidade, a oportunidade e a necessidade da punição disciplinar (...) o que se lhe veda, nesse âmbito, é, tão-somente, o exame do mérito da decisão administrativa, por tratar-se de elemento temático inerente ao poder discricionário da administração pública"[95].

Essa visão é ratificada no HC nº 73.940/96, onde na ementa encontramos: "Ao Judiciário compete tão-somente a apreciação formal e a constatação da existência ou não de vícios de nulidade do ato expulsório, não o mérito da decisão presidencial"[96].

No HHCC nº 58.926/96, o STF se pronunciara no sentido que:

"Cuida o Judiciário apenas do exame da conformidade do ato com a legislação vigente. Não examina a conveniência e a oportunidade da medida, circunscrevendo-se na matéria de direito: observância dos preceitos constitucionais legais"[97].

Também o STJ no ROMS nº 1288/91, nas palavras do Ministro César Asfor Rocha, afirma:

---

94 Note como essa afirmação corrobora o ventilado no subitem anterior no qual constatamos a omissão do Judiciário sob o pálio desse princípio, numa leitura absurdamente equivocada.
95 DJ de 25.5.90, p. 4.605.
96 Rel. Min. Maurício Corrêa, DJ de 29.11.96, p. 47.157.
97 DJ de 01.03.96.

"É defeso ao Poder Judiciário apreciar o mérito do ato administrativo, cabendo-lhe unicamente examiná-lo sob o aspecto de sua legalidade, isto é, se foi praticado conforme ou contrariamente à lei. Esta solução se funda no princípio da separação de poderes, de sorte que a verificação das razões de conveniência ou de oportunidade dos atos administrativos escapa do controle jurisdicional do Estado"[98].

Ainda no âmbito do STJ, no julgamento do Resp nº 169.876-SP, foi asseverado que:

"Ao Poder Executivo cabe a conveniência e a oportunidade de realizar atos físicos de administração (construção de conjuntos habitacionais, etc). O Judiciário não pode, sob o argumento de que está protegendo direitos coletivos, ordenar que tais realizações sejam consumadas"[99].

No Resp nº 1994-RS, o STJ afirma: "Em se tratando de autorização, sujeita ao poder discricionário da administração e subordinada, nos limites da lei, aos critérios de conveniência e oportunidade, vedado o controle jurisdicional"[100].

Citamos apenas algumas decisões do STF e do STJ dentre as inúmeras que se orientam pelos mesmos paradigmas, algo extremamente lamentável e pernicioso, pois essa auto-restrição do Judiciário em matéria de tamanha importância direta na vida e no dia-a-dia do cidadão, causa prejuízos inestimáveis pelo vilipêndio aos direitos fundamentais, especialmente os sociais de cunho prestacional, perpetuando-se no tempo e na história.

Remontando o viés onde se inserem os direitos fundamentais sociais prestacionais, encontramos afirmações no sentido de que para serem efetivados necessário seria a existência de nor-

---

98 DJ de 02.05.94, p. 9.964.
99 Rel. Min. José Delgado, DJU de 21.09.98.
100 Rel. Min. Sálvio de Figueiredo Teixeira, DJ de 09.04.90.

ma infraconstitucional que expusesse, inclusive, sobre os recursos financeiros a serem despendidos para tal fim, qual seja, a fruição desses direitos garantidos constitucionalmente pelos cidadãos.

Imaginemos, portanto, que nada foi realizado, nem o legislativo editou a norma infraconstitucional, nem o executivo propôs projeto de lei nesse sentido e muito menos exista prevalência prática dos princípios constitucionais no agir dos poderes públicos, pelo total esquecimento das normas fundamentais, o que fazer?[101]

Na história, verificamos que a Constituição brasileira de 1934 estabelecia em seu art. 68: "É vedado ao Poder Judiciário conhecer de questões exclusivamente políticas", a discussão contemporânea envolve nuances que torna essa redação digna da Era Paleozóica, completamente ultrapassada, portanto.

Como vemos, se porventura seguíssemos cegamente o ensinamento desse texto, estaríamos tolhendo o Judiciário de seu próprio mister e originária função, especialmente no que tange os direitos fundamentais sociais prestacionais, pois sua efetivação depende sobremaneira do posicionamento econômico-financeiro do Estado, e é justamente para frear essa discricionariedade — neste ponto inconstitucional — no sentido de investir ou não em tais direitos encontra-se o Judiciário, assumindo seu papel de guarda legal e constitucional, para conter os abusos decorrentes da livre margem de arbitrariedade travestida sob as roupagens denominadas conveniência e oportunidade. O que é realmente conveniente e oportuno? E mais ainda, oportuno e conveniente para quem? Temos que fazer essas perguntas na atual conjuntura neoliberal e furtar o órgão judicante dessa verificação seria o mesmo que regressar à época do absolutismo com

---

[101] Não pretendemos analisar os meios processuais provocadores do controle judicial. O escopo desse trabalho está adstrito à evocação da proteção judicial no controle da eficácia social dos direitos fundamentais sociais prestacionais pela implementação de políticas públicas numa abordagem crítica sobre o Poder Judiciário.

uma única diferença, ao invés de rei, teríamos o presidente, concentrando em suas mãos todo o poder com o nome de Executivo.

Entretanto, como já verificamos, o Judiciário brasileiro em seus Tribunais Superiores, especificamente o STJ e o STF, olvidam seu lugar na teoria de Montesquieu e se autolimitam[102] — inconstitucionalmente — na questão determinante e prática na vida do cidadão, ou seja, que influencia direta e mediatamente no cotidiano popular, exatamente no controle dos atos do poder público relacionados ao mérito administrativo maculador dos princípios constitucionais. Fernando Scaff assevera: "Levando-se em conta que a maior parte dos atos de política econômica partem de uma compreensão de oportunidade e conveniência, e que o controle destes atos implicará na análise deste tipo de ato jurídico, a autolimitação estabelecida pelo Poder Judiciário cria uma limitação perniciosa ao efetivo controle público e social da atividade econômica".[103]

Essa afirmação corrobora a crítica que aponta como antigos e insubsistentes os argumentos interpretativos utilizados pelo STF e o STJ quando a questão envolve direitos fundamentais sociais prestacionais e aplicação mediata dos princípios constitucionais, especialmente a dignidade da pessoa humana.

Fábio Konder Comparato nos adverte que: "afastemos, antes de mais nada, a clássica objeção de que o Judiciário não tem

---

[102] KRELL, Andreas. **Realização dos direitos fundamentais sociais mediante controle judicial da prestação dos serviços públicos básicos.** In: Anuário dos cursos de pós-graduação em direito nº 10 — Recife: Universidade Federal de Pernambuco / CCJ/ João Maurício Adeodato (Coord.), editora universitária da UFPE, 2000, p. 44, expõe que: "são justamente os tribunais superiores que mostraram fortes objeções e ressalvas contra a sua própria legitimidade a formular ordens concretas contra governos referentes à prestação adequada dos serviços públicos sociais.

[103] SCAFF, Fernando Facury. **Controle público e social da atividade econômica.** In: FRANCO FILHO, Georgenor de Sousa (Coord.). Presente e futuro das relações de trabalho: estudos em homenagem a Roberto Araújo de Oliveira Santos. São Paulo, LTR, 2000, p. 428.

competência, pelo princípio da divisão de poderes, para julgar questões políticas".[104] Certo que o Poder Judiciário é igualmente um poder político, seus membros são representantes do povo mediante seleção por meios técnicos, "político sim, partidário ou dependente, jamais".[105]

Boaventura Santos observa que nos países periféricos como o Brasil[106], a atuação dos juízes se caracteriza pela resistência em assumir a sua co-responsabilidade na ação providencial do Estado. Nesse sentido, o Judiciário deve ser provocado — não esqueçamos o princípio da inércia — sempre que norma ou ato, vinculado ou discricionário, infringir os princípios constitucionais, e tal órgão deve declará-lo inconstitucional. Nesse viés Comparato ventila que: "a ação deveria, segundo parece mais prudente, ser exclusivamente direta e não incidental" e complementa: "por via de lógica conseqüência, esse juízo de constitucionalidade, ao contrário do que tem por objeto leis outros atos normativos, deveria ser concentrado e não difuso",[107] já Fernando Scaff entende que o controle pode ser difuso ou concentrado, ou seja, por magistrado de qualquer instância[108].

---

104 COMPARATO, Fabio Konder. **Ensaio sobre o juízo de constitucionalidade de políticas públicas.** In: Revista RT, vol. 737, mar. de 1997, São Paulo: RT, p. 19.

105 SCAFF, Fernando Facury. **Controle público e social da atividade econômica.** In: FRANCO FILHO, Georgenor de Sousa (Coord.). Presente e futuro das relações de trabalho: estudos em homenagem a Roberto Araújo de Oliveira Santos. São Paulo, LTR, 2000, p. 431.

106 É largamente utilizado o termo "periférico" para designar os países subdesenvolvidos em contraposição ao termo "centrais" que designa os países desenvolvidos economicamente.

107 COMPARATO, Fabio Konder. **Ensaio sobre o juízo de constitucionalidade de políticas públicas.** In: Revista RT, vol. 737, mar. de 1997, São Paulo: RT, p. 21.

108 SCAFF, Fernando Facury. **Controle público e social da atividade econômica.** In: FRANCO FILHO, Georgenor de Sousa (Coord.). Presente e futuro das relações de trabalho: estudos em homenagem a Roberto Araújo de Oliveira Santos. São Paulo, LTR, 2000, p. 430.

Legitimidade é um termo deveras indefinido cuja interpretação enseja inúmeros desdobramentos. Cremos que talvez o primeiro passo para vislumbrá-lo seja pelo exercício do voto, entretanto este se constitui apenas em um dos pontos de partida, ademais, um dado representante do povo pode ter legitimidade no início do mandato e, com seus atos, perdê-la pelo fato de adotar medidas em desconformidade com os anseios populares e com os princípios constitucionais. Logo, sustentamos a tese que o Judiciário, mesmo sem seus membros serem eleitos pelo povo, pode ter seus atos plenos de legitimidade, sempre que traduzir e efetivar os princípios constitucionais, notadamente no que pertine a concretização dos direitos fundamentais sociais prestacionais, quando o mínimo necessário à dignidade da pessoa humana estiver sendo vilipendiado, olvidado ou preterido; Clève destaca:

> "A legitimidade da atuação jurisdicional não repousa necessariamente sobre o problema da forma de investidura dos membros da magistratura (...) a legitimidade da ação jurisdicional repousa, basicamente, sobre a racionalidade e a justiça da decisão. A decisão judicial deve ser racional e, portanto, controlável racionalmente"[109].

Não é outra a tese que defendemos neste trabalho.

Baracho contribui com nossa explanação ao afirmar que a legitimidade dos juízes embora não encontre guarida em origem popular pelo caráter representativo, pode ser expressa nas decisões por ele prolatadas sempre que forem amparadas nas aspirações do povo em consonância com o ordenamento jurídico, bem como encontra sua legitimidade "em conformidade com as espécies de recrutamento de seus componentes, isto é, na maneira como são chamados a exercer a própria função"[110].

---

[109] CLÈVE, Clèmerson Merlin. **Poder Judiciário: autonomia e justiça.** In: Revista de Informação Legislativa nº117, Brasília, janeiro-março 1993, p. 299.
[110] BARACHO, José Alfredo de Oliveira. A plenitude da cidadania (teo-

Em consonância com o dantes asseverado, a democratização enseja o desenvolvimento dos sistemas de controle dos atos do poder público. Em sede constitucional o STF fora designado como "guardião da Constituição" e, desse modo, protetor dos princípios garantidores de direitos fundamentais de maneira *erga omnes*, sobretudo em face do legislador e do órgão executor, seja controlando a elaboração de leis maculadoras da ordem constitucional, seja na implementação equivocada, ímproba ou inócua de políticas públicas; logo, a competência e legitimidade do STF advém do próprio texto constitucional. Concorda com essa assertiva Germana Moraes ao afirmar:

> "A legitimidade do Poder Judiciário, no direito brasileiro, deriva da Constituição, em que se fundamenta sua competência para exercer a fiscalização difusa da constitucionalidade dos atos normativos, a qual abrange, por via reflexa, a verificação da compatibilidade dos atos administrativos com as normas constitucionais, dentre as quais os princípios"[111].

A efetividade do preceituado nos princípios constitucionais é dever de toda a sociedade e de todos os poderes constituídos, logo, quando o legislador não edita norma infraconstitucional, defendemos a tese de que houve lesão (ou ameaça de lesão) a direito, e mais, a direito fundamental social prestacional, que se encontra sob a proteção judicial com arrimo no artigo 5º, inciso XXXV da CF/88[112], uma vez que é bradada doutrinariamente a

---

ria geral da cidadania) e as garantias constitucionais e processuais. In: TRINDADE, Antônio Augusto Cançado (ed.). *A incorporação das normas internacionais de proteção dos direitos humanos no direito brasileiro*. Costa Rica, 1996, p. 435.

111 MORAES, Germana. **Controle jurisdicional da administração pública**. São Paulo: Dialética, 1999, p. 156

112 A Constituição assim estabelece: "A lei não excluirá da apreciação do Poder Judiciário lesão ou ameaça a direito".

exigência de tal norma infraconstitucional para fruição desses direitos pelo cidadão.

Defendemos a tese que o cidadão poderá usufruir desses direitos em decorrência dos próprios princípios constitucionais e ordenados pelo Judiciário sempre que essa omissão ou ato comissivo atinja ou cause prejuízo ao mínimo necessário à dignidade da pessoa humana, sob pena de esvaziar o conteúdo dos direitos fundamentais em tela, pois não há norma desprovida de eficácia, imagine então a norma constitucional.

Nesse caso esposamos a tese da existência de um direito subjetivo originário a prestações, na esteira do pensamento de Robert Alexy, pois a sociedade espera ao menos a concretização do padrão mínimo defendido por este autor alemão, concernente às condições de sobrevivência elementares; esposamos, outrossim, a imediata execução do texto constitucional pelo Judiciário no caso concreto a ele apresentado. Os direitos fundamentais sociais prestacionais serem efetivados independentemente da existência de norma infraconstitucional a cargo do legislativo, pois não se admite que o legislador ao se omitir atinja frontalmente direito fundamental, que o resultado de sua inércia — inconstitucional — acarrete prejuízos aos reais detentores do poder e, mais grave, aos direitos mais caros e protegidos de toda a coletividade.

Carlos Maximiliano assevera:

> "A bem da harmonia e do mútuo respeito que devem reinar entre os poderes federais (ou estaduais), o Judiciário só faz uso de sua prerrogativa quando o congresso viola claramente ou deixa de aplicar o estatuto básico, e não quando opta apenas por determinada interpretação não de todo desarrazoada".[113]

Já Calmon de Passos rebate:

---

[113] MAXIMILIANO, Carlos. **Hermenêutica e aplicação do direito**. Rio de Janeiro: Forense, 1981, p. 308.

"Qualquer acréscimo de poder aos magistrados, como protagonistas do processo jurisdicional de produção do direito, é acréscimo de arbítrio e fonte geradora de insegurança e de instabilidade dos direitos. O Judiciário se disfuncionaliza, produzindo justamente os resultados para cuja inocorrência foi institucionalizado"[114].

Ora, entendemos que não há "acréscimo de poder" ao Judiciário, e se houver, foi fruto do próprio poder constituinte que na Constituição Federal textualmente conferiu legitimidade a esse poder como já ventilado alhures, portanto, não é fruto de arbítrio e muito menos de instabilidade de direitos, pois o que se objetiva é exatamente a efetividade de direitos consagrados na *lex mater*.

Verificamos que não obstante a realidade empírica na negativa pelo STJ e STF na interpretação direta e mediata dos princípios constitucionais no sentido de favorecer plena fruição pelo cidadão através da eficácia social de seus preceitos, tal desiderato é plenamente possível seja pela autoexecutoriedade dos direitos fundamentais, seja pelo artigo 5º, inciso XXXV da CF/88, ou mesmo pela hermenêutica que consagra a interpretação material-valorativa. O cerne, o substrato da norma numa análise conjunta e coordenada com todos os demais artigos constitucionais, considerando os aspectos axiológicos e não olvidando que direito é fato, é norma, mas também é valor.

É preciso verificar, entretanto, que pelo menos em duas situações torna-se visível como o controle judicial pode ser realizado e quais as conseqüências dele advindas. Reportaremo-nos em primeiro e segundo momentos para melhor entendimento.

---

114 PASSOS, J.J. Calmon de. **A constitucionalização dos direitos sociais.** In: Revista Diálogo Jurídico. Salvador, CAJ — Centro de atualização jurídica, ano I, v.1, nº 6, setembro de 2001, p. 3. Disponível em: http:///pdf_6/DIALOGO-JURIDICO-06-SETEMBRO-2001-CALMON-DE-PASSOS.pdf Acesso em 05 de mar. de 2002.

No primeiro momento, imaginemos que existe norma ou ato administrativo que afronta, visa preterir direito fundamental social prestacional, ou é absolutamente inócuo para o fim pretendido, nesse caso, cabe o controle exercido pelo Poder Judiciário em todas as instâncias e de forma difusa ou concentrada. Aqui há atuação do juiz como legislador negativo e, especificamente nesse viés, não poderá determinar qual medida ou ato outro poder deve adotar, não se investindo, portanto, como legislador positivo. É dizer que nesse momento haverá apenas a invalidação do ato ou inconstitucionalidade da norma porque fere princípios fundamentais com os quais devem ser interpretadas de maneira conjunta todas as demais normas infraconstitucionais. Concorda com nosso pensamento Andrade Filho quando aduz: "O órgão encarregado de dar a última palavra sobre controle de constitucionalidade não pode agir como legislador positivo, mas, ao declarar a invalidade de determinada lei ou ato normativo, atua como legislador negativo".[115]

Em apenas duas hipóteses o Judiciário deverá, além de invalidar a norma ou o ato administrativo, também determinar o substitutivo dos mesmos, quais sejam: a) Existir apenas uma solução possível; b) Se a tutela jurisdicional substituindo a norma ou ato impugnado for de extrema urgência sob pena de perecimento do direito.

No segundo momento, suponhamos que não exista norma alguma, nem qualquer ato acerca dos direitos fundamentais sociais prestacionais e tal omissão cause prejuízos e danos ao mínimo existencial necessário à dignidade da pessoa humana. Nesse caso, o Judiciário deve colmatar a lacuna faltante e, diretamente, determinar o fim da patente inconstitucionalidade, garantindo a efetividade dos referidos direitos.

Admitimos que inobstante o controle judicial possa ser realizado em plenitude e sem restrições nos moldes elencados no primeiro momento, espalhando seus efeitos inclusive *erga om-*

---

[115] ANDRADE FILHO, Edmar Oliveira. **Controle de constitucionalidade de leis e atos normativos**. São Paulo: Dialética, 1997, p. 40.

nes[116], não podemos atribuir o mesmo efeito nas situações onde se caracteriza a omissão do poder público, pois entendemos que de modo casuístico e pontual pode o Poder Judiciário determinar que se cumpra o preceito constitucional, inclusive com base nos princípios da *lex mater*, mas em âmbito geral não há essa contingência do sim ou não, do tudo ou nada, mas a constante fiscalização para paulatina materialização dos direitos em debate. É dizer, em outras palavras, que o juiz pode determinar que o Estado disponibilize um leito para resolver o problema sanitário de José da Silva no hospital X, resolvendo questão pontual, mas haveria dificuldade em determinar que todos, impreterivelmente e imediatamente, fossem internados em leitos hospitalares; tal decisão não seria tão simples, mas sua atuação doravante será no sentido de verificar os recursos disponíveis e como estão sendo aplicados, para neste caso efetuar o controle de forma a concretizar o direito para todos.

Diante do que fora exposto, pode surgir a seguinte pergunta: Estará o Judiciário preparado para isto ou estamos apenas imersos em divagações e contribuindo apenas para violentar o papel com idéias estapafúrdias, intangíveis e inalcançáveis? Cremos que não obstante a visão retrógrada do STF, "por causa de sua cultura normativista e positivista envolvendo a obsessão pelo apego aos ritos e procedimentos formais"[117], acerca do con-

---

116 Nesse ponto defendemos que mesmo no controle difuso, quando houvesse a declaração de inconstitucionalidade de determinada norma ou ato e, transitada em julgado pelo STF, deveria a mesma ser extirpada do ordenamento jurídico, ou pelo menos tivesse sua eficácia suspensa pelo próprio Pretório Excelso, mas esse Tribunal Superior já decidiu, com base no art. 52, X da CF/88, que ao presidente do senado cabe decidir, atendendo a razões de conveniência e oportunidade, portanto discricionariamente, se deve ou não suspender a norma declarada inconstitucional. RTJ nº38/28, Mandado de Injunção nº 460-9 RJ, publicado no DJU em 16 de junho de 1994, pp. 15.509/15.510.

117 FARIA, José Eduardo. **O Judiciário e os direitos humanos e sociais: notas para uma avaliação da justiça brasileira.** In: Direitos humanos, direitos sociais e justiça, (org.) José Eduardo Faria. São Paulo: Malheiros, 2002, p. 96.

trole ventilado ao longo desse texto, os juízes de primeiro grau apresentam-se na vanguarda dessas novas transformações sociais, seja porque têm liberdade maior para decidir com mais imparcialidade — uma vez que são concursados e não indicados politicamente — seja porque têm contato direto com a parte que está sendo prejudicada, não analisando tão somente as laudas processuais amontoadas em suas mesas, seja porque nenhuma de suas decisões tem efeito *erga omnes*. Concordando com nossa assertiva, José Eduardo Faria preleciona, se referindo à atuação dos juízes de primeira instância: "Foram eles os que mais cedo compreenderam como o formalismo normativista, permitindo o uso acrítico de jargões muitas vezes imprecisos e de um extenso repertório de citações latinas, torna certos segmentos da sociedade perplexos diante das atividades judiciais"[118].

Exemplo clássico de aplicação do direito fundamental social prestacional à saúde foi o caso da conquista dos portadores do vírus HIV em ter todo o tratamento custeado pelo Estado; isso só foi possível graças a uma decisão de primeira instância que contemplou tal direito de forma direta sem precisar de norma infraconstitucional, essa lacuna foi preenchida pelo próprio juiz e, de maneira pontual, ele resolveu a questão concreta[119].

Entendemos que a discricionariedade não se confunde com a arbitrariedade do ato, desse modo também carecem de motivação, e exatamente nesse ponto que mesmo os atos políticos ou de governo não se eximem do controle judicial, posto que sujeitos estão aos princípios de ponderação e proporcionalidade, quando será verificado o binômio necessidade/utilidade do ato e se o mesmo cumpre o estabelecido como fundamental a ser perseguido em toda plenitude pelo poder público, qual seja

---

118 *Ibidem*, p. 94.

119 Temos que destacar, evidentemente, a manutenção dessas decisões pelas demais instâncias denotando com isso que quando se trata de caso de vida ou morte os Tribunais têm avançado em sua vetusta interpretação o que já aponta um bom sinal.

a concretização e efetividade dos direitos fundamentais sociais, ou se o mesmo lesiona ou ameaça lesionar tais direitos.

Cremos ser o Judiciário competente para controlar a legalidade e juridicidade de todo e qualquer ato emanado pelo poder público, seja vinculado ou discricionário, e ademais, o controle político condizente com a conveniência e oportunidade — típicos do administrador — deve de igual modo ter sua contingência também controlada pelo Judiciário numa interpretação não mais lógico-formal de suas atribuições, mas em sentido material-valorativo, ao verificar se a medida coaduna-se com os princípios consagrados na Constituição.

Bibliografia

AMARAL, Diogo Freitas do. **Curso de Direito Administrativo.** Vol. I, Coimbra: Almedina, 1994.

ANDRADE FILHO, Edmar Oliveira. **Controle de constitucionalidade de leis e atos normativos.** São Paulo: Dialética, 1997.

ANTUNES ROCHA, Cármen Lúcia. **O constitucionalismo contemporâneo e a instrumentalização para a eficácia dos direitos fundamentais.** In: Revista Trimestral de Direito Público nº16, 1996.

BARACHO, José Alfredo de Oliveira. **A plenitude da cidadania (teoria geral da cidadania) e as garantias constitucionais e processuais.** In: TRINDADE, Antônio Augusto Cançado (ed.). *A incorporação das normas internacionais de proteção dos direitos humanos no direito brasileiro.* Costa Rica, 1996.

BARROSO, Luís Roberto. **O direito constitucional e a efetividade de suas normas.** Rio de Janeiro: Renovar, 2002.

BASTOS, Celso Ribeiro. **Comentários à Constituição do Brasil: promulgada em 5 de outubro de 1988.** São Paulo: Saraiva, 1989.

BOBBIO, Norberto. A Era dos Direitos. Rio de Janeiro: Campus, 1992.
BOBBIO, Norberto. O *positivismo jurídico: lições de filosofia do direito*, São Paulo, Ícone, 1999.
BÖCKENFÖRDE, E. Wolfgang. **Escritos sobre derechos fundamentales.** (trad.) Juan Luis Requejo Pagés. Baden-Baden: Nomos, 1993.
BÖCKENFÖRDE, Ernst Wolfgang. **Los derechos fundamentales sociales en la estructura de la constitución.** In: Escritos sobre derechos fundamentales (trad.) Juan Luis Requejo Pagés. Baden-Baden: Nomos, 1993.
BONAVIDES, Paulo. **Curso de direito constitucional.** São Paulo: Malheiros, 2003.
BONAVIDES, Paulo. **Do Estado Liberal ao Estado Social.** Rio de Janeiro: Forense, 1980.
BORDIN, Luigi. **Democracia e direito, a questão da cidadania na época da globalização.** In: Revista Perspectiva Filosófica, vol. VIII, n°15, jan./jun./2001, Recife: Editora universitária (UFPE).
CANOTILHO, José Joaquim Gomes. **Direito Constitucional e Teoria da Constituição.** Coimbra: Almedina, 1998.
COMPARATO, Fabio Konder. **Ensaio sobre o juízo de constitucionalidade de políticas públicas.** In: Revista RT, vol. 737, mar. de 1997, São Paulo: RT.
CAPPELLETTI, Mauro. *Juízes legisladores?* Carlos Alberto Álvaro de Oliveira (trad.) Porto Alegre: Sergio Antonio Fabris, 1993.
CLÈVE, Clèmerson Merlin. **Poder Judiciário: autonomia e justiça.** In: Revista de Informação Legislativa n°117, Brasília, jan/mar. 1993.
FARIA, José Eduardo. **O Judiciário e os direitos humanos e sociais: notas para uma avaliação da justiça brasileira.** In: Direitos humanos, direitos sociais e justiça, (org.) José Eduardo Faria. São Paulo: Malheiros, 2002.
FERRANDO BADÍA, Juan. *Democracia frente a autocracia: los tres grandes sistemas políticos. El democrático, el social-marxista y el autoritario.* Madrid: Tecnos, 1989.

FERREIRA FILHO, Manoel Gonçalves. A democracia possível. São Paulo: Saraiva, 1976.
FERREIRA FILHO, Manoel Gonçalves. Direitos Humanos Fundamentais. São Paulo: Saraiva, 1999.
FIORANELLI JÚNIOR, Adelmo. Desenvolvimento e efetividade dos direitos sociais. In: Revista da Procuradoria Geral do Estado de São Paulo n° 41, jun. 1994, São Paulo.
GEBRAN NETO, João Pedro. A aplicação imediata dos direitos e garantias individuais: a busca de uma exegese emancipatória. São Paulo: RT, 2002.
GOUVEIA, Jorge Bacelar. A Afirmação dos Direitos Fundamentais no Estado Constitucional Contemporâneo. In: Direitos Humanos. Paulo Ferreira da Cunha (org.). Coimbra: Almedina, 2003.
GRAU, Eros Roberto. A ordem econômica na Constituição Federal de 1988. São Paulo: Malheiros, 1997.
GUERRA FILHO, Willis Santiago. Direitos fundamentais processo e princípio da proporcionalidade. Dos Direitos Humanos aos Direitos Fundamentais. Porto Alegre: Livraria do Advogado, 1997.
KRELL, Andreas. Direitos Sociais e controle judicial no Brasil e na Alemanha: Porto Alegre: Sergio Antonio Fabris, 2002.
KRELL, Andreas. Realização dos direitos fundamentais sociais mediante controle judicial da prestação dos serviços públicos básicos. In: Anuário dos cursos de pós-graduação em direito n° 10 — Recife: Universidade Federal de Pernambuco / CCJ/ João Maurício Adeodato (Coord.), editora universitária da UFPE, 2000.
MARSHALL, T. H. Cidadania, classe social e status. Rio de Janeiro: Zahar. 1967.
MAXIMILIANO, Carlos. Hermenêutica e aplicação do direito. Rio de Janeiro: Forense, 1981.
MELLO, Celso Antônio Bandeira de. A democracia e suas dificuldades contemporâneas. In: Revista diálogo jurídico, Salvador, CAJ — centro de atualização jurídica, V. I, n° 4, jul., 2001, p. 19, disponível em: /pdf_4/DIALOGO-JURIDI-

CO-04-JULHO-2001-CELSO-ANTONIO.pdf acesso em 20 de abril de 2002.

MIRANDA, Jorge. **Manual de direito constitucional**. Vol IV, Coimbra: Coimbra, 2000.

MIRANDA, Jorge. **Os direitos fundamentais — sua dimensão individual e social**. In: Revista dos Tribunais, ano 1, out.-dez. de 1992.

MORAES, Alexandre de. **Direitos humanos fundamentais**. São Paulo: Atlas, 2003.

MORAES, Germana. **Controle jurisdicional da administração pública**. São Paulo: Dialética, 1999.

MORAIS, José Luís Bolsan de. **Do direito social aos interesses transindividuais — O Estado e o direito na ordem contemporânea**. Porto Alegre: Livraria do Advogado, 1996.

NEVES, Marcelo. **Justiça e diferença numa sociedade global complexa**. In: Democracia hoje: novos desafios para a teoria democrática contemporânea, Brasília: Editora UnB.

OLIVEIRA, Luciano. **Os direitos sociais e econômicos como direitos humanos: problemas de efetivação**. In: LYRA, Rubens Pinto (org.). Direitos Humanos: os desafios do Século XXI — uma abordagem interdisciplinar, Brasília: Brasília Jurídica, 2002.

OTERO, Paulo. **A Democracia Totalitária — do Estado Totalitário à Sociedade Totalitária**. Cascais: Princípia, 2001.

PASSOS, J.J. Calmon de. **A constitucionalização dos direitos sociais**. In: Revista Diálogo Jurídico. Salvador, CAJ — Centro de atualização jurídica, v.1, n°6, setembro 2001, p. 12. Disponível em: http:///pdf_6/DIALOGO-JURIDICO-06-SETEMBRO-2001-CALMON-DE-PASSOS.pdf Acesso em 23 de maio de 2003.

PASSOS, J.J. Calmon de. **A crise do Poder Judiciário e as reformas instrumentais: avanços e retrocessos**. In: Revista Diálogo Jurídico. Salvador, CAJ — Centro de atualização jurídica, v.1, n° 4, julho 2001, p. 3. Disponível em: http:///pdf_6/DIALOGO-JURIDICO-06-SETEMBRO-2001-CALMON-DE-PASSOS.pdf Acesso em 05 de ago. de 2003.

PEREZ LUÑO, Antonio Enrique. **Derechos humanos, Estado de derecho y Constitución.** Madrid: Tecnos, 1995.

PEREZ, Marcos Augusto. **O papel do Poder Judiciário na efetividade dos direitos fundamentais.** In: Revista dos Tribunais — Cadernos de Direito Constitucional e Ciência Política, ano 1, n° 3, abr/ jun. de 1993.

PIOVESAN, Flávia. **Constituição e transformação social: a eficácia das normas constitucionais programáticas e a concretização dos direitos e garantias fundamentais.** In: Revista da Procuradoria Geral do Estado de São Paulo n° 37, jun. 1992.

PIOVESAN, Flávia. **Proteção judicial contra omissões legislativas.** Revista dos Tribunais: São Paulo: 1995.

SARAIVA, Paulo Lopo. **Garantia constitucional dos direitos sociais no Brasil.** Rio de Janeiro: Forense, 1983.

SARLET, Ingo Wolfgang. **A Eficácia dos Direitos Fundamentais.** Porto Alegre: Editora Livraria do Advogado, 2004.

SARLET, Ingo Wolfgang. **Os direitos fundamentais sociais na Constituição Federal de 1998.** In: Revista Diálogo Jurídico. Salvador, CAJ — Centro de atualização jurídica, v.1, n°1, 2001. Disponível em: http:///pdf/REVISTA-DIALOGO-JURIDICO-01-2001-INGO-SARLET.pdf Acesso em 21 de abr. de 2002.

SARLET, Ingo Wolfgang. **Algumas considerações em torno do conteúdo, eficácia e efetividade do direito à saúde na Constituição Federal de 1988.** In: Revista Diálogo Jurídico. Salvador, CAJ — Centro de atualização jurídica. Disponível em: http:///pdf_10/DIALOGO-JURIDICO-10-JANEIRO-2002-INGO-WOLFGANG-SARLET.pdf Acesso em 12 de set. de 2003.

SCAFF, Fernando Facury. **Cidadania e imunidade tributária.** In: FRANCO FILHO, Georgenor de Sousa (Coord.). Presente e futuro das relações de trabalho: estudos em homenagem a Roberto Araújo de Oliveira Santos. São Paulo: LTR, 2000.

SCAFF, Fernando Facury. **Controle público e social da atividade econômica.** In: FRANCO FILHO, Georgenor de Sousa (Coord.). Presente e futuro das relações de trabalho: estudos em homenagem a Roberto Araújo de Oliveira Santos. São Paulo, LTR, 2000.

SCAFF, Fernando Facury. **O direito tributário das futuras gerações.** In: MARTINS, Ives Gandra da Silva (Coord.) Tributação na Internet. São Paulo: RT, 2001.

SICHES, Recasèns. *Filosofia del Derecho.* México: Editorial Porrua, 1959.

SILVA, José Afonso da. **Aplicabilidade das normas constitucionais.** São Paulo: Malheiros, 1996.

SILVA, Vasco Pereira da. **Em busca do Ato Administrativo Perdido.** Coimbra: Almedina, 1998.

SOUSA, Marcelo Rebelo de. **Constituição da República Portuguesa comentada.** Lisboa: Lex, 2000.

SOUSA, Marcelo Rebelo de. **Direito Constitucional.** Braga: Livraria Cruz, 1979.

SOUSA, Marcelo Rebelo de. **O sistema de governo português.** In MIRANDA, Jorge (coord.) Estudos sobre a Constituição. Vol III, Lisboa: Petrony, 1979.

TORRES, Ricardo Lobo. **O mínimo existencial e os direitos fundamentais.** In: Revista de Direito Administrativo nº 177, jul./set. de 1989.

Impresso em offset nas oficinas da
FOLHA CARIOCA EDITORA LTDA.
Rua João Cardoso, 23 – Tel.: 2253-2073
Fax.: 2233-5306 – Rio de Janeiro – RJ – CEP 20220-060